KB194017

모두를 위한 정치

POLITICS FOR EVERYBODY
Reading Hannah Arendt in Uncertain Times By Ned O'Gorman

POLITICS FOR EVERYBODY

모두를 위한 정치

분열과 증오의 시대, 한나 아렌트와 함께하는 민주주의 수업

네드 오거먼 지음
김창한 옮김

대학 진학을 앞둔 그레이엄에게

"집어 들고 읽어라tolle lege."

정치적 자유를 잃으면,
설령 몸은 살아 있다 해도 정치적 현실은 잃고 만다.
_한나 아렌트, 「정치로의 초대」

현실에 직면할 때, 적어도 그것을
기꺼이 받아들이려고 노력하자.
이미지든 이론이든 순전한 어리석음이든,
그 어떤 유토피아로도 도망치지 말자.
_한나 아렌트, 「자업자득」

차례

머리말 11

서론 돌아온 탕자의 정치 19

정치에 관한 흥미로운 변론 27
한나 아렌트의 기본 정치학 강의 31

1장 꼬인 것을 푸는 정치 43

(쇼) 비즈니스로서의 정치 47
승자 독식 정치 52
다른 수단에 의한 전쟁으로서의 정치 54
지배로서의 정치 57
자유로운 삶의 기술 59
근원적인 3차원 기술 64

2장 현상적 정치 73

시스템의 마법 80
포퓰리즘이라는 곤경 86
현상적 삶으로서의 정치 91
정치라는 기적의 기술 95
정치가 만든 기적 99

3장 판단하는 정치 105

정치적 판단의 기술 110
의견 형성하기, 판단 내리기 119
판단의 시학 123
절차의 문제 129

4장 거짓말, 새빨간 거짓말, 정치 141
모두가 진실하지 않다는 진실 146
진실해지기 151
정치인들은 왜 거짓말을 할까 155

5장 왜 수사학이 필요한가 169
아는 것은 힘이 아니다 175
동등하게 말하기 180
수사학의 규칙들 185
수사학이라는 겸손한 기술 189
의견에 관한 진리 192
사실과 행위의 공화국 197

6장 정치적 상상력(또는 자유!) 205
정치적 상상력이란 무엇인가 209
홉스와 상태로서의 자유 214
주권국가와 주권적 자아 218
특성으로서의 자유 224
정치적 낙원 229
수사학적 자유 235

결론 다시 태어나는 정치 243

감사의 말 254
주 257
참고문헌 286

일러두기

1. 원서에서 이탤릭체로 강조한 부분은 고딕체로 표기했다.
2. 번호로 표기한 미주는 저자의 주석이며, * 부호로 표기한 각주는 옮긴이의 주석이다.

이것은 행복에 관한 책이다.

다들 “행복 추구”라는 말을 들어봤을 것이다. 이 말은 혁명적이었고 지금도 그렇다.* 독립선언서 서명자들과 그들이 대변했던 이들에게 **행복**은 정치적 삶의 목표였다. 이것은 적어도 21세기의 관점에서는 놀라운 주장이다. 우리는 정치와 행복을 연관 짓는 데 익숙하지 않다. 사실 우리는 정치를 고통, 우울, 무관심, 잔인함, 분노 같은 부정적 감정들과 더 자주 연관 짓는다. 그러나 토머스 제퍼슨Thomas Jefferson이 행복 추구를 말한 것은 경솔한 일이 아니었다. 그는 아주 오래전부터 흔히 써온 말을 되풀이했을 뿐이다. 옛사람들은 “행복”이나 “번영”을 정치적 삶의 최종 목적으로 내세웠다. 그들이 보기에 일상의 만족을 확보하는 가장 좋은 방법은 집단생활을 구축하고 유지하는 데 힘을 쏟는 것이었다.

20세기 중엽, 독일계 미국 정치사상가 한나 아렌트Hannah Arendt(1906-1975)는 시민권 운동을 제외하면 미국인들이 이 건국의 진실을 대부분 잊고 있다고 주장했다. 물론 행복은 1950년대와 1960년대에 많은 미국인

* 미국 독립선언서는 인간의 양도할 수 없는 권리의 하나로 ‘행복 추구’의 권리를 명시하고 있다.

이 주요하게 추구한 목표이기는 했다. 하지만 그것은 이를테면 1950년대에는 새로운 주방가전, 텔레비전 코미디 쇼, 베티크로커* 레시피에서, 1960년대에는 섹스, 마약, 로큰롤에서 추구하는 사적인 행복이었다. 아렌트는 미국인들이 제퍼슨 시대 사람들이 스스럼없이 "공적 행복"이라고 일컬으며 오랫동안 추구해온 것을 사적인 일로 대체해왔다고 지적했다. 아렌트에 따르면, 사람들이 애초에 영국을 비롯해 여러 나라에서 신대륙으로 이주한 것은 공적 행복을 위해서였지 더 많은 돈이나 더 많은 물건을 위해서가 아니었다. 미국독립혁명도 공적 행복을 위한 투쟁이었다.

아렌트가 이렇게 얘기했을 때, 대부분의 미국인은 공적 행복을 사적 행복으로 대체하는 것을 대수롭지 않게 생각했다. '그게 무슨 큰일이라고.' 그리고 자신과 자녀들 앞에 한층 부유한 미래가 도래하리라 확신했다. 많은 사람이 시민 참여보다 경제적 삶과 사적 안녕을 우선시해야 할 이유가 충분하다고 생각했고 소비재, 엔터테인먼트, 멋진 집, 근사한 자동차와 함께 사적 행복이 계속 커지리라 여겼다. 이들에게 공적인 삶이란 기껏해야 유달리 공적인 성격의 소유자나 정치적 야망을 품은 사람들을 위한 일종의 과외 활동 같은 것이었다. 이 기간에 미국에서는 새로운 신조가 확고히 자리 잡았다. "우리는 다음을 자명한 진리라 여긴다. 모든 남자, 여자, 아이는 평등하게 태어났고, 창조주로부터 양도할 수 없는 권리를 부여받았다. 정부로부터 간섭받지 않을 권리, 정치인을 멸시할 권리, 더 많은 돈을 버는 데 집중할 권리 등을 말이다."**

* 미국 제너럴밀스 사의 인스턴트식품.

로널드 레이건Ronald Reagan이 1980년대에 백악관에 들여온 이 신조는 이후로 줄곧 미국의 전통이 되었다.

아주 최근까지도 마찬가지다. 시민적 삶을 방기하고 정치를 방과 후 클럽쯤으로 깎아내린 결과가 우리에게 자업자득으로 돌아오고 있다. 여기에 소셜 미디어가 가세함으로써 오랫동안 방치되어온 정치 문화가 사적 공간을 침범하고, 가족 간에 다툼을 일으키고, 우정을 망가뜨리고, 우리를 불행과 우울로 몰아넣고 거센 분노를 불러일으키고 있다. 게다가 기후 변화부터 경제적 불평등 심화, 정보 전쟁, 난민 위기까지 세계의 커다란 문제들이 우리 대부분에게 (때로는 문자 그대로) 현실이 되고 있으며, 더는 무시할 수 없는 지경에 이르렀다.

따라서 이 책의 요지는 **지속적이고 광범위한 사적 행복은 공적 행복에 달려 있다**는 것이다. 비록 토대는 불완전했지만 이것이 바로 미국 공화국 건국의 전제이며, 그때와 다름없이 지금도 진실이다. 공적인 삶의 질이 사적인 삶의 질을 좌우한다. 정치는 그것에 "빠져 있는" 별난 사람들의 취미가 아니라, 우리의 사적 행복 추구에 필수적인 조건의 일부를 형성한다.

20세기 후반 북아메리카를 지배했던 이념인 "자유주의liberalism"라는 프로젝트는 오랫동안 이와는 다른 방향을 가리켜왔다. 자유주의는 정치적 태도로서의 "리버럴liberal"과 관련이 있지만 분명히 다른 개념이다. 보수주의자들 역시 자유주의를 지지한다. 자유주의는 개인의 행복 추

** 토머스 제퍼슨이 기초한 미국 독립선언서의 일부를 변형한 것이다. 선언서의 원래 표현은 이렇다. "우리는 다음을 자명한 진리라 여긴다. 모든 인간은 평등하게 태어났고, 창조주로부터 양도할 수 없는 권리를 부여받았다. 이 권리에는 생명, 자유, 행복 추구가 포함된다."

구를 보호하는 것이 사회의 주된 의무라고 보는 신념으로 정의할 수 있다. 자유주의는 다음과 같은 몇몇 매우 중요한 사실에 뿌리를 두고 있다. 개인은 중요하다. 개인은 보호받아야 한다. 개인의 이익은 바람직하다.

자유주의는 사적 행복에 이르는 것이라면 무엇이든 추구할 수 있는 개인의 권리를 지나치게 우선시함으로써, 이를 위한 조건과 환경을 사실상 설정하는 더 넓은 사회, 정치, 환경 이슈를 소홀히 할 수 있다. 자유주의는, 타인의 사적 이익을 침해하지 않는 선에서 자신의 사적 이익을 추구하는 데 집중한다면 행복은 가져가는 사람이 임자라고 가르친다. 이 접근법의 극단적 형태를 "자유지상주의libertarianism"[1]라고 부른다. 하지만 세상은 대개 이런 방식으로 돌아가지 않는다. 지금 우리가 알고 있는 것처럼, 경제생활과 신체 건강을 비롯해 우리의 사적인 삶은 이웃, 공동체, 국가, 기후 등의 정치 역학에서 분리되지 않으며 직접 영향을 받는다. 정치는 **삶의 질에 관한 문제**, 곧 행복의 문제다.

이것이 "공화주의자"의 주장이다. 자유주의와 마찬가지로 공화주의republicanism를 특정 정당이나 정치 이데올로기와 혼동하지 말아야 한다. 공화주의는 사적인 삶의 질이 공적인 삶의 질과 명확하게 분리될 수 없고, 사적 행복은 어느 정도 공적 행복에 달려 있으며, 공적 행복의 수단은 본래 입헌적(가령 권력분립)이면서 실천적(가령 능동적 시민의식)이라고 보는 생각일 뿐이다. 공화주의는 자유주의보다 앞서 생겼고, 일부 학자들이 후자는 전자의 축소판일 뿐이라고 단정하는 데는 타당한 이유가 있다.[2] 열성적인 자유주의자들(거듭 말하지만 좌파 대 우파 이야기를 하는 것이 아니다. 바로 위에 제시된 자유주의 교리를 신봉하는, 그중 다수는 정치적 보수주의자인 사람들 이야기다)이 거리에서나 방송에서 무언가를 할 때마다, 그들은 자유주의의 대의를 위해 공적 영역에서 말하고 행동하는 공화주의 정신을 되살리고 있는 것이다.

이 책도 공화주의 정신을 담고 있다. 나는 2010년대 이후 고조된 정치 상황과 위기의 맥락에서 이 책을 썼다. 이 책은 마땅히 공화주의 정신을 되살려야 한다고, 선거철이나 위기 때만이 아니라 일상적으로 그래야 한다고 주장한다. 내가 대학에서 가르치고 있기는 하지만, 학자이기보다는 한 사람의 시민으로서 이 책을 썼다는 뜻이다. 우리가 함께 궁리할 주제는 **정치**politics다. 이 책은 정치란 **모든 사람**everybody을 위한 것이라고 주장한다.

더 구체적으로 말하면, 나는 정치에 대한 믿음을 잃어버린 사람들을 위해 정치를 옹호하려고 이 책을 썼다. 내 친구들, 이웃들, 학생들, 같은 교회 신도들 그리고 카페와 체육관 같은 곳에서 함께했던 사람들 말이다. 대체로 그들은 정치에 신물이 나거나 정치에 골몰하거나, 이렇게 두 진영으로 나뉘는 것 같다. 당파적 양극화에 관한 많은 이야기 중에서도 정치에서 "손을 뗀" 사람들과 정치에 "과몰입한" 사람들 사이의 대립이 오늘날 가장 중요한 정치 양극화의 모습이라고 생각한다. 이것이 당파적 양극화가 구축되는 하부구조다. 그러므로 내가 주장하는 바는 특정 정당이나 이데올로기와는 직접 관계가 없으며, 정치 자체의 가치와 중요성에 기반해 정치적 중도를 지향한다.

뒤이어 나오는 내용은 정치에 관한 중립적 사례도, 중립적 정치의 사례도 아니다. 이 책은 한나 아렌트의 정신을 길잡이 삼아 공화민주주의 republican democracy의 사례를 제시한다. 존 애덤스John Adams*는 200년 전에 "**공화국**이라는 단어는 어떻게 쓰이느냐에 따라 어떤 것도, 모든 것도 의미할 수 있고 또는 아무것도 의미하지 않을 수 있다"고 말했다. 그때나 지금이나 옳은 이야기다. 애덤스는 이렇게 덧붙였다. 그럼에도 **민주주의**라는—혹은 그가 썼듯이 "민주적인democratical"이라는—단어를 **공화국**과 나란히 놓을 때 아주 구체적이고 아주 특별한 것을 얻을 수 있다고. 특권층, 부유층, 음모가를 위한 것이 아니라 인민의, 인민에 의한, 인민을 위한 정부가 세운 정치 질서를 말이다.[3]

아렌트는 지난 세기의 공화민주주의 옹호자 가운데 지적으로 가장 탁월한 인물이다. 그의 학문 세계는 박식하고 학구적이면서 현실적이고 개인적인 성격을 띠었다. 그는 1930년대에 나치로부터 운 좋게 탈출한 독일계 유대인이다. 따라서 정치에 대한 그의 사유는 미국에 정주하게 된 난민이라는 자신의 경험에 뿌리를 두고 있다. 아마도 이 강렬한 경험이, 많은 사람에게 독특하고 난해하다고 여겨지는 그의 저작에 엄밀함과 예리함을 더했을 것이다. 몇 년 전 나에게 아렌트를 처음 소개해준 스티븐 브라운Stephen Browne 선생님은 "한나 아렌트의 가장 명석한 학생들도 그가 의미하는 바를 해독하느라 아주 애를 먹었음을 고백했다"[4]고 썼다. 이 책의 목표 중 하나는 아렌트의 정치적 사유가 상식과 일상의 경험에 뿌리를 두고 있음을 보여주는 것이다. 정치에 대한 그의 접근법은 사실에 입각해 있으며 합리적이고 현실적이다. 앞으로 내가 제기하는 질문과 쟁점은 아렌트 연구자들에게는 꽤 친숙할 것이다. 아렌트에 대한 내 해석은 일부를 제외하면 놀랍거나 새로운 점이 거의 없

* 미국의 제2대 대통령(1797-1801년 재임), 정치사상가.

다.[5] 다른 연구자들에게는 이 책이 아렌트 입문서 역할을 하면 좋겠다(미주가 특히 도움이 되기를 바란다).[6] 그래도 이 책은 아렌트에 관한 책이라기보다는 아렌트의 사상을 계승한 책이다. 이 책은 아렌트의 저작과 다른 중요한 정치사상가들의 저작에 대한 소개, 그리고 정치적 기술 자체에 대한 소개 사이 어디쯤 위치한다. 이 책은 내가 아렌트의 저작들과, 또 그가 몰두했던 서구의 지적 전통들과 수십 년 동안 나눈 대화의 산물이다. 그리고 내 주위 스승, 친구, 가족, 학생, 심지어 낯선 사람들과 나눈 수많은 대화의 결실이기도 하다.[7]

서론

돌아온 탕자의 정치

우화로 시작해보자. 정치적 우화이자 돌아온 탕자의 우화다. 성경에 나오는 이야기를 살짝 윤색했는데 다음과 같은 내용이다. 두 아들을 둔 부자 아버지가 있다. 그는 아들들에게 막대한 유산을 주기로 약속했다. 성실하고 책임감이 강한 큰아들은 재산의 절반을 물려받을 날을 참을성 있게 기다리고 있다. 이와 달리 작은아들은 아직 젊고 아버지가 여전히 건강한데도, 자기 몫을 요구하면서 가능한 한 빨리 독립하려고 한다. 아버지는 예상을 깨고 작은아들 몫을 먼저 내준다. 큰아들이 항변했으나 뜻을 꺾지 않았다.

큰돈을 손에 쥔 작은아들은 세상 밖으로 모험을 떠나 삽시간에 전 재산을 흥청망청 써버린다. 결국 무일푼에 처량한 신세가 되어 농장 일꾼으로 일하다, 부끄러움을 무릅쓰고 집으로 들어가기로 한다. 아버지에게 집안 농장 일자리를 달라고 할 셈이다. 그러면 적어도 돼지들과 함께 잠을 잘 일은 없을 테니 말이다. 그런데 이야기를 꺼내기도 전에 아버지가 달려와 아들을 끌어안고 잔치를 벌이려 한다. 아버지의 모습에 놀란 큰아들이 자신은 몇 년 동안 충직하고 성실하게 일해왔지만 잔치를 벌인 적은 단 한 번도 없었다고 불평한다. 아버지는 이렇게 대답한다. "얘야, 내가 가진 것이 다 네 것이다!"[1]

돌아온 탕자 이야기는 오랫동안 조건 없는 사랑의 비유로 여겨졌지만, 정치적 우화로도 읽을 만한 충분한 이유가 있다. 지금도 그렇지만 고대 세계에서는 집을 떠나 모험하는 것이 성장하는 방법이었다. 아버지는 작은아들에게 유산을 물려주고 떠나보내면서 이렇게 말한다. "너는 이제 집안의 보호뿐만 아니라 제약으로부터도 자유로워졌다. 너는 나와 동등하다." 굴욕스럽게 돌아온 아들은 보호와 편의를 제공받기 위해 집안 머슴이라도 되려고 한다. 그러나 아버지는 아들의 제의를 마다하고 포옹과 축하를 건네면서 아들에게 전처럼 자유와 평등을 추구하라고 힘주어 말한다. "우리는 여전히 동등하고, 너는 여전히 자유롭다." 가부장적인 통제와 제약이라는 옛 방식으로 결코 돌아갈 수 없는 것이다. 큰아들은 이에 분개한다. 그가 생각하기에, 자유와 평등은 공짜로 주어지는 것이 아니라 가장 바람직하게 행동함으로써 쟁취하는 것이다. "내가 가진 것이 다 네 것"이라는 아버지의 대답이 말해주는 바는 이것이다. "너 역시 나와 대등하다. 네 동생처럼 너도 자유롭다. 비록 너는 집을 떠나지 않았지만, 나는 너 역시 놓아주련다!" 두 아들 모두에게 관계의 기초는 의무와 명령이 아니라 자유와 평등이다. 질투와 불의, 어리석음, 방탕함의 문제를 포함해 모든 문제가 그런 방식으로 협의된다.

이 책에서 나는 정치도 이 아버지의 사랑처럼 놓아주고, 통제를 포기하고, 주인과 노예의 관계가 아니라 평등한 관계를 맺는 기술에서 시작된다고 주장할 것이다. 우리는 평등과 자유가 정치 활동의 최종 목표라고 생각하는 데 익숙하다. 나는 평등과 자유가 정치의 **출발점**이며 이것들 없이는 정치가 불가능하다고 주장할 것이다. 이것은 희망 사항이 아니라 사실의 문제다. 이 책에서는 이상주의를 찾아보기 어려우며, 완벽한 정치 세계를 약속하는 허황한 낙천주의자도 없다. 오히려 나는 세 가지 현실에서 출발한다.

첫째, 사람들은 타인과 평등하게 관계를 맺고 있다. 모든 관계가 평등하지는 않으며, 어쩌면 대부분 그렇지 않다고 결론 내릴지도 모른다. 그럼에도 불구하고 **평등은 발생한다**. 둘째, 사람들은 서로 평등하게 관계 맺을 때 자유롭다. 물론 이 자유는 완전하지도 절대적이지도 않다. 누구도 절대적으로 자유롭지 않다. 그런 사람이 있다면 그는 지나친 낙천주의자일 것이다. 우리의 몸과 마음은 유한하다. 우리는 육체적, 사회적 생활에 필요한 기본적인 필수 요건들을 충족해야 한다. 음식을 만들고, 충분히 자고, 제때 일터에 나가며, 도움이 필요한 가족을 돌봐야 한다. 게다가 우리의 자유를 제한하면서 우리를 통제하고 심지어 착취하려는 사람들과 권력자들이 많다. 그럼에도 불구하고 평등이 발생하듯이 **자유도 발생한다**. 자유는 존재의 상태가 아니라 타인과 함께 존재하는 **특성**quality, 즉 관계의 특성이다. 셋째, 돌아온 탕자의 우화에 나오는 아버지와 두 아들의 관계처럼 평등과 자유는 자연, 사회, 시장경제의 문제가 아니라 인간이 선택하고 실천하는 문제다. 자유와 평등이 인간 삶의 사실—인간적 현상—이긴 해도 그것이 유일한 사실은 아니며, 삶의 사실에는 억압적이거나 그저 단순히 필요한 것들도 많기에 우리는 자유와 평등을 거듭 선택해야 한다. 자유와 평등은 목적의식에 입각한 선택의 문제다. 인류 역사상 수많은 정치 투쟁이 이렇게 수행되었다.

궁극적으로 **정치**는 타인들과 함께 자유와 평등 속에서 살아가는 기술이다. 정치적 관계는 매우 독특하다. 두 명 이상의 사람들이 자유롭고 평등하게 관계를 맺을 때 발생하며 정치권력이라 불리는 인간의 권력 형태를 만들어낸다. 이런 관계는 저절로 이루어지지 않는다. 공예나 기술을 수련하는 것처럼 의도적으로 추구해야 한다. 정치를 뒤트는 온갖 불의와 왜곡이 있다. 이것이 정치를 자유롭고 평등하게 관계 맺는 기술에서 빗나가게 하며, 무력을 정치권력으로 오인하게 한다. 두 아들의 우화는 부분적으로 그런 왜곡의 하나인 원한에 관한 이야기다. 큰아들은 자유를 누리는 동생을 괘씸하게 여긴다. 그는 아버지가 동생을 강압적으로 대하고 가혹하게 다루어 노예로 만들거나 그렇지 않으면 고용 계약이라도 하기를 바란다. 원한은 분명 강력한 힘으로, 정치를 비틀고 훼손한다. 정치를 자유와 평등 속에서 타인과 관계 맺는 기술이 아닌 다른 것으로 만들어버린다. 원한에 사로잡힐 때 정치는 복수하거나 자기 방식을 강요하거나 "우리"와 "그들"을 반목하게 하는 수단으로 변질될 수 있다.

따라서 이 책은 진정한 정치와 왜곡된 정치의 차이에 관한 이야기다. 이 차이를 탐구하고 설명하고 논하면서, 정치를 오용하고 악용하는 이들에 맞서 진정한 정치를 옹호하려 한다.[2] 물론 오늘날 왜곡된 정치가 승리하고 있다는 증거는 곳곳에 있다. 지난 10년간 미국은 정치 양극화가 극도로 심화했고, 많은 사람이 의심, 견해차, 반박 데이터가 뚫고 들어오지 못하는 조그만 정치적 보호막 안에 **갇혀 있다**. 그리고 갇혀 있다는 사실에 어찌해야 할지 몰라 꼼짝 못 하고 있다. 정치학자들과 미디어 연구자들은 이러한 현상을 두고 **필터 버블**filter bubble*, **감정적 양극화**

* 구글과 야후 등 세계적인 인터넷 검색 업체와 페이스북 같은 소셜 미디어 기업들이 제공하는 정보에 의존해 정보 편식을 하는 이용자들이 점점 자신만의 울타리에 갇히고 있다는 것을

affective polarization, **정서적 당파성**expressive partisanship 같은 새로운 말들을 고안하고 있지만, 이는 근본적으로 동일한 사실을 가리킨다. 즉 비뚤어진 당파성이 지배하고 있다는 것이다(덧붙이자면, 이것이 특정 미디어와 소셜 미디어 기업에 막대한 수익을 안겨준다).[3] 우리 대다수는 당파적 관점을 떼어놓고는 세계 자체는 말할 것도 없고 타인의 세계도 볼 수 없다. 그 누구도 이 근시안적 사고에서 완전히 자유롭지 못하다. 교육은 당신이 생각하는 그런 만병통치약이 아니다. 실제로 2016년 퓨 리서치센터의 연구는 이와는 정반대 결론을 내렸다. 교육을 더 많이 받은 사람일수록 세상을 자기 방식대로만 보려고 고집한다는 것이다.[4] 미디어 소비 패턴, 농촌-도시 거주 여부, 소득 수준 같은 요인에 따라 다른 양상을 보이긴 하지만, 정치적으로 근시안적 사고를 한다는 근본 사실에는 차이가 없다. 또 다른 연구들에서 밝혀진 바에 따르면, 당신이 정치에 더 많이 신경 쓸수록 자신만의 거품 안에 갇힐 가능성도 더 커진다.[5]

많은 사람이 정치를 무시하거나 회피하려는 것은 놀라운 일이 아니다. 정치 관련 논쟁은 우정과 가족 모임을 무수히 망쳐왔다. 동료와 친해지고 싶다면, 정치 얘기를 피하라. 가족과 함께 평화로운 추수감사절 식사를 하고 싶다면, 정치에 대해 말하지 마라. 강의실에서 열 받지 않으려면, 정치를 멀리하라. 《뉴욕 타임스》는 도널드 트럼프Donald Trump에게 투표하는 바람에 친구를 모두 잃은 사람의 이야기를 보도했다. "그 친구들은 40년 지기였어요"라고 그는 소리쳤다. "이렇게 말할게요. 제정신이니?"[6] 사실 "제정신이 아니"라는 말은 우리 시대의 왜곡된 정치

설명하기 위해 만들어낸 말이다. 미국의 온라인 시민단체 무브온의 이사장인 엘리 프레이저Eli Pariser가 자신의 저서 《생각 조종자들 *The Filter Bubble*》에서 제시한 개념이다.

에 꼭 들어맞는 표현이다. 깨진 우정과 참담한 가족 모임뿐 아니라, 극적 사건과 잔혹 행위와 가짜 논쟁에 달려드는 케이블 뉴스와 소셜 미디어의 제정신 아닌 식탐을 생각해보라. 미쳤다 싶은 선거 비용, 선거철마다 나붙는 터무니없는 정치 광고, 집권당 의석 유지를 위해 고안된 기괴한 선거구는 또 어떤가. 그러니 우리 대부분이 정치에 신물을 내는 것은 지극히 당연하다.

그럼에도 불구하고 이 책은 정치가 오명을 뒤집어쓴 시대에 정치의 존엄성을 옹호한다. 정치란 평등하고 자유롭게 관계 맺는 근본적인 일상의 기술이며, 문제가 아니라 우리의 정치적 근시안, 불안, 증오에 대한 해결책의 일부라고 주장한다. 정치를 버리기보다 더 많은 정치를 해야 한다고, 정치를 경시하기보다 더 진중하게 받아들여야 한다고, 정치에 사유할 기회를 주어야 한다고 강조한다.

나는 20세기에 어느 누구보다 정치를 옹호했던 한나 아렌트의 저작들을 탐구하면서 이런 생각을 가다듬었다. 아렌트는 1930년대에 나치를 피해 미국에 망명한 독일 태생 유대인이다.[7] 망명 이후 30년 동안 아렌트는 500페이지가 넘는 《전체주의의 기원The Origins of Totalitarianism》에서 전체주의를 예리하게 분석했을 뿐만 아니라 혁명에서부터 세계를 돌보는 인간 책임의 본질에 이르기까지 여러 주제를 아우르며 수많은 책과 논문을 썼다. 또 그는 《뉴요커》에 연재했다가 《예루살렘의 아이히만Eichmann in Jerusalem》이라는 책으로 출간한 일련의 글에서, 홀로코스트의 관리자 중 한 사람인 아돌프 아이히만Adolf Eichmann이 "악의 평범성banality of evil"(비평가들은 이 문구를 "단조로운bland" 혹은 "지루한boring"이라는 뜻으로 받아들였다[8])을 보여주었다고 주장함으로써 당대에 가장 논쟁적인 저술가 중 한 명이 되었다.

아렌트의 "악의 평범성"은 악, 특히 현대의 악이 단지 **"사유하지 않는** not thinking**"**[9] 죄를 범한 사람들에 의해 그토록 자주 행해진다는 것을 가리키는 말이다. 아렌트에 따르면, 대량 학살과 종족 학살을 비롯해 20세기에 벌어진 수많은 잔혹 행위는 대부분 집단 순응 사고나 의무, 충성심, 복종에 기반한 무분별한 헌신의 형태로, 즉 사악하다기보다는 생각할 줄 모르는 사람들에 의해 자행되었다. 아렌트는 "사유하지 않는 것"이 지능과는 무관하다는 점을 조심스럽게 강조했다. 이는 누구나 빠질 수 있는 함정이고, **모든 사람**이 사유하지 않는 이가 될 수 있는 것이다.

> 사유한다는 것은 (…) 소수의 특권이 아니라 모든 사람에게 항상 현전하는 능력이다. 마찬가지로 사유 불능은 지적 능력이 부족한 다수의 특권이 아니라, 모든 사람—과학자, 학자, 다른 지적 분야 전문가들도 예외는 아니다—에게 항상 현전하는 가능성이다.[10]

아렌트에게 정치는 사유 능력이 없는 악에 대한 만능 해결책은 아니지만, 타인에게 말을 걸게 함으로써 더불어 사유할 가능성이 열린다는 점에서 중요한 해독제였다. 아렌트는 정치적 해결책은 결코 저절로 나오는 게 아니라고 주장했다. 그것은 결코 완전한 순응이나 복종의 문제가 아니다. 정치적 해결책은 항상 타인의 관점, 목소리, 관심사를 고려하여 제시되며 무분별한 편견이나 본능적 반응이 아니라 판단과 행위로 완결된다. 아렌트는 이런 정치 기획이 궁극적으로 **모든 사람**을 위한 것이라고 강조했다.[11]

정치에 관한 흥미로운 변론

아렌트가 제시한 정치에 관한 흥미로운 변론은 역설적인 사실에서 시작된다. 한편으로는 정치를 실천하고 함양하려고 노력해야 하지만, 다른 한편으로는 아무리 노력해도 정치에서 벗어날 수 없다는 역설 말이다. 아렌트에 따르면, 수 세기 동안 인류는 경제, 과학, 기술, 종교, 인종, 개인의 자아실현 같은 다른 힘이 지구상에서 우리의 정치적 조건의 한계를 부수고, 우리를 끝없이 펼쳐지는 진보라는 거룩한 지평선으로 이끌어주리라고 믿음으로써 정치의 세계에서 벗어나려고 애써왔다. 군주들의 변덕스러운 결정과 처참한 결과에 직면했던 18-19세기 유럽인들과 미국인들은 정치 너머의 세계를 건설하는 방법으로 "역사의 법칙", "신의 섭리", "산업의 은혜", "생태의 신비", "시장의 마법" 등을 구상했다. 그러나 정치 없는 세상을 꿈꿨던 20세기 인류는 대재앙을 맞았다. 아리안 민족이 역사적 운명을 부여받았다는 주장은 홀로코스트를 낳았다. 소련의 집단화 요구는 굴라크 같은 강제노동수용소를, 정치보다 물리학을 우선시한 결정은 핵폭탄을 낳았다. 시장 장악은 중남미 내전, 아프리카의 식민지와 탈식민 전쟁, 아시아의 노동 착취 공장을 낳았다.

아렌트는 이런 재앙들이 부메랑과도 같다고 말했다. 나치 독일의 파시즘, 소비에트 국가주의, 핵 공포, 경제 제국주의는 모두 정치 너머의 세계를 향한 열망에서 출발했지만(각각 인종 정체성, 변증법적 유물론, 국방과학, 이윤 극대화를 전제로 한 사회질서의 형태로), 그것들은 유전학에서 역사, 과학, 심지어 스웨터와 바나나에 이르기까지 모든 것을 비뚤어지게 "정치화"해서 되돌아왔다. 아렌트가 보기에 애초에 정치가 결여되었다기보다는 독특한 파괴의 역학 안에 정치가 강력하게 응축되어 있었다. 다시 말해, 왜곡되고 억압적인 정치를 극복하려는 이들조차 거기서 벗어날 수 없었다. 그들은 정치를 움켜쥐고 이기적인 목적을 위해 비틀어놓았을 뿐이다.

아렌트는 "인간men이 지구에 살고 세상에 거주하는 한" 누군가는 어딘가에서 어떤 형태로든 정치를 하고 있다고 말했다(20세기 중반에 글을 쓴 아렌트는 성별과 관계없이 모든 인간을 지칭하기 위해 복수형 men을 사용했다). 그는 "우리는 모두, 과거에 살았거나 현재 살고 있거나 미래에 살게 될 누구와도 같지 않다는 점에서 동일한 인간"[12]이므로 정치가 우리 인간 조건의 일부라고 주장했다. 우리는 복수로 존재한다. 이 "복수성複數性, plurality"이라는 사실에 기반해 우리는 우리의 동일성과 차이를 정치적 방식으로 해결해야만 한다.[13] 누가 어떤 종류의 정치 과정에, 어떤 목적을 위해, 어떤 수단으로 참여하는가? 우리에게 본질적인 이 질문은 정치철학 자체만큼이나 오래되었다. 우리는 정치에서 벗어날 수 없다. 정치를 더 좋거나 더 나쁘게, 더 건설적이거나 더 파괴적으로, 더 민주적이거나(정치는 인민의 특권이다) 더 과두제적으로(정치는 소수의 특권이다) 만들기 위해 노력할 수 있을 뿐이다.

아렌트는 진정한, 민주적인 정치를 주장했다. 이런 주장은 때로 이상주의적으로 보이지만 실제로는 그렇지 않다. 그가 정치에 접근하는 방식은 텔레비전 드라마 〈하우스 오브 카드〉에서 정치를 중상모략, 부정부패, 거짓말, 교묘한 조작, 무자비한 지배 행위로 가득 찬 제로섬 권력 게임으로 묘사했던 것보다 더 현실적이다. 정치를 책임지는 자리에 있는 사람 중에는, 부드럽게 말하자면, 다른 사람들과 원만하게 일하지 못하는 이들이 많다. 그리고 이런 사람들은 강압이나 파괴를 통해 막강한 권력을 행사할 수도 있다.

그러나 중요한 것은 해적질, 폭정, 파괴로는 진정한 정치적 기술을 표현하지 못한다는 점이다. 그런 짓은 정치를 왜곡하고 착취한다. 아렌트는 이 사실을 박사학위 논문 주제이기도 했던 아우구스티누스Aurelius Augustinus(354–430)의 사유에서 배운 것으로 보인다.[14] 아우구스티누스는 악, 사악함, 범죄를 선한 것을 악의적으로 왜곡한 것으로 보았다. 해적질, 폭정, 파괴는 정치가 아니라 일종의 도둑질 기술이다. 많은 도둑이 정부 청사를 점령했지만, 그곳을 차지하고 있다고 해서 도둑이 아닌 것은 아니다. 만약 그런 데 관심이 있다면, 이 책을 내려놓고 도둑질에 관한 책을 읽는 편이 더 나을 것이다.

정치적 기술이 도둑질 기술보다 **더** 실재적이다. 기생충처럼 도둑질은 살아남기 위해 정치에 의존하기 때문이다. 훔치려면 훔칠 무언가가 있어야 한다. 조작하기 위해서는 조작할 것이 있어야 한다. 거짓말을 하려면 진실이 있어야 한다. 죽이기 위해서는 생명이 있어야 한다. 요점은, 단지 무언가가 더 충격적이고 더 기괴하고 더 타락했다고 해서 더 실재적인 것은 아니라는 말이다. 〈하우스 오브 카드〉 식 정치는 일일이 열거하기 힘들 정도로 흔하게 벌어진다. 현대 정치에서 부정부패는 예외가 아니라 일상이다. 그러나 부정부패는 항상 무엇인가**의** 부정부패이며 오늘날 우리가 정치라고 부르는 것은 많은 경우 정치의 부패일 뿐이다. 이 책은 바로 이 일차적 현상, 즉 정치 현상에 초점을 맞춘다.

브렉시트, 여러 "스트롱 맨strong man"의 집권, 북아메리카 · 유럽연합 · 남아메리카 일부 지역의 인종주의와 민족주의 위기에서 볼 수 있듯이

21세기 포퓰리즘은 수많은 거짓말, 조작, 도둑질에 의존해왔지만, 한 가지 다행스러운 특성이 있다. 즉 **우리가 정치 세계에 살고 있다**는 사실을 상기시켜준다. 벗어날 길이 없다. 정치는 우리의 운명이다. 그렇다면 이 운명을 어떻게 할 것인가? 우리에겐 더 적은 정치가 아니라, 더 나은 정치가 필요하다. 정치는 방어와 민주화가 필요한 기술이다. 정치와 정치 기술의 의미를 회복하고 재교육할 때 우리를 마비시키는 이념적, 당파적 과호흡증을 완화할 수 있다. 우리를 더 갈라놓기보다는 이웃 간의 관계를 북돋고 공동체를 풍요롭게 하고 정부 역량을 강화하는 방식으로 우리 내면에 깃든 정치적 동물과 접촉하는 데 도움을 줄 수 있다.

오늘날 우리는 일종의 자가면역질환을 앓고 있다. 정치 시스템의 심각한 질병을 공격한다면서 동시에 건강을 위한 주요 수단도 공격해온 것이다. 심리학적인 비유가 더 낫겠다. 우리는 본질적으로 정치의 약화가 일으킨 문제의 원인을 정치에 투사하고 있다. 이 문제는 오직 정치를 강화해야만 해결할 수 있다. 공동체의 건강과 온전한 정신을 구축할 수단을 되찾기 위해 기본적인 정치basic politics를 재도입해야 한다.[15]

예를 들어 경제를 집단생활에서 자율적이고 통제 불가능한 강제력이 아니라 우리가 함께 다룰 수 있는 것으로 간주하는, 경제적 삶의 정치를 진지하게 받아들여야 한다. **명예**와 **존중** 같은 말을 군인과 깃발에만 갖다 붙일 게 아니라 일반 시민도 가질 수 있도록 시민적 리더십을 다시금 의미 있게 만들어야 한다. 기술자들이 글로벌 디지털 네트워크에서 알고리즘 권력을 더욱 강화해 정치권력을 독점하지 못하게 해야 한다. 우리는 평범한 시민으로서 설득, 토론, 대화, 숙고, 차이를 빚어내는 기술을 다시 배우고, 이것을 일상에서 실천해야 한다.

기본적 정치에 대한 아렌트의 사유는 우리의 오감과 상식으로 파악할 수 있는 여섯 가지 사실을 중심으로 전개된다. 그는 먼저 인간의 기본적인 상황, 즉 첫 번째이자 첫째가는 사실에 관심을 집중하라고 말한다. 바로 너와 나 그리고 다른 사람들이 지구에서 함께 살아가고 있다는 사실이다. 이것이 아렌트가 말한 "인간의 조건human condition"이다.[16] 아렌트가 "인간의 본성human nature"이 아니라 인간의 조건으로 정치를 사유하기 시작했다는 것은 상당히 의미심장하다. 영향력 있는 많은 근대 정치철학자들은 정치를 어떤 식으로든 인간 본성의 문제에 대응하고 대처하는 수단이라고 가정해왔기 때문이다.

이 책에서 내가 하려는 일 중 하나는 아렌트의 사유뿐만 아니라 그가 비판했던 생각들이 어디서 왔는지 탐구하는 것이다. 정치를 인간 본성을 관리하는 수단으로 간주해온 것은 매우 오래된 일이지만, 근대의 여명기에 존 로크John Locke(1632–1704)가 특히 이 생각을 전적으로 지지했다. 로크는 오늘날 "정치적 자유주의political liberalism"로 알려진 이념의 철학적 토대를 세우는 데 기여한 인물이다. 이념의 스펙트럼상 보수와 진보를 막론하고 많은 사람이 이 시각을 공유해왔다. 로크는 인간 본성이 소유욕에 차 있고 탐욕스럽다고 주장했다. 우리는 소유욕 강한 개인이다. 우리는 모두 욕심쟁이다. 우리는 무언가를, 무엇보다 우리 자신과 우리의 생존과 생계 수단을 **소유**하고 싶어 한다. 따라서 로크는 재산권과 계약 규칙에 기반하여 사회적 약탈 게임에서 "나"와 "내 재산"을 지킬 수 있는 사회를 구상했다. 그는 특정한 자격을 갖춘 사람들, 특히 남성이면서 재산을 소유한 사람들의 권리를 보장하는 것이 이를 실현하는 방법이라고 생각했다. 자격 있는 자만이 권리를 얻는다는 것이니, 돌아온 탕자의 우화에서 큰아들이 기뻐했을 법한 정치 이론이다.

로크 이후 정치적 자유주의자들은 권리를 얻기 위한 "자격"을 거듭 수정했지만, 결코 로크의 기본 게임을 포기한 적은 없었다. 즉 정치적 자유주의는 누구에게나 열린 정치를 지향하지만, 여기서 "누구나"란 적절한 자격을 갖춘 사람을 말한다. 그 "안에" 있다면 다른 이들이 당신의 것을 빼앗으려 할 때 보호받는 혜택을 누릴 수 있다. 앞에서 말했듯 이것은 보수와 진보의 일치된 생각이었다. 정당에 따라 누가 보호받을 자격이 있는지, 사회를 위한 다양한 권리와 규칙의 성격과 범위를 어떻게 할 것인지를 두고는 의견이 갈렸지만, 근본적인 정치적 질문이 소유하는 개인의 권리와 그에 상응하는 법률로 귀결된다는 점에는 동의했다.

아렌트는 이런 시각을 비판하면서 정치란 "특정한 자격을 갖춘 사람"이 아니라 **모든 사람**everybody을 위한 것이라고 생각했다. 더욱이 인간 본성에 대한 하나의 관점이 사회를 이끌어야 한다고 결론 내리는 것은 터무니없이 환원주의적이라고 생각했다. 인간 본성은 너무도 복잡하고 가변적이어서 정치의 안정된 토대가 되기는 어렵다고 보았기 때문이다. 아렌트는 인간 본성에 관한 이론이 사람들을 이론의 틀에 끼워 맞추려는 시도로 이어지는 경향이 있다고 우려했다. 만약 인간 본성이 순응적이고 조건반사와 행동 통제의 지배를 받는다고 믿는다면, 사람들을 말 잘 듣는 개와 같은 존재로 만들려고 할 것이다. 인간 본성이 선하고 고귀하다고 믿는다면, 사람들을 성자 같은 존재로 만들려고 할 것이다. 인간 본성이 소유욕으로 가득하다고 믿는다면, 모든 사람을 물건

구매자와 판매자로 만들려고 할 것이다.

아렌트는 인간 본성이 아니라 인간의 조건에 근거해서 정치에 접근하기 시작했다. 특히 인간이 된다는 것은 지구상의 다른 사람들과 함께 살아가는 것이라는 사실이 무엇보다 중요했다. "뻔한 소리잖아." 누군가는 이렇게 말할지도 모른다. 실제로 당연한 것을 의미 있게 만들고, 우리가 당연하게 여기는 것에 의문을 제기하는 것이 아렌트 작업의 핵심이었다. 그는 모든 인간 활동은 우리가 지구에서 함께 살아간다는 본질적인 사실에 좌우된다고 주장했다.[17] 오늘날 어떤 형태의 배제, 착취, 억압이 지배한다 해도 우리는 이 사실에서 벗어날 수 없다.[18] 그렇다면 이 공존이라는 사실 위에서 우리는 무엇을 할 수 있을까? **이것**이 정치에 관한 본질적 질문이라고 그는 주장했다.

아렌트는 이 질문을 제기하면서 두 번째 사실을 강조했다. 무릇 지구상의 모든 사람은 기본적인 인간의 능력, 즉 사유하고 소통하고 "행위"하는 능력을 공유하고 있다는 것이다. 우리는 모두 일반적으로 마음을 사용해서 관념, 주장, 의견, 판단을 형성할 수 있다. 우리는 모두 타인과 의사소통을 하고 언어, 몸짓, 이미지를 사용해 진술하고 질문하고 감정을 표현할 수 있으며, 우리 자신과 타인에게 우리가 존재한다는 사실을 상기시킬 수 있다.[19] 마지막으로 우리는 모두 행위한다. 거리에서 쓰레기를 줍는 것처럼 평범한 행위든, 질주하는 자동차 앞에서 어린아이를 구하는 것 같은 영웅적인 행위든 말이다. 사유하고, 말하고, 행위하는 것은 우리가 지구, 공동체, 문화와 문명 세계를 항해하는 기본 수단이다.

우리는 이제 분명한 두 가지 사실을 알고 있다. 우리는 지구에서 공존하고 있으며, 저마다 타인과 더불어 살아가는 데 도움이 되는 기본적인 능력을 갖추고 있다는 사실 말이다. 여기서 우리는 세 번째 사실로 나아간다. 즉 다양한 사람들의 집단 사이에는 공통의 관심사가 되는 특정한 대상, 쟁점, 사건 들이 있다. 이 사실은 우리가 모든 것이 아니라 어떤 것에 관심을 기울이는 경향이 있다는 관찰에서 시작한다. 정말로 무언가에 관심을 가지면 그것에 몰두하기 마련이다. 한 사람 이상이 관심을 가지면 그것은 "공통" 관심사가 된다. 공통 관심사를 구성하면서 아렌트가 말한 "공통 세계common world"[20]를 만들기 시작한다. 공통 세계는 미국항공우주국NASA 사진에서 보는 밝고 푸른 지구와 같은 것이 아니다. 그보다는 나무, 돌고래, 세금, 테이저건, 고정관념, 길거리 등 다른 사람들과 **함께** 관심을 기울이는 모든 다양한 것들의 집합체다.

다른 사람들과 함께 그런 것들에 관심을 두다 보면 어떤 사람들과는 문제를 다르게 보게 될 것이다. 예를 들어 이웃은 자기 집과 우리 집 사이에 있는 지저분한 나무를 없애버리고 싶어 한다. 하지만 나는 나무가 현관에 그늘을 드리워주기 때문에 그대로 두고 싶다. 우리는 다른 정당에 소속되어 있어서가 아니라 다른 관점을 지닌 다른 사람들이기 때문에 사물을 다르게 본다. 나무는 말하자면 나와 이웃 사이의 걸림돌이다. 그러나 아렌트라면 더 근본적으로 나와 이웃의 공통 세계의 **연결점** connection point이라고 말할 것이다. 나무 안팎의 다양한 미생물은, 우리 둘 다 별달리 생각하거나 관심을 두지 않는 것이기 때문에 이웃 간 공통 세계에 속하지 않는다. 반면 도시의 수목 관리인들은 이런 미생물에 관심을 기울일 테고, 따라서 그들에게는 미생물이 공통 세계의 일부가 될 것이다.

그러므로 **차이**는 아렌트의 기본 정치학 강의에서 네 번째 사실이다.

우리의 차이는 미미할 때도 있고 중대할 때도 있다. 어느 쪽이든, 사물을 정확히 같은 방식으로 보거나 정확히 같은 관점을 갖기란 불가능하다. 우리는 모두 세상에 서 있는 위치가 다르다. 만약 다수의 사람이 사물을 정확히 같은 방식으로 본다면, 집단을 위해 개인의 관점과 사고를 포기했기 때문일 것이다. 자신의 관점을 일반적 관점에 양보하는 것은 가령 팝그룹 팬들의 경우처럼 무해할 수도 있고, 또 전장에서 싸우는 군인들의 경우처럼 필요한 덕목일 수도 있다. 그러나 때로는, 특히 다면적인 문제를 다양한 관점으로 접근하지 않고 이념이나 당파의 기계 톱니바퀴처럼 사고하고 행동하면 상당히 위험할 수 있다.

이런 이유로 다섯 번째 사실, **자유**가 도출된다. 사람들이 공통 관심사와 관련해 사유하고 말하고 행위하는 능력을 자유롭게 사용하는 일은 무언가를 **강요받는** 것과는 질적으로 다르다. 우리는 모두 다양한 압박과 제약 속에서 행위한다. 절대적인 자유란 없다. 그럼에도 불구하고, 소속된 무용단의 일원으로 발맞춰 걷는 것과 교도소장의 총구 아래 발맞춰 걷는 것에는 질적인 차이가 있다. 아렌트에게 자유는 인간 행위의 **특성**에서 드러난다. 그것은 신념과 상황의 문제다. 그리고 자유롭게 함께 관심을 기울이는 것은 누군가에게 강요당하거나 다른 사람들이 다 하니까 관심을 갖는 것과는 질적으로 다르고 더 우위에 있다. 이는 단순히 삶을 따라가는 것과 **행위하는 것**의 차이다(6장 참조).

마지막으로, 여섯 번째 사실은 이것이다. 공통 관심사를 다루기 위해 사유하고 말하고 행위하는 능력을 자유롭게 사용하려면 그렇게 할 수 있는 공간이 필요하다. 우리에게는 사람들 **사이에** 존재한다고 느껴지는 공간, 커다란 하나의 덩어리가 아니라 복수로 말하고 행위할 수 있는 공간이 필요하다. 아렌트는 이를 다소 수수께끼처럼 "출현의 공간 space of appearances"[21]이라고 불렀다. 세계의 어떤 것이 당신 앞에 나타나려면 당신과 대상 사이에 일정한 거리가 필요하므로 이를 출현의 공간이라고 한 것이다. 당신 자신에게서 조금만 떨어져 무언가를 보면 직관적으로 이것이 "자신만의 문제가 아니"라는 사실을 깨닫게 된다. 이는 당신의 머리 밖에 있는 세계의 일부이다.[22] 따라서 공통 관심사, 즉 다른 사람들도 보는 문제가 될 수 있다. 내 속을 태우는 게 다른 사람에게 보이지 않는다면 그것은 정치적 관심의 대상이 될 수 없다. 마찬가지로 어떤 대상과 나 사이에, 가령 나와 나무 사이에 거리를 둘 수 없다면 다른 사람들이 나무에 대해 말하는 것도 마치 **나**를 두고 말하는 것처럼 느껴질 것이다. 말하자면 나 자신이 정치적 관심의 대상이 된다. 여기에는 본래 잘못된 것이 없지만(나무에 너무도 강한 동질감을 느껴서 나무를 나 자신의 일부로 여길 수도 있다), 출현의 공간—그것이 온라인 포럼이든 거실, 학교 이사회, 지역 술집, 정치 집회 현장, 길모퉁이든 간에—에 들어갈 때는 우리 자신을 포함해 우리가 관심 가지는 것들이 다른 사람들에게 다른 방식으로 나타날 수 있다는 사실을 알아두는 것이 좋다.[23]

지금까지 우리 자신을 기본적인 정치적 존재로 형성하는 여섯 가지 기본 사실을 살펴보았다. 이 여섯 가지 사실은 매우 아렌트적인 하나의 명제로 요약할 수 있다. **정치는 사람들이 자유롭고 평등한 존재로서 함께 모여 공통 관심사에 대해 말하거나 행위할 때 발생한다.** 여기서 자유와 평등은 단순히 법적 범주나 이념적 구호가 아니라 근본적으로 서로 연관되는 방식이다. 자유와 평등의 본질은 법이나 국가 정체성이 아니라 우리가 다른 사람들과 어떻게 관계 맺을지 내리는 선택에 달려 있다. 예를 들어 어떤 면에서 당신은 직장 상사와 자유롭고 평등한 존재가 아니다. 그렇지만 가령 학교 총기 난사 사건처럼 두 사람 모두 관심을 가지는 문제에 대해 상사에게 **자유롭고 평등하게** 말할 수 있고, 이럴 때 그와 정치적 관계를 맺게 된다.

정치에 대한 아렌트의 기본 접근법이 우리가 흔히 정치와 연관 짓는 단어들과 얼마나 무관한지 주목하라. **정치인, 정부, 선거운동, 정당, 언론, 선거, 보수주의자, 진보주의자, 무당파, 급진주의자, 우파, 좌파, 사회주의자, 자유지상주의자, 권위주의자.** 아렌트가 이런 것들에 관심이 없었던 것은 아니다. 그 반대다. 또 이를 인지할 정치적 관점이 부족했던 것도 아니다. 미국 정당과 관련해서 아렌트는 공화당 지지자도 민주당 지지자도 아니었다. 그러나 인민의 권력, 법의 지배 그리고 자신이 말한 "공적 자유 public freedom"[24]의 중요성을 강조하는 역사적 맥락에서 투철한 공화주의적 민주주의자republican democrat였다. 오히려 아렌트가 정치에 접근하는 핵심에는 정치가 인간의 기본 역량이며 어느 정도 의미 있게 실행될 수 있다는 생각이 있다. 아렌트가 말했듯이 우리는 무엇보다 **정치적 존재**이다. 우리가 다른 사람들과 평등하게 말하고 행위하고 소통할 때마다 협력, 대립, 신뢰, 요구, 경청, 관점 표명, 의견 개진, 판단, 사과, 용서같이 인간이 지닌 놀라운 잠재력이 드러난다. 이런 역량은 정치 공동체를 형성하고 보존하는 데 핵심 역할을 한다.

아렌트는 이런 역량이 진정한 정치권력의 기반이라고 주장했다. 정치권력은 총이나 해머처럼 휘두르는 것이 아니라, 사람들이 공통 관심사를 중심으로 모여 소통하고 행위하는 역량을 발휘함으로써 구성되고 형성되며 공동 생산된다.[25] 또 아렌트는 이런 역량이 이른바 "인권"

과 "인간 존엄성", 더 정확히 말하면 자신이 규정한 "정치적 권리"[26]의 유일하게 실행 가능한 토대가 된다고 지적했다. 아렌트에 따르면, 개인은 소통하고 행위할 수 있는 정치적 역량을 부여받았기에, 물고기가 물에 대한 권리를 가지는 것처럼, 그런 역량을 존중하는 공동체에서 권리를 행사할 수 있다. 아렌트는 가족, 사회 집단 또는 정체성 범주의 일원이 아니라 개인으로서 역량을 충분히 존중받을 수 있는 유일한 공동체는 평등하고 자유로운 정치 공동체, 즉 민주주의 체제라고 말했다. 시장은 당신이 말하고 행위할 권리를 보호해주지 않을 것이다. 기술은 당신의 존엄성을 존중하지 않을 것이다. "역사"는 개별 인간의 삶을 돌보지 않을 것이다. 그리고 지난 세기에 반복해서 배웠듯이, 권위주의에 치우친 국가나 정부는 행정 권력의 이름으로 당신의 권리와 존엄성을 무시하려 들 것이다. 민주적인 정치 공동체는 소통과 행위 역량을 온전히 존중하는 유일한 공동체다. 따라서 아렌트는 민주주의 정치를 포기하면 개성과 자유라는 이상을 넘어 우리의 존엄성과 인간다움도 포기하게 된다고 주장했다.[27]

이런 주장은 허황된 공상이 아니다. 오히려 앞서 살펴본 인간 조건의 여섯 가지 기본적인 사실에 뿌리를 두고 있으며, 이 사실들은 우리가 싸워서 쟁취해야 할 "규범"이나 이상이기도 하다. 더욱이 이 사실들은 폭력, 착취, 위험 같은 인간 존재의 또 다른 현실을 조금도 배제하지 않는다. 아렌트는 당대에 "자유 사회" 진영을 포함한 20세기 현대 사회의 억압하고 속박하는 경향을 비판했던 가장 두드러진 인물 중 한 명이다. 그는 현대인들이 말로 내세우는 만큼 자유와 평등을 좋아하지 않으며, 자유로운 공동체를 구성하기보다 우리 자신과 타인을 가둘 우리를 만드는 데 더 능하다고 보았다. 위기가 닥쳤을 때 정말 필요한 것은 정치적 해결책인데 우리는 **기술적, 경제적** 해결책으로 눈을 돌리는 경우가 너무 많다. 기술적, 경제적 해결책은 단기적으로는 효율적이고 효과적이며 어쩌면 보상을 안겨줄지도 모르지만, 장기적으로는 위기를 부채질할 뿐이다. 이런 식의 해결책은 경제와 사회의 기계적인 운동에 순응하면서 우리의 정치적 역량을 무시하기 때문이다. 더욱이 불신, 증오, 착취, 부패 같은 본질적으로 비기술적이고 비경제적인 문제에 공학 기술이나 시장 접근법이 적용됨으로써 종종 엇박자를 초래한다. 아렌트에 따르면, 어떤 시점이 되면 사람들은 경제학자와 법률가, 국방 기획자, 기술자 들이 운영하는 시스템의 돈벌이 대상 취급을 받는 데 분개하기 시작할 것이다. 그때가 우리 앞에 다가온 것 같다.

* * *

나치 독일, 소련의 여론 조작용 재판과 강제노동수용소, 베트남전쟁, 냉전 시대의 핵 대결 같은 20세기의 참혹한 사건들을 겪으면서, 아렌트는 마치 전쟁이 남긴 폐허의 조각들을 주워 담듯이 글을 썼다. 폐허를 예전처럼 재건하기 위해서가 아니라 우리 모두를 위해 새로운 것을 세우기 위해서였다. 아렌트는 미래를 위한 정치를 새롭게 사유하기 위해 정치사상의 역사에서 많은 실마리를 끌어왔다. 나도 비슷한 방식으로, 아렌트와 다른 정치사상가들의 주요한 통찰을 21세기 정치를 위한 도전과 가능성이라는 측면에서 살펴보려 한다.

아렌트가 논지를 펼칠 때, 그리고 이 책의 다음 장들에서 정치를 옹호할 때 몇 가지 중요한 과제가 있다. 진정한 정치와 비뚤어지고 왜곡된 정치관 구별하기(1장), 정치를 온전히 이해하기의 어려움(2장), 정치적 판단의 과제(3장), 정치에서 진실의 문제(4장), 정치에서 설득의 역할(5장). 나는 단순히 정치를 옹호하는 데 그치지 않고 어떻게든 당신의 정치적 상상력을 자극하고 촉발하려 한다. 그 중심에 자유에 대한 상상력이 있다(6장). 이런 과정을 통해 정치를 보다 긍정적인 시각으로 바라보고, 진정한 정치와 왜곡된 정치를 모두 인식하는 법을 배우게 될 것이다.

이 책을 읽는 동안에는 정치에 대한 선입견을 잠시 접어두고 정치를 다른 방식으로 사유해보기 바란다. 당신이 의심 많은 독자라면, 이 책을 사고실험 정도로 여기고 어떤 결과가 나오는지 지켜보면 좋겠다. 정치 옹호의 가능성에 흥미를 느낀다면, 이어지는 내용을 주의 깊게 살펴보고 정치에서 옹호할 만한 가치가 무엇인지 스스로 판단해보기 바란다. 그리고 자신이 정치의 옹호자라고 생각한다면, 회의론자만큼이나 정치에 대한 선입견을 점검하면서 이 책이 당신을 어디로 데려가는지 지켜보라고 권하고 싶다.

미리 말해두자면, 이 책은 정치에 대한 완벽한 변론을 제시하지는 않는다. 그런 논증은 불가능하다. 또 아렌트의 다양한 사유와 견해를 전부 옹호하는 것도 아니다. 아렌트는 여러 해 동안 적지 않은 이들에게 비판을 받아왔고, 나와 마찬가지로 착오, 망각의 순간, 간헐적인 외고집에 대해서는 유죄를 선고받았다.[28] 아렌트 사유의 한계를 탐구하는 것도 가치 있고 중요한 작업이지만 이 책의 몫은 아니다. 이 책은 당신의 정치적 상상력을 자극하기 위한 스케치에 가깝다.

이 책의 핵심은 아렌트의 정치 교육 강의를 이어가는 데 있다. 정치 교육 또는 고대 그리스인들이 말한 **파이데이아**paideia는 어느 세계와 역사, 사회를 막론하고 중요한 역할을 해왔다. 하지만 우리가 정치 교육의 필요성을 인식하려면 먼저 정치가 그럴 만한 가치가 있다고 믿어야 한다. 따라서 이 책은 모세Moses부터 마키아벨리Machiavelli까지, 묵자墨子에서 마틴 루서 킹Martin Luther King까지, 그리고 이소크라테스Isocrates에서 아렌트까지 이어져 내려온 또 다른 전통에 입각해서 정치적 기술의 존엄성을 정의하고 옹호할 것이다. 나는 의심 많은 독자와 호의적인 독자 모두에게 다음의 사실을 설득하려 한다. (1)정치는 두 사람 이상이 만나는 곳이면 어디에서나 가능하다. (2)공통 세계에서 살아가는 수단으로서 정치는 효율성의 측면에서는 그렇지 않을지라도 자유와 평등의 측면에서는 기술적·경제적 해결책보다 우월하다. (3)민주주의 정치는 사람들 사이에서 정치의 범위를 넓히려는 시도와 다름없다. 이 과정에서 나는 먼 과거로 거슬러 올라가 플라톤Platon, 아리스토텔레스Aristoteles, 르네 데카르트René Descartes, 존 밀턴John Milton, 토머스 홉스Thomas Hobbes 등 다양한 사상가들을 소개하거나 새롭게 조명할 것이다.

아렌트는 "전통의 실타래가 끊어졌기에 우리는 스스로 과거를 발견해야 한다. 마치 이전에는 아무도 읽은 적이 없었던 것처럼 그들의 저작을 읽어야 한다"[29]고 썼다. 일부 독자에게는 이 책의 내용이 아주 새롭지는 않겠지만, 그래도 마치 처음인 듯 정치를 새롭게 보기 위해 함께 탐구해보자고 당신을 초대한다.

1장

꼬인 것을 푸는 정치

2016년 10월 9일, 미국 대통령 후보 두 사람이 텔레비전 토론에서 맞붙었다. 도널드 트럼프와 힐러리 클린턴Hillary Clinton은 수개월째 선거 유세장을 누비고 있었다. 선거가 한 달 앞으로 다가오면서 이날의 토론이 어쩌면 승부를 결정지을 수도 있을 것 같았다. 특히 트럼프가 건 판돈이 컸다. 대부분의 여론조사에서 뒤처져 있었을 뿐 아니라, 토론 이틀 전인 10월 7일에는 트럼프가 텔레비전 진행자 빌리 부시Billy Bush에게 자신이 어떻게 여성들을 추행하고 성적으로 위력을 행사하는지 자랑하는 녹음 파일이 폭로됐다. 이번 토론은 트럼프 후보에게 흔히 겪는 거북한 순간 이상의 곤경이 될 듯했고 실제로 그렇게 됐다. 그러나 놀랍게도 트럼프가 가장 거북해한 순간은 음란 테이프라는 화제가 아니라 단순하고 너무도 평범한 **정치인**이라는 말을 입 밖에 낸 순간이었다. 트럼프는 아마도 처음으로 공개석상에서 스스로 정치인이라고 칭한 사실을 인식하고는 깜짝 놀랐다. "내가 나를 그렇게 부르다니 믿기지 않는군요."[1] 어떻게 이 단어가 그처럼 오명을 얻었을까? 어떻게 한 남자가 자신을 "정치인"이라고 부르는 것이 성폭력을 뽐내는 테이프가 세상에 유출된 것보다 더 거북할 수 있었을까? 정치는 참으로 나쁜 상황에 놓여 있다. 적어도 선거 정치는 분명 그렇다.

불행히도 우리는 정치에 대해 알고 있는 많은 것을 케이블 뉴스, 라디오 토론, 소셜 미디어, 허구적인 텔레비전 쇼, 리얼리티 프로그램의 세계에서 배운다. 나는 이를 "선거-오락 복합체electoral-entertainment complex"라고 부른다. 이 세계에서 정치인은 포식자와 같은 존재다. 정치는 큰 비즈니스이고 정치인은 가상현실 텔레비전 스타이거나 실제 현실의 스타인 세상이다. 선정주의가 본질을 압도하고 권력은 결국 이윤으로 측정된다. 아이젠하워Dwight D. Eisenhower 대통령이 경고했던 군산복합체처럼, 우리의 정치적 삶에 총체적으로 "부당한 영향력"을 행사한다는 점에서, 선거-오락 복합체는 모든 공화국에 명백하고 현존하는 위험이다.[2]

그렇지만 이 세계는 매혹적인 힘을 가지고 있다. 우리 중 일부는 케이블 뉴스에 등장하는 작위적인 정치 공방을 열렬히 시청하거나, 정치인의 트윗을 강박적으로 따라 읽거나, 최신 정치 뉴스를 보며 파국을 두려워한다. 반면에 다른 이들에게는 선거-오락 복합체가 그다지 영향력을 행사하지 못한다. 이것은 정치에 대한 우리의 냉소주의에 부합한다. 미디어 기업과 대형 로비스트의 시대에 선거 정치는 사고력보다 드라마 취향을 충족시키기 위해 만들어진다는 것을 우리는 알고 있다. 그럼에도 불구하고 방송이 정치를 접하는 유일한 수단이기 때문에 우리는 선정적이거나 음모론에 기반하거나 순전히 어리석은 정치 보도에 말려든다. 물론 이런 걸 아예 안 보는 사람들도 있다. 그들에게 정치인은 다른 행성에 사는 존재나 마찬가지다. 그들은 다른 일을 하고, 다른 유명인을 추종하고, 다른 관심사에 몰두한다.

이 스펙트럼에서 어디에 속하든, 선거-오락 복합체는 우리 모두 확고한 신념까지는 아니더라도 반정치적인 태도를 갖게 만든다. 우리는 이 장에서 탐구할 정치에 대한 다양한 태도—비즈니스로서의 정치, 승패를 가르는 게임으로서의 정치, 다른 수단에 의한 전쟁으로서의 정치—사이에서 때로 절망하고 때로 냉소하며 부유하고 있다. 물론 긍정적인 시각으로 정치란 합리적 토론과 합의 도출에 기반해야 한다고 굳게 믿는 사람들도 있다. 그러나 이런 이상이 결국 공허하다는 사실에 직면하면 그들도 낙담하거나 망연자실하게 된다.

물론 선거-오락 복합체 시대의 정치가 뒤틀려 있다는 걸 알기 위해 한나 아렌트 같은 정치사상가의 책을 들출 필요는 없다. 그러나 아렌트의 사유에 기대어 엉클어진 것을 더 명확하게 볼 수 있다. 그래서 이 장에서는 대조적인 두 관점을 대결시키는 방식으로 이야기를 풀어가려고 한다. 전반부에서는 중독성 있고 때로는 치명적 강렬함으로 우리를 지배하는 왜곡된 정치관에 초점을 맞춘다. 후반부에서는 아렌트의 정치에 대한 비전으로, 우리와 다를 수밖에 없는 사람들과 함께 자유롭게 살아가는 기술로 눈을 돌린다. 아렌트의 정치에 대한 비전과 선거-오락 복합체를 맞대결시킴으로써, 무엇보다 우리로 하여금 정치에 대한 우리의 **태도**를 생각해보게 하고 싶다. 이것은 지적인 훈련 이상의 무엇이다. 우리의 태도는 경험에 의해 형성되고, 우리의 경험은 경제 원리 아래 작동한다. 우리는 **어떻게** 그리고 **얼마나** 관심을 기울이느냐에 따라 특정한 경험에 더 많은 가치를 둔다. 솔직히 말하면 정치에 관한 관심의 경제를 함께 재구성하자고 요청하고 싶다. 정치에 더 많은 관심을 기울이되, 다른 **종류**의 관심을 기울이자고 말이다.

(쇼) 비즈니스로서의 정치

수십 년 전, 뉴욕 대학의 저명한 교수 닐 포스트먼Neil Postman은 텔레비전이 미국을 땅에 발 딛고 선 합리적인 현실 세계에서 오락으로 가득한 환상의 창공으로 내던졌다고 경고했다. 그는 존 F. 케네디와 로널드 레이건 대통령이 쇼 비즈니스와 정치를 융합한 탓에 정치의 단순화, 진부함을 초래했다고 보았다. 정치가 무대 연출, 볼거리, 짧은 논평으로 축소되었다는 것이다. 포스트먼에 따르면, 텔레비전 시대 미국인들은 정치인을 유명인으로 만들고 유명인을 정치인으로 만드는 위험에 처해 있었다. 그래서 그는 자신의 책 제목을 빌려 미국인들이 **죽도록 즐기는** amusing themselves to death 문화에 빠져 있다고 경고했다.*

그러나 쇼 비즈니스가 정치의 전부는 아니라고 포스트먼은 자신의 글에서 강하게 주장했다. 그에게 진정한 정치는 18세기 계몽주의에서 영감을 얻은 것인데, 계몽주의는 현실 문제에 대한 합리적 당사자들 간의 이성적 대화를 중시했던 지적 운동이다. 포스트먼은 진짜 정치는 쇼와 거의 관련이 없으며 인기나 유명세와는 더더욱 관련이 없다고 주장했다. 그에게 정치는 철학의 한 분과에 가까웠다. 진지한 사람들이 다뤄야 할 진지한 문제였다. 포스트먼은 교양 있는 시민들이 이성적이고 합리적인 대화와 절제된 공적 담론으로 차이를 해소할 수 있는 국가를 추구해야 한다고 주장했다.[3]

* 사회비평가이자 커뮤니케이션 이론가인 닐 포스트먼은 1985년에 출간한 《죽도록 즐기기 *Amusing Ourselves to Death*》에서 텔레비전의 부상으로 정치, 교육, 공적 담론 등이 쇼 비즈니스로 전락하고 있는 현실을 탐구했다.

사실 진정한 정치는 이성과 실재와 관련 있고 가짜 정치는 그저 인기와 쇼와 관련 있다는 주장은 고대 그리스 철학자 플라톤만큼이나 오래되었다. 그런데 이는 아렌트의 주장도 아니고, 내가 이 책에서 추구하려는 바도 아니다. 오히려 아렌트는 철학, 특히 "계몽"을 표방하는 철학들이 쇼 비즈니스만큼이나 반정치적일 수 있다고 보았다. 철학은 불변하는 영원한 진리를 위해 끊임없이 변화하는 정치 세계를 탈출하거나 개조하려 들기 때문이다. 철학은 일종의 도피 기술이 될 수 있지만, 아렌트는 현실 도피주의자가 아니었다.[4]

오히려 그는 정치란 일상의, 일상을 위한 기술이기 때문에 정치가 있어야 할 곳은 당신과 내가 매일매일 살아가는 바로 이 세계, 그럭저럭 살아가기 위해 우리의 오감과 다수의 상식에 의존해야 하는 세상이라고 주장했다. 아렌트에 따르면, 철학자와 학식 높은 전문가들은 우리에게 일상 세계를 잊으라고, 상식 대신 엄격한 공리나 초월적 관념에 기초해서 서로의 차이를 이해하고 해결하라고 요구할 때가 너무나 많다. 따라서 철학은 교육받고 계몽되고 현실과 동떨어진 엘리트 계층만이 "참된true" 정치를 한다고 여길 위험이 있다. 아렌트는 이런 문제의식이 매우 강했기 때문에, 많은 이들이 그를 정치철학자라고 생각했지만 이 호칭을 거부하고 정치사상가나 정치이론가로 불리길 원했다.

아렌트는 현대 자본주의 문화에서 정치가 쇼 비즈니스가 되는 것에 대한 포스트먼의 우려에 공감했지만, 그렇게 생각한 이유는 달랐으며 그의 철학적 대안을 분명히 폐기했을 것이다. 정치가 말하기, 소통하기, 논쟁하기와 상당한 관련이 있는 것은 사실이지만, 합리적 시민들이 이성의 규칙과 검증 가능한 지식만으로 논점을 토론한다는 계몽주의 모델에 결코 부합한 적은 없다. 심지어 계몽된 현자들조차—여기서 여러분은 제헌회의에서 새로운 국가 건설에 관한 세부 쟁점을 토론하는 건국자들의 이상적인 이미지를 떠올릴 것이다—자신들의 불합리에 눈멀었음을 보여주었다(가장 명백한 예로, "모든 인간은 평등하게 태어났다"고 선언하며 출발한 국가가 노예를 재산으로 여기는 것을 제도화했다). 정치는 철학의 한 갈래가 아니며 결코 그렇게 되지도 않을 것이다. 계몽주의가 사람들이 정치적 삶에서 이성, 자유, 평등의 역할을 더 진지하게 받아들이도록 한 것은 분명하다. 그러나 정치의 장에서는 "합리적으로" 말하는 사람만이 중요하다고 주장함으로써 세련된 고학력 백인 유럽 남성들처럼 말하고, 행위하고, 사고하지 않는 사람들을 정치에서 배제하는 수단이 되었다.

그렇다면 쇼 비즈니스 정치란 무엇인가? 포스트먼과 달리 아렌트는 쇼 비즈니스 정치에서 문제는 사실 "쇼" 부분이 아니라고 주장했다.[5] 정치는 필연적으로 아렌트가 말한 "출현의 공간"에서 이루어지므로 쇼라는 요소에서 벗어날 수 없다. 정치인을 주시하고, 전문가의 말을 듣고, 국민투표를 고려하고, 연사의 강연을 청원하고, 파업 중인 노조에 지지 혹은 반대를 표명할 때 우리는 상황이 **나타나는**appear 양상에 의존해야만 한다. 실제로 무슨 일이 일어나고 있는지 이해하기 위해서 표면 너머 본질을 파고들 때조차—이것이 필수적이고 중요한 정치적 기량이다—방송이나 인터넷에 나오는 거창한 "이론"보다는 우리의 감각과 현명한 판단에 의존하는 것이 최선이다.

그러므로 쇼 비즈니스 정치에서 문제는 "출현appearances"이 아니다. 그보다는 정치가 **오로지** 쇼에 관한 것이 될 때가 문제다. 정치가 자주 오로지 비즈니스가 되는 것, 즉 돈과 권력의 이익에 봉사하게 되는 지점이 문제인 것이다. 포스트먼이 상업적 쇼 비즈니스의 세계가 점점 더 작아지는 스크린을 통해 유포되고 있으며 이것이 우리의 정치에 대한 이해를 심각하게 왜곡해왔다고 주장한 것은 옳았다. 이는 정치를 거의 전적으로 쇼에 관한 것으로 만든 탓에 빚어진 결과이다. 아렌트가 유럽에서 수십 년 동안 나치의 부흥을 이끈 요인을 관찰했듯이, 대기업이 국가 권력을 장악했을 때 "정치 세계의 연극적 특성이 너무나 뚜렷해져서 연극이 현실의 영역처럼 보일 지경이었다".[6] 오늘날 우리가 정치에 대해 알고 있다고 생각하는 것은 대부분 미디어 채널의 상업적 제작물에서 나온 것이다. 하지만 이보다 더 중요한 것은, 우리가 정치라고 여기는 것들이 대부분 화면에서나 미디어 채널의 네트워크를 통해 일어나면서 엔터테인먼트 산업의 논리를 따른다는 점이다. 이 산업에서 우리는 결국 소비자로서만 유의미하다.

정치가 비즈니스가 되거나 단순히 비즈니스의 연장이 될 때, 정치는 회계상의 손익을 중심으로 돌아갈 뿐만 아니라, 자본주의적 경제 확장을 위해 돈과 부를 끝없이 추구하는 회로에 편입되고 만다. 시민들은 주식시장이나 다른 지표로 측정되는 경제 성장에 기여함으로써 사회에 "긍정적으로" 참여할 때만 가치를 인정받는다. 경제적으로 쓸모 있을 때만 존중받고 그렇지 않으면 사회에 짐이 될 뿐이다. 정치를 "비즈니스 관점"에서 본다는 것은 **우리 자신**을 포함한 모든 대상을 비용/편익의 시각으로 바라보는 것이다. 아렌트는 특히 자동화가 확산되는 시대에 이러한 공리주의적 사고는 우리 대부분을 잉여적 존재로 만든다고 주장했다.[7]

더욱이 비즈니스에서는 "희소성"이 원칙이다. 우리 지역 신문에 편지를 보낸 한 독자가 말했듯이 "정치는 누가 무엇을 얻느냐의 문제"이다.[8] 모든 사람에게 충분한 재화는 없다. 그러므로 우리는 시장에서 내 몫의 파이 조각을 얻기 위해 경쟁해야 한다. 마지막으로 비즈니스는 우리를 동료 시민이 아니라 구매자와 판매자, 소비자와 자본가로 만든다.[9] 작가 매릴린 로빈슨Marilynne Robinson은 시민들이 납세자일 뿐이라면 학교, 고속도로, 깨끗한 물 같은 공공재는 공공의 부담이 된다고 지적한다. "시민은 사회 전체를 위한 열망을 품고 그 성과에 자부심을 느낄 수 있지만, 쉽게 상상되듯이 납세자는 그저 세금을 내고 싶지 않을 뿐이다."[10] 요컨대, 비즈니스로서의 정치는 우리를 수전노 아니면 거지로 전락시킨다.

이와는 대조적으로, **당신의 삶은 소중하다.** 아렌트는 정치가 삶을 긍정하는 기술이라고 주장했다. 아렌트의 가장 설득력 있는 전기 작가 중 한 명인 줄리아 크리스테바Julia Kristeva는 이렇게 말한다. "아렌트는 모든 탄생의 유일무이함에 대한 찬가를 부르고, 그가 주저 없이 '삶의 기적'이라고 불렀던 것을 시작할 수 있는 역량을 찬양한다."[11] 우리가 살아가는 한, 우리는 함께 살아가는 이 세계에 중요한 존재다. 정치는 우리가 중요하고 타인이 중요하며 세계 자체가 중요하다고 말하는 기술이다. 정치는 우리가 다른 사람들에게 자신을 **보여줄** 수 있고, 그들 앞에 나타나며, 그들과 함께 말하고 행위하면서 무언가를 계속하거나 새로운 것을 시작하려고 노력하는 방식이다. 그 누구도 우리의 말과 행위를 완전히 통제할 수는 없다(권력자들은 위협과 폭력을 행사해 우리의 말과 행위를 저지하려 들 수 있고, 큰소리치는 사람들이 우리의 목소리를 묻어버리려 들 수 있지만 말이다).

정치는 **모두**를 위한 것이다. 정치가 수익을 좇는 비즈니스의 하인이 되면, 더 많은 돈을 끝없이 찾아다니는 몇몇이 휘두르는 무기가 되고 만다. 아렌트가 지적한 대로 완전히 제국주의화하는 것이다. 정치가 제국주의화하면 폭력적으로 변하고, 정치가 폭력적이 되면 결국 정치와 전혀 다른 것이 되고 만다. 우리가 다른 사람들과 함께 자유롭게 말하고 행위하는 세계에서 벗어나 시장, 기계, 군대, 깡패가 되어버리는 것이다.[12]

승자 독식 정치

사실 쇼 **비즈니스**의 영향으로 우리 중 대다수는 의도하든 의도하지 않든 정치란 궁극적으로 "승자"에 의한 강압적 힘의 행사라는 인식을 강하게 갖게 되었다. 리얼리티 텔레비전 쇼도 같은 것을 가르친다. 〈서바이버〉를 예로 들어보자. 최초로 큰 성공을 거둔 리얼리티 쇼인 〈서바이버〉는 20여 명의 참가자가 외딴 정글이나 섬에 떨어져서 부족을 결성하고 함께 생존하는 법을 찾아가는 한편 최후의 1인이 되기 위해 부족 간에, 나중에는 개인 간에 서로 경쟁하는 프로그램이었다. 에피소드가 하나씩 끝날 때마다 누군가는 동료 경쟁자들의 투표로 부족에서 퇴출되고, 여러 에피소드를 거쳐 마침내 한 사람이 "유일한 생존자"가 되어 최후의 승자로 남는다.

〈서바이버〉는 1990년대 초 영국의 텔레비전 쇼로 시작했다. 정치에 접근하는 방식이 지난 500년 동안 가장 위대한 영국 사상가 3인, 즉 토머스 홉스Thomas Hobbes(1588–1679), 존 로크John Locke(1632–1704), 찰스 다윈Charles Darwin(1809–1882)의 사상을 융합한 것이라는 점에서도 이 프로그램은 분명 영국에 기원을 두고 있다. 홉스와 함께 〈서바이버〉는 정치를 권력과 생존의 기술로 취급한다. 로크와 함께 〈서바이버〉는 평등주의에 입각한 "민주적" 투표 방식에 따라 누가 살아남고 누가 살아남지 못하는지, 희소한 자원을 어떻게 배분할 것인지를 결정한다. 다윈과 함께 〈서바이버〉는 종의 "약한" 구성원이 먼저 제거되는 "적자" 생존의 이야기를 다룬다.

〈서바이버〉는 승자 독식의 인생관을 보여준다. 본질적으로 누가 이기고 지는지를 결정하는 것이 정치라는 널리 공유된 관점을 대표한다. 물론 이 과정에서 〈서바이버〉는 민주적인 얼굴을 하고 있다. 적어도 경쟁자들에게 투표권이 주어진다. 〈아메리칸 아이돌〉이나 〈더 보이스〉 같은 쇼는 귀족정의 얼굴을 하고 있다(**귀족정**의 어원적 의미는 "최고의 사람들에 의한 지배"이다). 여기서는 유명한 연예인들, 즉 "최고들"이 자신들의 고귀한 대열에 합류할 사람을 결정한다. 트럼프 덕분에 영원히 세계사의 일부가 된 〈어프렌티스〉*는 권위주의적인 얼굴을 하고 있다. 오직 그 거물 사업가 혼자서 누가 자신의 부동산 제국의 일부를 얻게 될지를 결정한다. 리얼리티 텔레비전 쇼는 다른 어떤 형태의 동시대 오락보다도 사람들이 정치를 보는 관점에 영향을 미쳤다. 정치란 희소한 자원

* The Apprentice. 도널드 트럼프가 2004년부터 2016년까지 진행한 비즈니스 리얼리티 쇼. 기업가 지망생들이 다양한 과제를 수행하며 경쟁하는데, 트럼프가 탈락자에게 '해고' 통보를 내리는 장면으로 유명하다. 큰 인기를 끌어 트럼프의 지명도를 높였다.

과 권리를, 더 많은 재산을 차지하기 위해 끝장을 볼 때까지 싸워서 승자와 패자를 가리는 과정이라고 생각하게 만든 것이다. 그러나 다시 말하지만, 이것은 비즈니스 거래이지 정치가 아니다. 승자와 패자로 나뉜 국가는 곧 서로를 적으로 여기는 국가가 되고, 이런 국가는 필연적으로 폭압적인 정치권력을 표출하게 된다. 홉스도, 아렌트도 이 점을 잊지 않았다.

정치를 회복하고 복원하려면 정치가 본질적으로 승자와 패자를 가리는 것이라는 생각부터 버려야 한다("선거에는 결과가 따른다"는 속담이 가장 비민주적인 말 중 하나가 될 수 있다). 아렌트는 정치를 적자생존의 게임으로 접근하면 폭정으로 변질되거나, 더 파국적으로는 전체주의로 전락할 수 있다고 주장했다. 이런 식으로 정치를 다루면 〈서바이버〉처럼 모든 사람을 잠재적인 적으로 여기고, 친구 관계는 단지 잠정적으로만 가능하게 된다. 여기서 문제는, 적 혹은 잠재적인 적과 함께 살아가는 것은 결국 우리가 정치라고 부르는 기술이 아니라 전쟁이라고 부르는 기술의 일부라는 점이다.

다른 수단에 의한 전쟁으로서의 정치

전쟁을 "다른 수단에 의한 정치"라고 말한 이는 19세기 프로이센의 전략가 카를 폰 클라우제비츠Carl von Clausewitz였다. 그의 주장은 설득력 있는 측면이 있었다. 전쟁이 끝없이 계속되는 사태를 막기 위해서는 정치적이거나 외교적인 종결점이 필요하기 때문이다. 그러나 클라우제비츠의 격언은 완전히 뒤틀려 정치가 전쟁의 한 형태라는 생각으로 변질되었다. 상대가 단지 몇 블록 떨어진 곳에 살고 있을지라도 "적"을 물리치고 심지어 파괴하는 것을 목표로 삼는 전쟁 말이다. 미국의 저명한 정치 컨설턴트 스티브 배넌Steve Bannon은 자신이 트럼프의 선거운동을 이끌었을 때 텔레비전에 절대 나가지 않았다고 자랑한 적이 있다. 왜? "정치는 전쟁이기 때문입니다." 배넌은 《월스트리트 저널》과 인터뷰하면서 이렇게 말했다. "셔먼 장군*도 텔레비전에 나와서 자기 계획을 모두에게 알리지는 않았을 겁니다." 정치에 대한 이런 견해는 많은 사람이 믿고 있는, 정치란 궁극적으로 누가 승리하는지를 결정하는 것이라는 생각의 논리적 결과물이다. 만약 승자가 모든 것을 가져간다면, 사람들은 어떤 대가를 치르더라도 이기고 싶어 할 것이다. 패배한다면 문자 그대로든 은유적으로든 교수형을 당할까 봐 두려워할 것이다. 이렇게 해서 그들은 전쟁으로서의 정치에 다다르게 된다.[13]

정치에 대한 이런 접근 방식의 좀 더 온건한 버전은 정치가 본질적으로 의회 전술이나 궁정 음모, 선거 공작에 관련한 일이라는 생각이다. 이런 정치관은 말하자면 다른 "경쟁자들"에게 생존하거나 그럭저럭 살아갈 권리 같은 것은 허용할 용의가 있지만, 근본적으로 그들을 권력과 영향력을 두고 다투는 존재로 간주한다. 저지하거나 앞지르거나 배제해야 하는 경쟁자로 말이다. 많은 주류 정치인, 정치 컨설턴트, 정치권 내부자들이 정치를 이런 식으로 만들었다. 이는 고대 군주제의 궁정 음모에 뿌리를 둔 꽤 오래된 접근법이다(그리고 민주적이라고 일컬어지는 정

* William Tecumseh Sherman. 미국 남북전쟁 당시 북군의 지휘관으로, 남부를 초토화해 전쟁을 북군의 승리로 이끌었다. '최초의 현대적 장군'으로 불린다.

권과 명시적인 권위주의 정권에서 모두 여전히 너무나 흔한 패거리 정치가 재연되었다). 또 정치가 항상 유연성과 선견지명을 요구하고 지난한 협상과 불편한 타협, 전술적 책략을 의미하는 경우가 많다는 사실을 정확히 포착한 시각이다. 그러나 승자 독식의 사고방식에서 이는 냉전 정치에 불과한 경우가 많다. 나를 지지하지 않는 모든 사람을 적으로 여기는 양극단의 갈등 양상인 것이다.

이런 왜곡된 정치관들에서 일관된 것은 잠정적으로 친구가 되기 전에 먼저 서로를 적으로 간주한다는 점이다. 여기서는 또 희소성의 세계를 가정한다. 가질 수 있는 재화가 한정되어 있어서 누군가는 그것을 얻고 다른 누군가는 얻지 못한다고 보는 것이다. 이런 생각은 자연스럽게, 한정된 재화를 자기 자신이나 자신이 속한 집단이 획득하기 위해 무력과 속임수를 동원하는 것으로 이어진다. 이렇게 해서 우리는 모두 결국 전쟁의 승자가 되거나 희생자가 된다.

"문화전쟁" 시대의 미국에서 우리는 정확히 바로 여기에 이르렀다. 소위 "시민적" 삶에서 우리는 먼저 적이 되고, 오직 부차적이고 미심쩍고 잠정적으로만 친구가 될 뿐이다. 분명히 말해두자면, 이런 접근 방식은 나치의 "계관 법학자" 카를 슈미트Carl Schmitt(1888–1985)가 표명한 견해였다. 그는 "참된 정치는 친구와 적을 근본적으로 구분하는 데 기초한다"고 지적했다. 정치는 적과 맞서는 것이고, 만약 "불가피한" 상황이라면, 즉 한쪽이 다른 쪽을 다른 수단으로 이길 수 없다면 정치는 언제나 폭력으로 끝날 것이다.[14]

지배로서의 정치

사람들이 흔히 당연하게 여기는 정치에 대한 관점이 또 있다. 이것도 문제적인데, 정치는 지배권rulership에 관한 것이라는 관점이다. 그거 말고 또 뭐가 있겠는가. 노엘 맥아피Noëlle McAfee가 말했듯, "대다수 사람들이 생각하는 바에 따르면, 정치는 **정부**가 하는 일"[15]이다. 그렇다면 정부는 무엇을 하는가? 정부는 우리를 다스린다. 무엇을 해야 하는지 알려준다. 명령하고, 위협하고, 가끔은 보상한다. 이렇게 정치를 지배권으로 보는 관점은 어느 정도는 우세한 정치관이다. 우리가 선거-오락 복합체의 화면에서 자주 접하는, 정치인이 두드러지는 정치의 모습이 바로 이것이기 때문이다. 물론 지배ruling나 통치governance와 완전히 무관한 정치를 상상하기는 쉽지 않다. 그러나 지배권을 정치의 본질로 삼는 것은 아렌트의 말에 따르면 "완전히 잘못된 생각"이다.[16] 왜 그런지를 이해하면서 우리는 아렌트가 제시한 정치에 대한 긍정적인 관점으로 나아간다.

정치란 본질적으로 지배권에 관한 것이라는 개념은 과녁을 겨우 맞힌 것일 뿐, 중심을 완전히 빗나간 것이다. 아렌트가 자주 소환했던 고대 그리스인들은 인간의 삶이 필요의 영역, 관조의 영역, 자유의 영역이라는 세 가지 영역 사이를 오간다고 보았다. 동물로서 우리는 모두 음식과 물, 주거지처럼 생존에 필수적인 것들이 필요하다. 사유하는 동물로서 우리는 종종 우리가 사는 세상을 관조하고 이해하고 음미하려 한다. 그러나 **정치적** 동물로서 우리는 육체와 정신을 돌보는 데 그치지 않는다. 즉 다른 사람들과 함께 자유롭게 말하고 행위한다. 엄밀히 말해서 지배권이라는 개념은 자유로운 관계나 사려 깊은 관조보다는 삶의 필수 요소를 다루는 방식을 더 잘 설명한다.[17] 고대 그리스 세계에서는 집안의 가장과 신전의 신, 종족의 절대 권력자를 모두 **키리오스** kýrios라고 불렀다. 가정이나 신전, 왕국에서 키리오스를 특징짓는 것은 명령할 수 있는 권력이나 권위였다. 따라서 아테네 사람들은 군주제와 족장제를 왕이나 족장이 영토의 존립을 위해 다른 모든 사람을 지배하는 거대한 가정과 같은 체제라고 보았다.

그러나 민주주의 체제에서는 시민 세력 자체를 제외하면 어떤 키리오스도 없었다.[18] 민주적인 아테네에서 공직자와 일반 시민(**폴리테스** politês)의 차이는 지배자와 피지배자의 차이가 아니었다. 모든 사람은 무엇보다도 시민이었고, 따라서 명령이 아니라 설득의 방식으로 서로를 이끌 의무가 있었다. 역사학자 조사이어 오버Josiah Ober가 지적했듯이, **군주제**monarchy에서 접미사 archy는 "지배rule"를 의미하지만, **민주주의** democracy에서 접미사 cracy(kratos)는 "무언가를 할 수 있는 역량"[19]을 의미한다. 민주주의에서 통치하려면 시민들은 무언가 할 수 있는 개인적이고 집단적인 역량, 특히 토론, 논쟁, 옹호, 대화, 판단 역량에 의지해야 한다. 아렌트는 여기에 용서하는 역량을 덧붙였다.[20] 어느 시민이 다른 시민에게 명령하는 순간, 그들의 관계는 더 이상 민주적이지 않다. 아렌트라면 정치적인 관계가 아니라 부모와 자식, 경제, 군대, 경찰 같은 다른 유형의 관계라고 말할 것이다. 다시 말해서 고대 그리스인들과 고대 로마공화국 시민들 그리고 오늘날 우리에게 정치란 한 사람이 다른 사람에게 명령하고 강요하는 것이 **아니라**, 무언가를 함께하는 방법에 관한 기술이다. 즉 정치란 자유로운 협력과 조정, 절충의 기술이다.

지배는, 필요하지만 제한적인 인간의 활동이다. 정치를 본질적으로 "지배권"에 관한 것으로 바라보면 정치가 명령과 통제의 방식으로 바뀌는 위험이 따른다. 아렌트가 말했듯이, 이는 엘리트주의적인 정치 형태이다. 지배 엘리트가 진정한 정치적 경험을 독차지하고, 다수에게 무엇을 해야 하는지 지시한다. 다시 말해 군주제 또는 과두제의 정치관으로, "하나"(mon-) 또는 "소수"(oligo-)가 다수를 지배하는 정치다. 결국 소수만이 정치에 참여하고 정치적 수단을 통해 일할 자유를 누릴 수 있다는 것을 의미한다. 정치가 본질적으로 지배에 관한 것이라는 생각은 엘리트들이 자신들을 위해 세계에 "자유의 섬"을 건설해온 방식이다. 즉 엘리트끼리 정치적 결속을 이루어 자유롭게 살고, 나머지는 그들의 지배에 종속된다.[21] 따라서 그들은 정치뿐만 아니라 자유마저 독점한다. 이런 정치관의 가장 극단적 버전이 권위주의다. 우리 중 많은 이가 정치 공동체를 이탈하거나 그것을 타고 올라가 무너뜨리려 하는데, 이는 놀라운 일이 아니다.

자유로운 삶의 기술

아렌트는 모든 종류의 정치적 엘리트주의와 권위주의에 반대했다. 또 정치를 지배로 환원하기보다는 상호 관련된 자유와 평등 그리고 자신이 말한 "복수성plurality"이라는 조건에서 일어나는 인간 행위와 상호작용의 한 형태라고 보았다. 정치는 특정한 조건 아래 특정한 상황에서 사람들 사이에 나타나는 인간관계의 한 형태이다. 나는 이것을 아렌트의 "현상적phenomenal" 정치 개념이라고 부른다.

아렌트는 우리에게 세계를 주시하라고 요청한다. "인간이 태어나는 세계에는 자연적인 것과 인위적인 것, 살아 있는 것과 죽은 것, 잠정적인 것과 영구적인 것 등 많은 것이 존재한다. 이 모든 것은 **겉으로 드러나므로** 보고 듣고 만지고 맛보고 냄새 맡을 수 있다는 공통점이 있다."[22] 세계를 응시하면 **정치**를 비롯해 온갖 것을 볼 수 있다. 정치는 마치 번개처럼 우리 앞에 출현할 수 있는 것이다. 번개가 칠 때마다 수많은 얼음 입자가 서로 부딪쳐서 전하를 만들듯이, 정치도 그것이 출현하는 곳마다 복수의 사람들 또는 집단이 상호 관련된 평등과 상호 관련된 자유 속에서 서로 부딪친다. 번개와 정치 모두 "현상적"이다. 이는 전문적인 의미에서는 "출현하는" 것이고, 일상적인 의미에서는 "매우 경이로운" 것이다.

정치는 현상의 영역이고 현실과 현상appearance이 서로 구별되면서도 끊임없이 상호작용하는 세계라고 아렌트는 주장했다. 아렌트의 정치적 "하이젠베르크 원리"라고 부를 수 있는 대목이다. 과학과 마찬가지로 정치도 인간의 활동이기 때문에, 정치적 현실은 인간의 관찰과 참여에서 깔끔하게 분리될 수 없다. 정치적 지식도 그렇다. 옛날이나 지금이나 정치적 "현실주의자"들은 **현실**이 정치적 행위의 기초라고 주장한다. 아렌트는 이 의견에 전적으로 동의하면서도 "나타남"도 정치적 현실의 **일부**라고 보았다. 정치의 세계는 단순히 보고 듣고 느끼고 맛보고 냄새 맡는 것으로 환원될 수는 없지만, 우리의 감각과 함께 그리고 우리의 감각을 통해 관여하는 현상의 세계다. 정치의 세계에서는 현실과 나타남 어느 것에서도 벗어날 수 없다.

그러므로 정치는 우리가 다른 사람들과 부딪칠 때 우리의 삶에 "출현한다". 정치는 우리가 공통 세계를 형성하기 위해 다른 사람들과 함께 공통 관심사에 관여할 때마다 나타난다. 그리고 이것이 인간 권력의 독특한 형태를 대표한다. 아렌트가 썼듯이, "진정한 정치"는 "서로 다른 사람들이 자신들의 힘을 온전히 발휘하며 서로 잘 어울리는 것"[23]이다. 정치가 지향하는 일종의 "잘 어울리기"는 확실히 특이하다. 여기에는 친밀감, 동료애, 심지어 애정이 필요하지 않다. 먼 거리를 사이에 두고도 발생할 수 있다. 또 특정한 사람과 친구가 되려는 특별한 의도가 없어도 된다. 즉 정치의 "서로 잘 어울리는" 힘은 완벽히 낯선 사람들 사이에서 일어날 수 있고 실제로 이런 경우가 가장 흔하다.[24] 친밀하지 않은 타인들과도 기꺼이 협력해서 말하고 행동할 의지가 있고 그 방법을 알고 있으면 된다. 우리가 이런 연대를 맺고 싶어 하는 이유는 이로써 "공동선"을 향유할 수 있기 때문이다. 공동선이란 상품이나 소비재의 의미가 아니라, 우리의 공적 행복 또는 사회학자들이 말하는 "삶의 질"에 기여하는 "가치"이다.[25]

삶의 질과 관련한 예를 들어보자. 도시의 거리에서 느긋한 저녁 산책을 즐기려면 무엇이 필요할까? 대개 우리는 안전하다는 느낌을 우선시할 것이다. 안전을 위해 애써 노력하거나 보안 요원을 고용하고 싶어 하지는 않는다. 그저 **거리 자체가 안전하고** 자유롭게 걸을 수 있기를 바랄 뿐이다. 안전한 거리는 협력으로 이룰 수 있고, 한번 확보되면 모두에게 유익하다는 점에서 공동선의 좋은 사례이다. 물론 이는 잘 정비된 보도, 충분한 가로등, 횡단보도와 신호등, 비교적 깨끗한 공기, 너무 심하지 않은 소음, 친절한 사람들, 고압적이지 않은 적절한 치안, 편견이나 인종차별을 비롯한 괴롭힘의 부재 등 여러 공동선의 기반 위에 구축된다. 이런 조건이 갖추어진 도시에서 정치는 공동선을 누리기 위해 연대를 형성하는 기술일 것이다. 그렇지 못한 도시에서 정치는 그 조건들을 성취하기 위한 기술일 것이다.

물론 안전한 거리를 실현하기 위한 반정치적인 방법도 있다. 첫째, 구매할 수 있다. 실제로 많은 미국인은 안전 또는 적어도 안전하다는 느낌을 구매하는 데 만족해왔다. 외부인 출입 제한 주택단지, 멀리 떨어진 교외, 컨트리클럽, 은퇴자용 리조트 등은 모두 안전을 판매한다. 미국의 많은 시의회는 부유한 거주자들이 우쭐거리며 아늑하고 편안하게 지내도록, "달갑지 않은" 사람들이 출입하지 못하도록 건축 법규와 지역 규정을 설계함으로써 사실상 컨트리클럽 이사회 역할을 하고 있다. 안전한 거리를 누리는 두 번째 방법은 강력한 치안이다. 싱가포르 같은 감시 국가가 그렇다. 이웃에는 관심이 없고 안전만 중시하는 사람이라면, 국민을 최대한 감시하고 단속하는 정부의 지배를 받는 것이 편할지도 모른다. 사실 미국의 폐쇄적인 주택단지와 싱가포르의 안전한 거리의 차이는 단지 정도의 문제일 뿐이다. 둘 다 감시와 치안을 우선시함으로써 안전한 거리를 확보하고 있으며, 이웃 간 친밀도와 공동체 의식, 시민 참여도가 모두 낮다.

이처럼 권위주의적인 수단으로 안전을 확보하는 것은 무엇이 문제인가? 솔직히 어떤 이들에게는 아무런 문제도 없다. 목적이 수단을 정당화한다. 그러나 정치를 옹호하는 이의 관점에서 보면, 문제는 아주 단순하다. 가치를 획득하는 수단은 종종 가치 자체만큼이나 삶의 질에 무척 중요하다. 동네 가게에서 식료품을 사는 것과 온라인 서비스로 집앞까지 배달시키는 것은 쇼핑 수단이 다르다. 후자는 더 나은 선택과 가격 경쟁력을 제공하고 시간도 절약하게 해줄 것이다. 그러나 둘 사이에서 선택하는 것은 단순히 효율성의 문제가 아니라 공동체의 문제다. 동네 가게를 이용하면 지역사회의 일자리를 유지하는 데 도움이 된다. 오래된 친구나 마주치고 싶지 않았던 옛 상사를 우연히 만날 수도 있다. 계산원과 수다를 떨고, 새로운 제품을 요청할 수도 있다. 손으로 사과 무게를 달아보고 멜론 향기를 맡을 수도 있다.

정치는 수단이자 목적이다. 화살**이면서** 과녁이다. 이것이 아렌트 저작의 핵심 주장이다. 아렌트에게 정치는 목표를 달성하기 위한 수단인 동시에 그 자체로 목적이기도 하다. 정치적으로 산다는 것은 다른 사람들과 함께 자유롭게, 협력하며 사는 것이다. 강제력도 필요도 우리가 함께 존재하는 최종 원리가 될 수 없다. 자유롭게 사는 것이 곧 정치적으로 사는 것이라고 아렌트는 생각했다. 그가 던진 궁극적 질문은 이것이다. 누가 정치적으로 살 수 있는가? 이 질문에 대한 답은 누가 다른 사람들과 자유롭게 살아갈 수 있는가라는 질문에 대한 답과 동일하다. 권위주의 사회에도 정치는 있다. 다만 지배자나 지배계급은 정치적으로 자유롭게 살고, 민중은 그렇게 살지 못한다. 아렌트는 이에 맞서 다시 한번 **모두**를 위한 반권위주의 정치를 주장했다.[26]

모두를 위한 정치는 모든 사람이 공통 관심사를 돌보는 데 적극적으로 함께하고, 상호 관련된 자유 속에서 다른 사람들과 관계를 맺을 때만 가능하다. 많은 미국인은 자유에 대해 항상 이야기한다. 국기를 내걸고 국가를 부르고 군대를 기리고 배지를 단다. 하지만 이 소위 "공화국"에 사는 많은 사람은 좋은 동네, 좋은 학교, 좋은 공원, 좋은 직장에 들어가기 위해 돈을 지불해야 한다. 어떤 이들은 그런 사회가 자유 시장과 부합한다며 옹호하고 싶어 할지도 모른다. 그럴 법한 생각이지만, 단 우리가 자유 시장을 정치적 자유나 민주공화국과 혼동하지 않는 한에서 그렇다(솔직히 말해, 이런 혼동은 1970년대가 되어서야 일어났다). 외부인 출입 제한 주택단지는 민주공화국이 내세우는 가치와는 아무 상관이 없다. 그런 가치나 신념도 사고팔 수 있는 상품이라면 얘기가 다르겠지만 말이다. 공동선과 그것이 의존하는 연대는 사고팔 수 없다. 모두 참여해서 함께 자유롭게 만들 수 있을 뿐이다. 정치란 이런 가치를 자유롭게 창조하는 기술이다.

근원적인 3차원 기술

모든 위대한 기술처럼 정치도 다면성을 띤다. 아렌트가 많은 영향을 받은 아리스토텔레스는 정치를 3차원 기술 또는 세 가지 하위 기술로 구성된 하나의 "장인master" 기술로 생각했다.[27] 첫째, 헌법을 제정하고 마을, 도시, 주州, 국가를 세우는 기술이 있다. 시민과 정부의 기본법, 권리, 의무는 무엇인가? 그리고 이 시스템이 작동하도록 하려면 어떻게 해야 하는가? 둘째, 일상적인 통치 기술이 있다. "헌법화"할 수 없거나 법조문으로 환원할 수 없는 온갖 문제가 있고, 이런 문제들을 다루는 것이 정부의 역할이다. 셋째, 시민권의 기술이 있다. 아리스토텔레스에게 시민권은 법적 지위를 갖는 것 이상의 의미가 있다. 시민권은 실천이다. 즉 지위에 걸맞은 역할을 수행하는 것이다. 이는 동료 시민과 정부 관리, 심지어 외국인이나 이방인과 어떻게 관계 맺을지 또는 어떻게 상대하지 않을지와 관련된다. 이 정치의 세 가지 차원은 서로 연관돼 있고 서로 의존하지만, 시민권은 독립적이며 정치의 근본이 되는 기술이다.

정치를 3차원 기술로 생각하면서 리얼리티 텔레비전 쇼로 돌아가 보자. 어떤 면에서, 정치 사회를 만드는 것은 리얼리티 쇼를 만드는 일과 비슷하다. 리얼리티 쇼는 본질적으로 연출된 게임이다. 황당해 보이겠지만 정치 사회도 마찬가지다. 물론 분명히 하자면, 정치는 생사를 가를 만큼 중대한 "게임"이고 시청률과 수익보다 훨씬 더 중요한 것을 목표로 한다. 그래도 이 비유는 유용하다. 리얼리티 쇼를 만들 때, 제작자들은 먼저 청사진을 설계하고 구조와 규칙을 정해야 한다. 그리고 쇼의 일상적인 운영을 관리하고 감독하고 개선하는 사람들이 필요한데, 일반적으로 화면 뒤의 감독과 작가가 그들이다. 마지막으로, 게임에 능숙하고 사보타주를 하지 않는 참가자와 무대 장치가 필요하다.

성공적인 리얼리티 텔레비전 쇼가 세 가지 차원 모두에 좌우되는 것처럼 성공적인 정치 사회도 마찬가지다. 좀 더 자세히 살펴보자. 고대 그리스인들에게 "법률 제정"이나 헌법 제정은 정치 기술 중에서 가장 존경받는 일이었다. 아리스토텔레스도 《정치학》에서 거의 전적으로 헌법과 법률에 초점을 맞추었다. 그리스인들은 헌법을 정치적 청사진 이상의 가치가 있는 것으로 보았다. 즉 그것은 건국의 순간을 대표하는 건국 문서였다. 건설 프로젝트의 건축가처럼 헌법은 정치 프로젝트를 진행시키고 따라서 많은 선견지명과 전문 지식, 실천적 지혜가 필요하다. 헌법은 정치 공동체의 외형과 분위기를 형성한다. 더 중요한 것은,

헌법이 정치 사회에 포함된 사람들 사이 연대의 구조와 범위에 대한 조건을 설정한다는 점이다. 헌법은 정치적 행위와 상호작용이라는 "게임"의 폭넓은 규칙을 결정하고 "권력 시스템"과 권위 체계를 구축한다.[28]

아렌트에 따르면, 헌법은 거의 모든 정치 현상과 마찬가지로 말하기의 한 형태로 이해할 수 있다. 구체적으로 말하면 헌법은 본질적으로 **약속**이라고 그는 주장했다. 이 약속을 통해 한 집단의 사람들이 자신들이 공유하는 정치 세계에 일정한 영속성을 부여한다. 정치 헌법은 서로에게, 그리고 미래 세대에게 하는 약속이다. "약속과 합의가 미래를 다루고, 사방에서 예측 불가능한 것이 침입할 수 있는 불확실한 미래라는 바다에서 안정을 제공하듯이, 인간이 헌법을 제정하고 국가를 설립하며 세계를 구축하는 능력 또한 단순히 우리 자신과 우리가 살아가는 시대를 위한 것이 아니라, 우리의 '후계자'와 '후손'을 위한 것이다."[29] 그러므로 기이하게도 헌법이란 우리가 이방인들—지리나 문화 때문이 아니라 아직 태어나지 않았다는 사실 때문에 낯선 사람들—과 대화하고 관계를 맺는 방식이다. 특히나 이 강력한 형태의 정치적 발언을 받아들이는 사람들은 죽은 이들과 대화하고 상호작용할 수 있다. 요컨대 헌법은 우리 자신의 필멸성의 한계를 뛰어넘음으로써 우리의 정치적, 세속적 존재에 영속성을 가져다준다.

그러나 헌법은 스스로 실행될 수 없다. 말하자면 "연출자"가 필요하다. 이들 연출자나 통치자는 헌법의 의미와 의도를 해석해서 현재 상황에 적용한다. 그들은 약속을 지키는 정치적 미덕을 공식적인 제도로 입법할 뿐만 아니라 헌법을 현재와 연관시킨다. 행정부 수반, 국회의원, 법관은 헌법의 테두리 안에서 무엇이 합법이고 허용 가능하며 국민에게 최선인지를 판단한다. 또 정치 사회를 더 잘 지도하기 위해 추가로 법을 제정한다. 그리고 법률, 약속, 판단을 "집행"한다.

고대 그리스인들은 정치의 통치라는 차원을 바다에서 배를 조종하는 것에 비유했다. 마을, 도시, 주, 국가는 항상 어딘가에 도달하려고(경우에 따라서는 도달하지 않으려고) 한다. 어디로 가느냐 가지 않느냐를 둘러싼 상황은 때로는 잔잔하고 쾌적할 수도 있지만 때로는 격렬한 폭풍우가 몰아칠 수도 있다. 헌법 제정과 마찬가지로 통치에도 뛰어난 기술과 전문 지식, 실천적 지혜가 필요하다. 심약하거나 게으른 사람이 할 수 있는 일이 아니다. 통치는 언제나 협력 관계에 의존한다. 누구도, 심지어 왕이라 해도 혼자서는 다스릴 수 없다. 통치는 사회적 행위이기 때문이다. 사람들은 항상 다른 사람들을 다스리고, 일반적으로 다른 사람들과 함께 다스린다. 통치는 목적지에 도달하기 위해 협력하는 사람들의 능력에 달려 있다. 통치가 결코 엄격한 "지배"의 문제가 아닌 이유이다. 통치에는 권위 이상의 것, 기술이 필요하다.

리얼리티 텔레비전 쇼 감독이나 작가와 달리 민주주의 사회, 특히 공화국 시민들은 막후 회의와 권모술수를 의심해왔기 때문에 대체로 통치자들이 "화면에서" 모두에게 훤히 보이기를 원해왔다. 공화주의 사회는 막후에서 통치하고 국민을 조종하는 것처럼 보이는 힘에 저항하기 위해 많은 노력을 기울인다. 이와는 대조적으로 군주제, 과두제, 독재 같은 정치체제들은 구조적으로 막후 통치를 허용한다. 이는 각본의 일부인 청사진에 내장되어 있다. 더구나 아렌트가 거듭 주장했듯이, 관료제도 흔히 같은 방식으로 통치하지만 이름, 얼굴, 성격을 가진 뚜렷한 "어떤 사람somebody"이 아니라 이름 없는 "아무도 아닌 사람nobody"의 위치에서 통치한다. 물론 모든 관료가 익명에 비인격적인 존재는 아니며 관료제에서 일하는 양심적인 사람들도 많다. 그러나 이런 선량한 시민들도 익명성과 비인격성, 비가시성에 대한 관료주의의 끌림을 인식하고, 저항한다.

정치 기술의 처음 두 가지 차원, 즉 헌법 제정과 통치는 형식적이고 공식적이다. 비교적 안정된 정치 사회에서 자란 우리는 대부분 이를 당연시하는 사치를 누렸다. 그러나 지난 세기 지구상의 대부분의 사람들은 그런 특권을 누리지 못했다. 1914년 이후 전 세계에서 수백 개의 헌법이 만들어졌고, 이보다 더 많은 정부가 수립되었다. 그러므로 헌법 제정과 일상적 통치는 지난 시대의 유물이 아니라 당대의 정치 기술로 빈번하게 사용되고 있다. 실제로 미국에서도 지난 세기 동안 헌법이 거듭 재해석되었고 공식적으로 여러 차례 개정되었다.

정치 기술의 세 번째 차원은 시민권이다. 이는 가장 일상적이고 일반적이면서 가장 중요한 정치 기술이다. 우리는 시민권을 본질적으로 법적 지위라고 생각하는 경향이 있다. 사람들은 시민으로 태어나거나 법적으로 시민권을 획득해야 한다. 원칙적으로 시민이라는 법적 지위는 "게임"에 참여할 수 있는 자격을 보증하는 것이다. 그러나 실제로는 많은 법적 시민들이 다른 시민들에 가로막혀 정치적 삶에 충분히 참여하지 못했다. 그리고 법적 의미에서는 비시민이지만 시민 생활에 크게 기여하는 사람들이 있다. 그러므로 시민권은 법적 지위 이상의 무엇이다. 시민권은 함께 어울려 살아가고 함께 일을 해나가는 기술이다.

시민권이라는 기술은 정치적 게임이 이루어지는 **방식**을 결정한다. 만약 리얼리티 쇼 참가자들이 무턱대고 협조를 거부한다면, 그들은 쇼를 망치고 쇼에서 쫓겨날 것이다. 대부분의 민주주의 헌법은 비협조적이라 해도 시민을 국외로 추방하지 않는다. 오히려 시민권 실천을 거부해도 처벌받지 않을 권리(미국의 경우 병역과 배심원 의무는 예외다) 등 특권을 부여한다. 그럼에도 불구하고 민주 사회의 질은 시민들의 시민권의 질에 달려 있다. 시민권은 광범위한 영역에서 실천과 관습을 수반한다. 어떻게 서로 대화하는지, 어떻게 자신과 다른 사람들을 교육하는지, 어떻게 정부에 책임을 묻는지, 어떻게 의견 차이를 인정하는지, 어떻게 서로를 위해 희생하는지, 그리고 공직자들이 어디까지 통치하도록 허용하는지 등 다양하다(특히 민주주의 체제에서는 다스리는 것만큼이나 다스림을 받는 것도 중요한 기술이다).

시민권은 두 가지 이유에서 가장 중요한 정치 기술이다. 첫째, 그것은 우정의 한 형태다. 정치가 서로의 차이를 조화시키며 함께 어울려 살아가고 함께 일을 해내는 것이라면, 아리스토텔레스와 아렌트가 주장했듯이, 시민권은 (친밀함에 기대기보다는 삶의 질과 관련된 공동의 이익에 대한 상호 헌신에 기반하는) 일종의 우정이다. 정치적으로 함께 살아가려면 동료 시민들과 먼저 친구가 되어야 하고, 적이 되더라도 그것은 일시적이어야 한다. 둘째, 시민권의 실천은 헌법 제정과 통치에서 비롯될 뿐만 아니라 그것에 선행한다. 사람들이 함께 모이지 않으면 어떤 헌법도 쓰이지 않으며, 함께 모일 때 그들은 이미 구성된 정치 사회에서 일상적 시민권에 필요한 것과 동일한 기술, 실천을 사용해야 한다(블록버스터 뮤지컬 〈해밀턴〉에서 알렉산더 해밀턴Alexander Hamilton은 미국 헌법이 아직 작성되지 않은 시기에 위대한 **시민**으로 등장한다). 그러므로 정치의 기초가 되는 기술은 헌법 제정이 아니라 시민권이다.

헌법을 제정하고 일상 업무를 관리하고 서로 관계를 맺는 것은 시민들이다. 상상컨대, 나는 헌법도 정부도 없는 세계 어느 외딴 지역에서 가까운 친척과 함께 살 수 있겠지만, 낯선 사람을 만나는 순간 바로 내 시민으로서의 기술이 시험대에 오를 것이다(어쩌면 가까운 친척이 내 정치적 기량을 시험할지도 모른다). 만약 그 낯선 사람이 이웃에 머물면서 나란히 집을 짓고 싶어 한다면 더 큰 시험에 들게 될 것이다. 만약 또 다른 낯선 사람이 찾아온다면 우리는 법을 제정하고 정부를 구성해야 할지도 모른다. 하지만 그 법과 정부의 본질과 특성은 우리 시민권의 본질과 특성에 의존할 것이다.

* * *

인간은 정치적 동물이라고 말한 사람은 아리스토텔레스다. 아렌트는 케케묵은 아리스토텔레스적 "정치 자연주의"의 주창자는 아니었지만, 정치에는 자발적인 것이 있다고 생각했다.[30] 우리는 항상 어디서든, 정치와 무관하다고 생각하기 쉬운 장소와 상황에서도 정치를 "한다". 반면 우리에게 익숙한 정치 현장과 공간—24시간 케이블 뉴스, 선거 캠페인, 소셜 미디어 게시물, 전문가 의견—은 완전히 반정치적일 수 있다. 우리가 정치라고 생각하는 것이 사실은 사람들이 "말과 행위로" 힘을 모아서 함께 살아가는 공통 세계의 관심사를 함께 다루는 것을 방해하는 무기가 되곤 한다.[31]

그래서 정치가 쉽게 눈에 띈다고 생각해왔을지 모르지만(텔레비전에 나오잖아! 아니면 대형 광고판, 정치 성향을 드러내는 마당의 푯말, 범퍼 스티커, 유튜브 광고, 휴대전화에 뜨는 최신 뉴스 헤드라인!) 선거-오락 복합체의 시대에 정치를 인식하기란 무척이나 어렵다. 앞서 서론에서 나는 우리에게 도움이 되는 정치를 우리 스스로 공격하거나 적어도 무시하는 일이 많아서 우리가 일종의 자가면역질환을 앓고 있다고 말했다. 그런데 우리는 근시안에도 시달리고 있다. 정치가 권력이나 이익, 항의를 이유로 "나를 봐!"라고 외치면서 바로 앞에 서 있을 때 우리는 정치를 본다. 그러나 거리 바로 아래나 화면 바로 뒤에 있는 정치, 이사회나 채팅방을 운영하는 알고리즘 속 정치를 보는 데는 어려움을 겪는다. 어느 정도는, 정치가 정당 지지율 지도와 선거 구호로 요약되는 것처럼, 특정 유형의 정치 시스템인 선거 정치를 정치 전체로 착각하기 때문이다. 모든 정치를 선거와 관련된 것으로만 생각한다면, 정치가 너무 쉽게 눈에 보인다고 가정하므로 오히려 정치를 인식하는 데 어려움을 겪을 것이다. 심지어 우리가 직면한 가장 큰 과제가 정치를 전혀 보지 못하는 것이라기보다 정치 시스템을 무시하는 것이라고 생각할지도 모른다.

다음 장에서 더 자세히 살펴볼 텐데, 정치는 무엇보다 하나의 **현상**이고 시스템은 단지 부차적이기 때문에 정치를 인식하기란 더욱 어렵다. 이것이 아렌트의 핵심 통찰이다. 20세기 중반에 그는 강력한 중앙 정부, 대규모 관료제, 국가 안보 체제, 글로벌 자본주의, 당파적 정치 시스템이 저마다 정치를 몰아내거나 적어도 우리 시야에서 감추려 한다고 주장했다. 여기에 정치에 대한 대중의 편견이 더해지면 "정치가 세상에서 완전히 사라질 위험이 있다"고 썼다.[32] 아렌트는 20세기 이전에 정치 황금기가 있었다는 식으로 노스탤지어에 젖은 것이 아니었다.[33] 그보다는 "정치"가 꼭 명확히 규정되지는 않더라도 매우 구체적인 것을 의미한다고 이해했다. 아렌트에 따르면, 관심을 기울이는 사람은 마치 늘 불어오는 산들바람을 느끼듯 정치를 경험하고 인식할 수 있다. 정확히 딱 집어 말할 수 없어도 분명 알아차릴 수 있다. 아렌트는 경고한다. 거센 변화의 바람이 불고 있는데 우리는 산들바람조차 좀처럼 감지하지 못하고 있다고.

2장

현상적
정치

오타니 쇼헤이Ohtani Shohei. 이 이름이 야구 역사에 기록될지 아닐지는 잘 모르겠다. 내가 아는 것은 그가 기적과도 같은 야구를 했다는 사실이다. 미국 메이저리그 데뷔 시즌인 2018년, 스물세 살 일본인 야구 선수가 리그 최고의 타자 **겸** 최고의 투수로 혜성처럼 등장했다. 현대 프로 야구에서 쉽게 일어날 수 없는 일이다. 오타니보다 꼬박 한 세기 앞선 베이브 루스Babe Ruth가 타자 겸 투수로 천재성을 보여준 이후로는 없었던 일이다. 오타니의 위업은 어떤 면에서 루스의 업적보다 더 위대했다. 프로 야구 거물들이 의사 결정 권한을 MBA와 컴퓨터 시스템 엔지니어들에게 넘겨준 이후에 등장했기 때문이다. "머니볼Moneyball"이 이 게임의 새로운 이름이었다. 모든 젊은 유망주의 모든 스윙, 모든 투구, 모든 포구, 모든 전력 질주가 "데이터"로 압축되고 수많은 알고리즘을 통해 선수의 전반적인 미래 가치, 즉 조직에 대한 "대체 선수 대비 승리 기여도"를 예측하는 데 활용되었다. 오타니의 문제는 투타 겸업 선수로서 평가할 데이터도 "비교 대상"도 대리 지표도 없다는 것이었다. 그는 삼각측량*이 불가능했다. 그의 존재 자체가 분석을 무력화하고, 비효율적이고 무용한 것으로 만들었다. 정말, 그는 대단했다![1]

사실 우리는 모두 시스템 파괴자다. 근본적으로 예측 불가능한 존재다. 소셜 미디어 기업, 채용 대행사, 대학 입학위원회를 지원하는 전산화 모델 제작자들은 우리에 대한 "비교 대상"을 가지고 있다고 말할 수도 있고, 그런 대리 지표들로 우리를 삼각측량하려 들 수도 있다. 하지만 **당신**에 진정 필적할 만한 비교 대상은 없다.[2] 당신은 75억 명 중 한 사람이다. 당신을 대신하는 데 사용되는 모든 비교 대상은 기껏해야 대역 배우와 같은 존재로, 기술적 목적으로 사용되는 단순한 대체재일 뿐이다. 모든 영화감독은 대역이 진짜가 아니라는 사실을 알고 있다. 또 모든 감독은 진짜 배우들이 촬영장에 오면 그들이 어떤 대본을 받았든 간에 정확히 무슨 일이 일어날지는 아무도 모른다는 것을 알고 있다. 그들은 봇bot이 아니라 **행위자**actor이기 때문이다. 데이터 세트장의 감독들도 이 사실을 알고 있는 것처럼 행동했다면 좋았을 텐데!

아렌트는 컴퓨터 시스템이 우리에게 던질 주문呪文을 매우 잘 알고 있었다. 그는 컴퓨터의 초기 전성기였던 제2차 세계대전 이후에 글을 쓰면서, 터빈 기반 산업사회에서 컴퓨터 기반 "후기" 산업사회로 이행하는 지각 변동의 초기 징후를 목격했다. 많은 사람이 그랬던 것처럼, 아렌트 역시 새로운 경제 시스템에서 "예측prediction"이 "생산production"을 앞지르고, 공장 생산에서 뉴스 생산에 이르기까지 모든 것이 비트 단위의 계산으로 자동화될 것이라고 보았다. 사실 아렌트는 후기 산업사회

* 두 점 사이의 거리를 직접 측정하지 않고도 다른 거리와 각을 구한 후 삼각법을 적용하여 원래 알고자 하는 거리를 구하는 방법. 예를 들어, 나무로부터 떨어진 두 지점과 거기서 나무 꼭대기까지의 각도를 측량하면 나무의 높이를 알 수 있다. 본문에서는 연관 데이터와 비교 대상을 활용해 야구 선수의 가치를 평가하는 방식을 비유적으로 표현했다.

에서 일어난 자동화(그가 가끔 사용한 표현으로는 "자동성automatism")로의 전환은 일종의 우회적인 자연으로의 **회귀**였다고 주장했다. 인간은 항상 자동적인 과정에 둘러싸여 있었다. 행성의 회전, 일출과 일몰, 조수 변화, 유기물의 부패, 육체의 죽음 등은 우리가 상상할 수 있는 가장 예측 가능한 시스템으로, 언제나 일관되게 발생한다. 게다가 인간이라는 동물 자체가 본질적인 면에서 자동 시스템이다. 우리는 자동으로 호흡하고 무의식적으로 소화하며 심지어 밤에는 통제할 수 없는 꿈을 꾼다. 자동화는 우리를 동물의 세계 속 동물로 만든다. 우리를 자연의 생명체로 만드는 것이다.

그럼에도 불구하고 우리는 아마도 가장 예측 불가능한 동물일 것이다. 인간 행위자의 본성은 훌륭한 할리우드 배우처럼 즉흥적이다. 우리의 위胃는 예측할 수 있지만, 우리의 행위는 결코 완전히 예측할 수 없다. 아렌트는 "모든 행위는 '기적', 즉 예상할 수 없는 무언가"라고 썼다. 개인적 차원에서도 문화-문명적 차원에서도, 인간이라는 역사적 존재 전체는 일종의 "무한한 비개연성infinite improbability"이다. 인류의 역사는 결코 완전히 예측할 수 없다는 점에서 "기적의 연쇄"이다.[3] 기쁨의 순간, 사랑의 행위, 희생의 형태, 지켜지는 약속 하나하나가 자유롭게 행해졌다는 이유만으로도 일종의 경이로움이다. 물론 우리가 우리의 자유를 사용해 커다란 해악을 끼친 것도 사실이다. 우리는 서로를 착취하고, 서로를 파괴하고, 지구를 약탈하고, 핵폭탄을 만들었다. 21세기 들어서는 인류 역사상 어느 때보다도 기후, 생태계, 이주의 리듬이 마치 우리를 닮은 듯 더욱 불확실하고 예측 불가능해지고 있다. 우리는 우리 자신의 자유로운 행위의 결과와 더불어 살아가고 있는 셈이다.

우리가 나아가야 할 방향은 어디인가? 우리 시스템의 문제에 대한 해답은 이 시스템을 공학기술화하는 데서 찾아야 한다고 주장하는 사람들이 있다. 그들은 대규모 문제에는 대규모 해결책이 필요하며, 통제되고 객관적이며 시스템적인 접근법을 취해야 한다고 믿는다. 어떤 이들은 시장 중심 해결책을 주장하고, 어떤 이들은 강력한 정부 조치를, 또 다른 이들은 야심찬 기술적 해결책을 주장한다. 그러나 우리가 직면한 주요 문제 중 일부가 실제로 시스템에서 비롯되었다 해도 그 해결책이 궁극적으로 시스템의 영역에서, 적어도 기술적, 경제적 시스템의 영역에서 나오지는 않는다. 시스템 문제를 시스템적으로만 접근하는 것은 사실상 실제 문제를 회피하는 전략이 될 수 있다. 정부 대 시장처럼 하나의 시스템을 다른 시스템에 맞서게 하는 방식은 21세기 위기의 중심에 있는 핵심 과제, 즉 **정치적** 과제를 제대로 다루지 못한다. 우리 행위가 우리 과제에 책임이 있다면, 그 해결에도 우리 행위가 필수적이다.

최근 전 세계적으로 선동 정치가 부상하고 있다. 거대한 약속을 내세우는 "빅 맨Big Man"들이 대표적이다. 이는 현대의 시스템이 우리를 망치고 있으며, 구체적인 인간 행위가 필요하다는 인식이 특히 소외된 이들 사이에서 광범위하게 퍼져 있음을 보여준다. 경제학자들과 기술자들이 "시스템이 해결할 수 있어"라고 말한다면, 선동가는 "아니, 나만 해결할 수 있어!"라고 말한다.[4] 실제로 거대 시스템에서 권위주의적 지도자로의 극단적 선회는 분명 현대의 난제다. 현대성—1800년대에 대규모 산업사회의 출현과 함께 시작되어 1900년대에 과학, 기술, 글로벌 시장에서의 급진적이고 야심찬 시도로 이어진 역사의 시대—은 근본적으로 시스템 지향적이다. 모든 일이 **광범위하고 체계적으로** 일어나는 것으로 간주된다. 이것이 바로 "예측 가능성"이 작동하는 방식이자 "효율성"의 의미다. 또한 "이성"의 현대적 의미이자 현대성의 마법이다.

그러나 현대 세계는 그 거대한 시스템들에도 불구하고 예측 가능하지도 효율적이지도 합리적이지도 않았다. 그래서 우리는 빅 맨이 나타나 우리를 시스템에서 구해주기를 기대해왔다. 이 극단적 선회의 과격한 결말은 전체주의인데, 이는 시스템을 전체주의화하거나 지도자를 전체주의화하는 형태로 나타난다. 아렌트는 《전체주의의 기원》에서, 전체주의가 현대성의 예외가 아니라 그 안에 내재되어 있다고 주장했다. 기술의 힘, 경제 시장 규모, 국가 권력의 관료화 앞에서, 심지어 "역사" 자체도 일종의 시스템적 힘이라는 현대적인 주장과 통합 및 순응에 대한 거대한 사회적 압력 앞에서 우리 현대인은 거대한 시스템Big System에서 거대한 지도자Big Leader로 방향을 바꾼다. 우리의 통제를 벗어나는 것처럼 보이는 과정들을 장악하려는 비극적 희망을 품고서, 비인격적 권력에 대한 충성에서 매우 인격적인 권력에 대한 충성으로 옮겨 간 것이다.

우리는 이 자동적으로 보이는 순환 과정을 깨기 위해 무엇을 할 수 있을까? 정치다. 아렌트에게는 정치가 문제의 시작이자 끝이다. 20세기의 온갖 참상에서도, 순환의 고리를 끊고 억압적 시스템에 저항한 강력하고 진정한 정치 운동의 놀라운 사례들을 발견할 수 있다. 남아프리카공화국의 아파르트헤이트 반대 투쟁, 미국의 시민권 쟁취 운동, 전쟁이나 경제적 착취로 파괴된 공동체를 재건하려는 노력, 전체주의 권력에 대한 영웅적인 저항, 아동 노동법을 위한 투쟁, 깨끗한 공기와 물을 위한 운동……. 이 모든 노력은 이른바 자동 시스템의 힘이나 권력에 굶주린 지도자들에게 의존하지 않았다. 그보다는 아렌트가 진정한 정치로 생각한 "서로 다른 사람들이 자신들의 힘을 온전히 발휘하며 잘 어울리는 것"에 의존했다.[5] 빅 시스템이든 빅 맨이든 거대 권력들이 질주하는 현대 세계에서, 정치는 예상치 못한 새로운 시작을 위한 수단으로서 크고 작은 방식으로 나타나고 또다시 나타난다.

이 장에서는 빅 시스템과 빅 맨의 마법과 같은 권력에 맞서는 기적 같은 정치의 기술을 살펴보려고 한다. 마법은 그 본질적인 형태에서 힘을 행사하는 수단이다. 해리 포터가 숙적 볼드모트 경과 대결할 때, 마법은 미래를 위한 싸움에서 자연의 힘을 제어하기 위해 공식(주문)을 소환하는 수단으로 기능하며, 결국 승패를 결정짓는 것은 정치적 힘이 아니라 강제력이다. 마찬가지로, 우리가 과학이나 공학, 기술을 이용해서 전파, 전자기 전류, 화석연료, 원자력 에너지 같은 요소들을 제어할 때, 우리는 미래를 제어하기 위해 우리가 가진 현대적 마법을 휘두른다. 그리고 일반적으로 우리는 이런 마법 같은 현대의 힘들에 매료되어왔다. 그 힘이 우리를 **위한** 것일 뿐만 아니라 우리 **위에** 군림하는 것이라는 사실을 깨닫기 전까지는 말이다. 그것은 경외의 대상인 만큼이나 두려움의 대상이다.

그러나 **기적**은 마법과는 완전히 다른 현상이다.[6] 기적에는 마술적 주문이나 공식, 프로그램, 코드가 없고, 독특한 행위들이 있을 뿐이다. 아렌트는 모든 기적은 인과 사슬과 자동적인 과정이 중단되는 것이며, "반드시" 있어야 하는 것과 "항상" 있는 것이 붕괴되는 것이라고 주장했다. 기적은 자유롭게 일어나기 때문에 예상치 못하는 것이다. 가령 KKK 단원이 흑인과 대화하고 나서 자신의 방식을 포기한다. 작고 동질적인 시골 공동체가 미등록 이민자들을 받아들이고 교육한다. 가난한 농장 노동자들이 법적 보호를 받기 위해 캠페인을 벌이고 승리를 거둔다.[7] 따라서 기적은 아렌트의 "현상적" 정치 개념의 핵심이다. 정치는 본질적으로 예측할 수 없으며, 이에 우리는 감사해야 한다. 아렌트는 이런 주장을 해서 정치 냉소주의자들과 정치학자들을 당혹스럽게 했다. 정치적 동물인 우리는 예측 가능한 동물이 **될 수** 있지만, 꼭 그럴 필요는 없다. 이 "그럴 필요 없음"이 우리에게 기적 같은 정치적 힘을 주고, 늘 새롭게 행위할 수 있는 자유를 부여한다.

시스템의 마법

기술, 역사, 경제, 국가, 사회. 아렌트는 이것들이 우리 운명을 지배하고 번영을 결정하는 것처럼 보이는 현대의 신이 되었다고 말했다. 또는 대공황 시대의 영화 〈오즈의 마법사〉에 나오는 마법사의 힘처럼, 제대로 된 제물을 바치기만 하면 우리 소원을 들어주겠다고 약속하는 현대적인 마법의 힘이라고 말할 수도 있다. 아렌트는 이런 거대 시스템들이 우리를 사로잡는 매력을 자주 논했다. 아렌트가 썼듯이, 이 시스템들은 우리에게 "아무도 자유로운 행위자가 아니며, 따라서 누구도 자신이 한 일에 책임을 지거나 응답하리라고 기대할 수 없다"[8]는 생각을 심어주었다. 이 지구적 힘들에는 분명 추상적이고 비인격적인 무언가가 있다. 그러나 각각으로 보면, 인간으로부터 기원하고 인간에게 영향력을 미친다는 것을 부인할 수 없다. 확실히 역사와 국가 같은 시스템들은 개인보다 크지만, 자동적인 것은 고사하고 자율적이지도 않다. 견고한 힘처럼 느껴지지만, 그것들은 현대적이고 너무나 인간적인 우리의 야망이 빚어낸 인공물일 뿐이다.

영화 〈모던 타임스〉(1936)에서 찰리 채플린Charlie Chaplin은 조립 라인의 속도를 따라잡으려고 바쁘게 움직이는 공장 노동자 역을 맡았다. 공장 관리자들은 생산 속도를 높이기 위해 때때로 제어실에서 다이얼을 돌려 조립 라인 벨트를 더 빠르게 돌린다. 채플린이 맡은 인물은 더는 불가능한 지경에 이르도록 점점 더 미친 듯이 일할 수밖에 없다. 현대 기계의 맹렬한 속도에 압도당한 그는 신경쇠약에 걸려 병원에 실려가고 이어서 불행한 모험을 계속한다.

〈모던 타임스〉는 전혀 우습지 않은 대공황 시기의 상황을 우스꽝스럽게 보여준다. 20세기 초반 기술 변화의 속도와 산업 귀족이 운영하던 기술 시스템의 증가 속도는 수백만 명의 사람들을 경제적, 정서적, 실존적으로 곤경에 빠뜨렸다. 그러나 희극적인 만큼이나 비판적이었던 〈모던 타임스〉에서는 적어도 인간이 기계를 조작했다. 이 영화는 탐욕스러운 공장주들을 정확히 지목한다. 21세기에도 기술과 기술 변화가 1920-30년대와 마찬가지로 빠르게 진행되고 있는데, 우리는 마치 기술이 스스로 작동하는 시스템인 양 "기술" 자체가 원인이라고 손가락질하는 경향이 있다.

기술은 우리가 신격화하는 현대적 힘의 명백한 예이다.[9] 현대의 기계 숭배자들은 기술 발전이 불가피하며 도저히 막을 수 없다고 생각한다. 이들이 보기에 기술이 일으킨 문제를 비롯해 모든 문제는 공학이나 "설계" 문제로 접근하고 해결해야 하며, 궁극적으로 새로운 혁신이나 과학적 발견은 "발전" 또는 "진보"의 징표이다. 기술은 단순히 현대성의 제어실이 아니다. 기술은 현대성의 **가장 신성한 장소**이다.[10]

아렌트는 기술의 지배력을 오늘날에도 여전히 심각한 문제로 남아 있는 20세기의 세 가지 혁신에서 감지했다. 바로 대중 매체, 산업 자동화, 핵무기다. 그는 각각의 혁신마다 특정 기술들이 인간의 조건에 "반역"을 일으켰다고 말했다. 대중 매체는 우리를 프로파간다와 여러 형태의 악의적인 영향력의 표적으로 만들고, 산업 자동화는 생계를 위한 인간의 노동을 점점 더 어렵게 만들며, 핵무기는 인간 존재 자체를 즉각적으로 위협한다는 것이다.[11] 아렌트에 따르면, 세 가지 혁신 모두 광범위한 사람들이 "이것을 원한다!"라고 해서 탄생한 것이 결코 아니다. 소수 권력자들, 과두제 엘리트들이 "이것은 불가피하고 반드시 해야 한다!"라며 혁신을 정당화했고, 나머지 사람들은 이를 막을 수 없다는 무력감을 느꼈다. (최근 카페에서 퇴역군인들의 대화를 우연히 들었는데, 재향군인회 병원에서 병실 물품을 운반하는 인력을 로봇으로 대체했다는 이야기였다. 퇴역군인들의 실업률이 주요 문제로 대두된 시기에 일어난 일이다.)

그러므로 기술은 역사의 힘과 같은 역할을 한다. 지금 우리는 역사와 관련해 기묘한 위치에 있다.[12] 많은 사람이 어떤 식으로든 "역사에 이름을 남기고" 싶어 하지만, 대다수는 기껏해야 무기력한 내부자 또는 단지 구경꾼처럼 살아가고 있다. 예를 들어 버락 오바마Barack Obama의 2008년 대통령 선거는 "역사적인" 사건으로 칭송받았고 실제로도 그랬지만, 많은 사람이 주장했던 이유 때문은 아니었다. 그의 당선 이후 지지자들은 마치 인종 문제에서 역사가 진보의 편이라는 것이 증명되었다는 듯이 이야기했다. 상황이 정말로 좋아지고 있으며 단지 시간문제일 뿐이라고. 전문가들은 "탈인종적" 미국 사회와 미국의 "갈색화"에 대해 쓰기 시작했다. 몇 년이 지나고 나서, 이 진보적인 역사의 증인들은 프랑스혁명 실패 후 수십 년 동안 당시 사람들이 그랬듯이 "역사로 인해 바보가 되었고, 역사의 바보가 되었다"[13]고 느꼈을 것이다. 역사는 우리가 만드는 것이며, 진보적이든 그렇지 않든 역사에는 어떤 법칙도 없다는 것을 우리는 거듭해서 배워야 한다.

정치적 진보주의의 지적 계보—역사철학, 진화론, 공리주의, 혁명 사상의 기묘한 융합—는 특히 "역사History"를 정치적 변화의 동력으로 삼는 경향이 있다. 정치적 진보주의자들이 역사의 "올바른 편"에 서 있다는 순진한 가정이 이런 생각을 뒷받침한다.[14] 그러나 정치적 보수주의자들도 향수에 젖어서는 복원해야 할 이상적 과거에 집착하면서 똑같이 역사와 결합할 수 있다.[15] 역사는 우리가 모두 "우리 편"이기를 원하는 힘이다. 역사는 이데올로기의 스펙트럼을 가로지르면서 달 탐사부터 미사일 발사, 차별금지법 제정, 백인 우월주의자의 폭력, 새로운 쇼핑몰 건설에 이르기까지 모든 행위를 정당화하기 위해 소환된다.

물론 역사는 우리가 두려워하는 것이기도 하다. 우리는 역사가 채플린의 영화 속 공장의 기계들처럼 너무 빨리 움직여서 우리가 도저히 따라잡을 수 없을까 봐 걱정한다. 따라서 역사와 우리의 관계는 순전히 모순되지는 않더라도 애증이 엇갈린다. 우리는 역사라는 힘을 통제하고 싶어 하지만, 종종 그것을 불길하고 이질적인 무엇으로 본다. 아렌트는 영향력 있는 정치 행위자들조차도 "역사적 운명"이라는 미리 각본이 짜인 드라마 속 역할극 배우에 불과한 것처럼 행동한다고 지적했다. 자신들의 책무가 단순히 "역사 속에서 자신의 역할을 받아들이는 것"인

양 군다는 것이다.[16] 그리고 우리는 1990년대 사람들이 〈포레스트 검프〉를 보듯 그들을 바라본다. 이 영화에서 포레스트 검프는 역사에 휩쓸려 미국 대학 미식축구 최고의 러닝백에서 베트남전 참전 군인으로, 애플 컴퓨터 창업 투자자로 변신하며 나아간다. 그리고 그는 자신의 세대를 강력히 규정했던 역사적 사건들 앞에서 우리와 마찬가지로 줄곧 우연한 목격자에 불과한 것처럼 행동한다.

경제도 다르지 않다. 경제학자들은 상당수가 역사적 운명이라는 개념을 꺼리면서도, 경제가 스스로 작동하며 나아가는 시스템이라고 말한다. 경제는 먹을거리부터 생계를 위해 하는 일까지 우리 삶 전반에 영향을 미치지만, 우리의 통제 밖에 있으며 궁극적으로 "효율적"이라는 것이다. 경제학자들은 또 우리가 경제를 통제하거나 관리하려 들면 오히려 더 많은 문제를 초래한다고 주장한다. 따라서 그들은 "자유 시장"이 경제에 최선이고, 결국에는(항상 "결국에는") 대부분의 사람들(항상 "대부분"의 사람들—누군가는 경제 발전의 대가를 치러야 한다)에게 최선이기 때문에, 행정 개입을 최소화하면서 경제가 작동할 수 있는 여지를 최대한 많이 만들어야 한다고 주장한다. 사실 우리 대부분에게 경제는 위대하지만 변덕스러운 마법사처럼 느껴지는 거대한 시스템이다. 우리가 끝내 이해할 수 없는 이유로 우리를 마음대로 축복하고 마음대로 저주한다.

물론 경제를 경제 자체에 맡겨서는 안 된다고 보는 사람들도 있다. 그들은 정부가 경제를 관리해야 한다고 주장한다. 여기서 국가는 거대한 통제 기구가 된다. 아렌트는 "국가"에 대한 이런 현대적 개념이 전적으로 기계론적이라고 비판했다. 우리에게 국가는 일종의 기술과 같다.

즉 인간의 관심사, 특히 경제와 안보 문제라는 바다를 항해하는 초대형 전함처럼 보인다. 따라서 우리가 정부와 정부의 행위를 어떻게 느끼느냐에 따라, 국가와의 관계에서 우리는 같은 편 함선에 탑승한 승객일 수도 있고 적의 함선에 갇힌 포로일 수도 있다. 우리는 단순히 국가라는 선박의 선장들을 손안에 넣고 우리 이익에 복무하게 할 수도 있고, 그들에게 격렬히 반대하거나 심지어 그들을 제거하려 들 수도 있다. 여하튼 우리가 정부를 단순히 기술적 장치로만 여긴다면, 우리는 정치를 개인이나 집단의 이익을 위해 국가 통제권을 장악하는 수단일 뿐이라고 생각할 것이다.[17]

우리가 종종 기술, 역사, 경제, 국가와 어깨를 나란히 하고 있다고 느끼는 무대는 "사회"이다. 사회는 우리 현대인이 직면한 거대한 시스템 중에서 가장 크고 가장 모호하며 가장 흔히 접할 수 있는 것처럼 보인다.[18] "오늘날의 사회에서는……." 우리는 이런 말을 읽거나 듣고, 또 직접 말하는 데 익숙하다. 기술 변화, 역사 발전, 경제 현실, 정부의 음모 등 우리 시대를 특징짓는 것들이 모두 어떤 식으로든 결국엔 사회의 산물인 것처럼 여긴다. 아렌트는 사회에 대한 우리의 경외심을 특히 우려했다. 기술, 역사, 경제와 달리 사회는 마치 우리가 **인간적인** 공동체에 속해 있는 것처럼 느끼게 하고, 사회가 정치 공동체를 거의 대체하고 있기 때문이다. 아렌트는 그것이 "하나의 거대한 인간 가족"의 일원이 되는 일과 같다고 썼다.[19] 개성이나 평등의 미덕이 아니라 우리 모두를 "하나"로 만드는 어떤 유전적 공통분모에 의해서 우리는 이 가족에 속한다. 우리는 가족을 선택하지 않으며 가족 안에서 태어난다. 마찬가지로 우리는 사회를 선택하지 않으며 사회 안에서 태어난다.

그러므로 사회는 우리가 영향을 미치거나 변화시킬 수 있다고 생각하는 힘을 넘어선다. 생각해보라. 당신은 **한** 사회에 속해 있다고 말하지 않고 사회에 속해 있다고 말한다. 당신은 "나의 사회에서"라고 쓰지 않고 "오늘날의 사회에서"라고 쓴다. 사실 이는 **소셜**social 미디어가 가진 힘의 일부이다. 우리 중 누구도 소셜 미디어를 통제하고 있다고 생각하지 않는다. 소셜 미디어는 우리 모두를 단일한 초월적 존재, 즉 "소셜 네트워크"의 일원으로 만든다. 아렌트는 현대 세계에서 사회와 "사회적인 것"이라는 개념은 다양한 사람들이 자신을 궁극적으로 획일적인 대중의 일부로 인식하게 하는 수단이 되었다고 지적했다. 따라서 우리는 우리가 기술 진보와 역사적 사건들, 경제 변동, 정부의 행위를 "지켜본다"고 생각할 수도 있지만, 우리가 사회와 그 양식들의 일부라고, 어쩌면 거기 갇혀 있다고 느낀다.

포퓰리즘이라는 곤경

거대 시스템들은 정치와 정치 공동체의 경쟁자가 될 수 있다. 사고, 말, 행위에 대한 우리의 인간적 역량을 자유롭게 발휘하는 일은 기계, 역사의 행진, 자유 시장, 국가 권력을 통해서나 "사회"라는 커다란 가족의 일원이 되는 것으로는 쉽게 실현될 수 없다. 그러므로 기술, 역사, 경제, 국가, 사회는 우리에게서 교묘하게 또는 노골적으로 자유와 인간 공동체에 대한 감각을 빼앗아 가면서 우리를 무력감에 빠뜨릴 수 있다. 그래서 우리는 겁을 먹게 된다.

아렌트에 따르면, 두려움은 단순히 임박한 위험을 감지하는 것 이상의 감정이다. 그것은 임박한 위험 앞에서 더욱 깊어지는 무력감에 뿌리를 두고 있다. 우리는 더 이상 변화를 일으키는 **행위**를 할 수 없다고 느낄 때 두려워하게 된다.

> 공적 정치 행위의 원리로서의 두려움은 어떤 이유로도 행위할 수 없는 상황에서 우리가 모두 경험하는 근본적인 무력감과 밀접한 관련이 있다. (···) 정치적으로 말하면, 두려움(걱정이나 불안을 말하는 게 아니다)은 더는 행위할 수 없는 한계에 이르렀을 때 느끼는 나의 무력감에 대한 절망이다. (···) 따라서 정확히 말하면, 두려움은 행위의 원리가 아니라 공통 세계의 반정치적 원리이다.[20]

두려움은 위협을 피할 수 없다고 느낄 때 일어나는 감정으로, 그래서 반정치적이다. 두려움은 우리를 무력하게 만든다. 반정치적 감정이기 때문에 두려움은 역설적으로 정치 영역에서 매우 강력한 힘이 될 수 있다. 실제로 두려움은 권위주의적 권력 체제에서 가장 강력한 감정이며, 독재자들이 우리를 착취하기 위해 불러일으키는 감정이다.[21] 권력자들은 두려움을 이용해서 우리가 무력감을 느끼도록 만들기 때문에, 감정적 관점에서 볼 때 권위주의적인 해결책이 유일한 논리적 해결책처럼 보인다. 우리의 통제력을 능가하는 것처럼 보이는 대규모 시스템의 음모에 맞닥뜨리면, 우리는 빅 맨이 와서 우리를 구해주기를 기대한다.

이것이 21세기 대중 선동의 정서적, 정치적 논리라는 것은 어렵지 않게 알 수 있다. 선동 정치가들은 위험을 선언한다! 이 위험을 이용해 우리에게 두려움을 불러일으킨다. 자신들의 위대한 "리더십"이 없으면 우리가 얼마나 무력해지는지를 강조한다. 자신들에게 충성을 맹세하고 자신들과 하나가 되라고, 교활한 학대자가 희생자에게 절대적 충성을 요구하듯이 사실상 자신들을 숭배하라고 요구한다. 우리에게 나약하다는 느낌을 불러일으키고, 우리가 자신들의 일원이 되어야만 권력을 온전히 느낄 수 있게 한다. 기계적으로 돌아가는 시스템에 우리와 함께 분노하지만, 우리에게 권력을 위임하려는 것이 아니라 그들 자신이 권력을 쥐기 위해서다.

선동 정치가의 정치적 범죄는 여기서 그치지 않는다. 그 혹은 그녀는 언론부터 사법부, 경찰까지 모든 것을 정치화한다. 선동가들은 일종의 "정치"를 다시 눈에 보이게 한다. 사람들은 그들에게서 (비록 해로운 것일지라도) 정치권력의 한 형태를 보고, 세계가 정치의 무대라는 사실을 다시 떠올리고 어쩌면 용기를 얻을지도 모른다. 그러나 선동 정치가들은 정치를 다시 가시화하는 동시에, 정치의 민주적 표출을 무용지물로 만들고 권위주의적 모델을 유일하게 효과적이고 진정한 정치 형태인 것처럼 제시한다. 정치가 자신들만의 정당한 소유물인 양 배타적으로 독점하려고 정치의 외양을 과장하는 것이다.

이것이 바로 권위주의 지도자들이 항상 시도해온 것이다. 그들은 정치의 세계를 없애려는 것이 아니라 정치를 자신들의 귀중한 소유물로 삼으려 한다. 우리가 기술, 경제, 혹은 특정한 형태의 정부 관료제 같은 대규모 시스템을 그토록 존중해온 이유 중 하나는 그것들이 권위주의적 인물들의 대안으로 보였기 때문이다. 인간이 아닌 시스템의 지배를 받기로 선택한 것이 애초에 우리를 "현대적"으로 만든 요인일 것이다.

기술, 시장, 그리고 어떤 형태의 관료제는 **비인격적인** 외양을 띠기에 권위주의적으로 보이지 않는다. 권위주의자는 얼굴이 있지만 기계나 시장은 얼굴이 없다. 그러나 이 시스템들은 얼굴이 없는 것이 아니라 얼굴로 가득 차 있다. 대체로 숨겨져 있을 뿐이다.

권위주의적 지도자들을 피해 관료제, 시장, 기술 같은 비인격적 시스템으로 달아나면서, 우리는 사람들의 정치적 무기력이라는 근본 문제를 해결하지 못한 채 남겨둔다. 단지 어떤 주인을 다른 주인으로 대체할 뿐이다. 우리를 지배하는 이 "비인격적" 시스템들이 실제로는 특정한 사람들의 이익을 위해 작동되고 있다는 의심이 들면, 우리의 예속은 다시 우리 이익을 위해 싸우겠다고 말하는 "위대한 지도자"에게로 옮겨 간다. 이 양극단을 오가는 양상은 마치 조립 라인처럼 끊임없이 순환한다. 권위주의의 남용과 폐해가 두드러지면 새로운 기술자, 경제학자, 자유주의적 정치인 무리가 등장한다. 그들은 우리의 집단적 운명을 권위주의와 무관해 보이는 비인격적이고 객관적인 시스템에 넘겨야 한다고 주장한다.[22] 그러나 일단 우리가 이런 시스템에 맡겨지면, 그들도 폭군처럼 행동하며 우리에게서 일자리와 교육, 이웃, 건강을 빼앗아 간다. 우리는 다시 빅 맨이 와서 우리를 구해주길 바란다. 그리고 기계가 또다시 돌아간다.

이것이 혼란스럽고 심지어 채플린의 영화처럼 보인다면 그럴 수밖에 없는 이유가 있기 때문이다. 시스템의 주문과 위대한 지도자의 주술에 대한 아렌트의 냉철한 글 밑바탕에는 우리의 현대적 조건의 부조리에 대한 깊은 인식이 깔려 있다. 아렌트는 우리 현대인이 지구와 타인, 우리 자신에 대한 책임을 "더 높은 권력"에 기꺼이 넘기는 데 있어서 고대인들보다 더 순종적이고 더 경건하며 더 희비극적인 모습을 보인다고 말했다. 고대와 현대에 대한 우리의 선입견과 현실은 다르다는 것이다. 물론 고대인들은 때로 자신의 운명에 대한 책임을 구름, 태양, 달의 신들에게 넘겼다. 그러나 우리는 아예 눈에 보이지도 않는 것들, 가령 기술의 힘, 역사의 진보, 경제 시장, 정부 지표 또는 "사회"에 책임을 떠넘긴다. 이런 현대의 마법 같은 힘들이 우리를 실망시키면 새로운 대마법사를 찾는데, 그는 우리에게 문제는 **저 사람들[흑인, 유대인, 동성애자, 이민자, 특정 종교인 등]**[23]이라고 말한다.

여기서 우리는 아렌트가 말한 "인간의 조건"으로 돌아가야 한다. 우리 인간들은 지구 위를 걷고 있다. 우리도 지구도 누가 떠받쳐줄 필요가 없다. 우리는 다른 사람들과 함께 지구 위에 터 잡고 있다. 이것이 기본적인 인간의 조건이다. 그러나 지구에서 함께하는 우리 삶에 관해서라면, 우리는 빅 맨이나 기술, 역사, 경제, 국가, 사회라는 마법사들에 의지한다. 우리가 그들을 떠받치고 있는 한, 그들은 우리를 지배하고 개인과 집단의 운명을 결정하고 우리 소원을 들어주겠다고 약속한다. 그러나 우리는 결국 〈오즈의 마법사〉의 도로시와 그 친구들 같은 상황에 놓이게 된다. 우리가 커튼을 젖혔을 때, 거기엔 복잡한 기계 조종 장치 앞에 앉아 있는 중년 남성 말고는 아무도 없을 것이다.

이것이 우리가 현대성의 거대한 시스템들이 만든 노란 벽돌 길*을 따라 걷지 말고 **정치**로 돌아가야 하는 이유다. 인간의 힘에는 기술, 노동,

* 1900년에 출간된 프랭크 바움Lyman Frank Baum의 소설 《오즈의 마법사》는 금본위제의 폐해를 비판한 정치적 우화로 해석되기도 한다. 작품에 다양한 은유가 담겨 있는데, 도로시 일행이 걷는 노란 벽돌 길은 금본위제를 상징하는 것으로 알려져 있다.

과학, 에로틱한 사랑, 지식 등 여러 형태가 있다. 그러나 정치적 힘은 함께 향유할 수 있는 가치를 위해 다른 사람들 사이에서 자유롭게 행위하는 개인들에 뿌리를 두고 있다. 정치적 힘의 필요조건이자 유일하게 참된 작동 방식은 자유다. 이것은 행위하고 그 행위에 책임지는 능력이다.[24] 우리는 자유에 대한 불충분한 애착과 두려움에 대한 지나친 애착으로 고통받고 있다.[25] 우리가 자유롭고 책임감 있게 행위하려면 정치를 새롭게 봐야 하며, 더불어 정치적 힘이라는 기적 같은 인간의 힘을 행사하고 경험해야 한다.

현상적 삶으로서의 정치

그리스인들이 2500년 전 정치에 대해 글을 쓰기 시작한 이래로, 민주제는 정치체제의 하나로 여겨져왔다. 군주제는 "한 사람"의 지배 체제이고, 귀족정은 (적어도 명목상으로는) "최고들의" 권력 체제이며, 과두제는 "소수"의 지배 체제인 반면, 민주제는 인민(또는 그리스어로 **데모스**demos)의 역량에 뿌리를 둔 체제이다. 이 각각의 정치체제에서 지배하는 사람들은 자유롭게 행위하는 사람들과 동일하다. 따라서 아렌트의 관점에서 민주제는 하나의 정치체제가 아니라 그 이상의 의미를 지닌다. 아렌트가 보기에 민주제는 정치의 영역을 모든 사람에게 확대할 수 있다는 점에서 정치와 민주주의 사이에는 특별한 친연성이 있다. 민주주의 아래서 우리는 함께 살아가는 공통 세계의 과제를 해결하기 위해 "말과 행위로" 힘을 모으며 누구나 자유롭게 정치적 삶에 참여할 수 있다.[26]

아렌트가 주장했듯이, 정치의 핵심 능력, 즉 정치를 실현하고 인식하는 수단은 **말**이다. "말의 타당성이 위태로운 곳이라면 어디서나 정치가 작용한다. 말이 인간을 정치적 존재로 만들기 때문이다."[27] 말이 정치에서 그토록 중요한 까닭은 무엇인가? 우선 말하기는 **다른 사람들과 함께** 하는 것이다. 말하기는 사회적 활동이라고 할 수 있다. 우리는 "자기 자신과 대화할" 수도 있지만 그럴 때조차 자신을 "타인"으로 여기며 말을 건넨다. 그런데 술 마시기, 게임 하기, 마시멜로 굽기 같은 여러 활동도 사회적 활동이다. 그렇다면 이것들 역시 정치적 활동인가? 말하기는 다른 사람들을 **향해서**toward 이루어지고 어떤 형태로든 응답을 요청한다는 점에서 다른 활동들과 구별된다. 게다가 말하기는 무언가에 **관한**about 것, 일반적으로 세계의 사물이나 사건 그리고 이를 둘러싼 견해에 관한 것이다. 마지막으로 말하기는 일반적으로 협력이 필요한 이런저런 시도에 다른 사람들의 동참을 이끌어내는 **행위**action의 한 형태다. 다른 사람들과 공통의 생각, 사물, 사건을 두고 상호작용하면서 우리는 사회적 삶의 기초를 다지며, 이러한 생각이나 사물, 사건을 서로 다른 관점에서 다루면서 정치의 기본 조건을 마련한다.

정치가 "정부가 하는 일"이 아니라 인간의 기본 역량이라는 것은 우리가 임금부터 인간 재생산, 인종차별, 교통에 이르기까지 온갖 종류의 주제를 정치적으로 다룰 수 있다는 것을 의미한다. 린다 제릴리Linda Zerilli의 말을 빌리면, 어떤 주제가 "논쟁의 대상으로 관계 맺을 때, 즉 사람들이 공통 세계를 형성하고 사물을 공적인 것으로 만들며 이를 새롭게 창조하는 말과 행위의 계기가 될 때"[28] 그것은 정치적인 것이 된다. 공통의 공간에 있는 사람들 사이에서 논쟁거리가 될 수 있다면 무엇이든 정치적인 것이 될 수 있다.

그런데 어떤 주제를 정치적으로 다루는 것과 "정치화politicizing"하는 것은 큰 차이가 있다. 정치화한다는 것은 그 주제를 쐐기로 만들어서 "우리"와 "그들"을 분열시키는 것이다. 세상만사를 정치화하는 것은 삶 전체를 분열과 파괴의 수단으로 바꾸는 짓이다. 버나드 크릭Bernard Crick이 이제는 고전이 된 《정치를 옹호함In Defense of Politics》에서 말했듯이 "모든 것을 정치화하려는 시도는 정치를 파괴하는 일이다. 모든 것이 정치와 관련 있다고 여겨질 때, 정치는 정말로 전체주의적인 것이 된다".[29] 이와 달리 어떤 주제를 정치적으로 다룬다는 것은 그것이 **우리**와 **그들** 모두에게 정당하게 관련되어 있다고 주장하는 것이며, 아렌트가 말했듯이 "공통 세계 안에서 행위하고, 그 세계를 변화시키고 구축하려고"[30] 노력하는 것이다.

따라서 정치는 협력에 기반한 인간 공동체의 한 유형이다. 협력을 구조화하고 제도화할 수 있지만 강제할 수는 없다. 자발적으로 다른 사람들과 힘을 합칠 때에만 협력이 일어난다. 고대 로마인들은 자신들의 정치 공동체를 "인민의 것" 또는 라틴어로 "레스 푸블리카res publica", 즉 "공공의 것"으로 여겨 "공화국"이라고 불렀다. **시민**citizen이나 **도시**city 같은 단어의 어원인 라틴어 **시비타스**civitas도 로마인들은 지리적 장소라기보다는 어떤 현상을 묘사하는 말로 보았다. 성 아우구스투스는 "신의 도시"(**시비타스 데이**civitas dei)와 "세속의 도시"(**시비타스 테레나**civitas terrena)를 나란히 쓰곤 했는데, 둘 다 특정한 장소가 아니라 사람들이 특정한 사랑과 열망을 품고 합심해서 행위할 때 세계에 나타나는 현상이었다. 정치는 무엇보다도 사람들이 공통 관심사에 대해 서로 말하고 행위하면서 나타난 삶의 한 형태였다.

정치는 또한 제한된 의미에서 "무정부적anarchic"이거나 지배가 없는 an-archê[31] 것이다. 정치 공동체는 "지배"라는 문제에 기반하거나 이에 초점을 맞출 수도 있지만, 정치는 헌법과 정부로 환원될 수 없다. 정치는 다만 사람들 사이에서 일어나는 일이다. 아렌트는 이렇게 썼다. "정치는 **복수의 인간**men **사이에서**, 따라서 **단수의 인간**man**을 벗어나서** 생겨난다." "정치는 **복수의 인간 사이에** 놓여 있는 것에서 생겨나며, 관계로서 확립된다."[32] 정치적 삶에 진입한다는 것은 서로 동등하게 존중하는 사람들과 함께 지배 없음의 형식에 참여하는 것이다.[33]

이는 정치의 본질에 대한 우리의 수많은 가정과는 반대로, 정치가 필연적으로 비폭력적이라는 것을 의미한다.[34] 비폭력은 단순한 정치 전략이나 전술이 아니라 정치의 조건이다. 강제력에서 벗어난 자유가 정치의 조건이기 때문이다. 그러나 이것은 개인이 타인의 "간섭"에서 벗어나 자유롭기 위한 권리로 이해되는 "소극적 자유"가 아니다.[35] 간섭에서 자유롭다고 해서 결코 정치적으로 자유로운 것은 아니다. 또한 비인격적 강제력의 힘에 종속된다면 어떤 사람도 자유롭지 않다. 반대로 정치적 자유는 사람과 사람 사이에서만, 다른 이들과 **함께**여야만 실현되며, 이런 의미에서 항상 "적극적"이다. 정치적으로 자유롭다는 것은 강제력이나 폭력에 의존하지 않고 다른 사람들과 함께 행위하는 것이다. 이것이 정치 전술로서의 비폭력이 정치적으로 강력한 이유이다. 흔히 현대 국가를 대표해 사용되는 공식을 고쳐 말하면, 정치는 비폭력의 합법적 사용에 대한 독점권을 가지고 있다.[36] 국가가 폭력의 합법적 사용에 대한 독점권을 소유하고 있으며 폭력에 자주 의존한다는 주장은 그 자체로 반드시 부당하거나 잘못된 것은 아니지만, 이는 필연적으로 반정치적이다. 국가가 자신의 정당성을 **정치적** 근거 위에 두고자 한다면 폭력을 사용할 때마다 그 정당성을 훼손할 위험도 커진다.[37]

그렇기에 국가뿐만 아니라 시장과 기계도 강제력의 형태에 의존함으로써 정치와 대립한다. 아렌트가 주장했듯이 **경제**economy라는 단어는 지배의 공간에서 유래했다. 즉 "가정"을 뜻하는 그리스어 **오이코스**oikos에서 비롯되었고, 그리스에서 가정은 남성이 여성, 어린아이, 노예에게 명령을 내리는 공간이었다. 지구 전체로 확장된 21세기 글로벌 경제는 지배의 한 형태로서 지구와 그 거주자들에게서 삶의 수단을 탈취한다. 또한 무생물과 생물을 생계 수단으로, 더 나아가 소수의 금전적 부를 축적하기 위한 수단으로 변형시킨다. 경제는 그 구성 요소들뿐만 아니라 사람들까지도 자신과 무관한 논리에 종속되도록 강제하면서 작동한다. 기술은 그런 강제력을 행사하는 주요 수단이다. 경제와 기술은 함께 강압적인 영혼을 불러내는 현대의 마술이다.

정치라는 기적의 기술

정치는 마법이 아니고 마법인 척하지도 않는다. 정치는 현상적인 것이다. 정치가 항상 종교와 친밀한 관계를 맺어왔다면, 정치가 마법처럼 주문을 거는 기술이거나 그렇게 보이기 때문이 아니다. 아렌트의 주장대로 정치는 예기치 못한 일로 가득 찬 기적의 형태를 띠고 있기 때문이다. "새로운 일이 일어날 때마다, 그것은 예측 가능한 상황의 맥락에서, 예기치 못한, 예측할 수 없는, 궁극적으로 인과적으로 설명할 수 없는 것으로 터져 나온다. 마치 기적처럼."[38] 정치는 사람들이 함께 모여 말하고 행위하면서 세계에 **새로운** 사물, 사건, 생각을 만들어낸다. "자유의 기적은 [새로운] 시작을 만들어내는 이 능력에 내재되어 있다."[39] 델포이 신전에서 신탁을 받고자 했던 그리스인들의 관행은 정치적 지혜가 단순히 주문을 외워 불러내거나 땅에서 캐낼 수 있는 것이 아님을 암묵적으로 인정하는 것이었다. 정치적 지혜란 기적을 기대하듯이 청하고 기다려야 하는 것이다.

그러므로 정치는 또한 선물의 형태를 띠고 있다. 정치적 거래에서 교환되는 것, 가령 생각, 말, 약속, 선언, 정서는 산업 생산의 메커니즘이 아니라 "신뢰 생산"[40]에 의해 작동한다. 정치 행위에서 주고받는 것은 물물교환이나 시장경제에서 후일을 기약하며 저장해둔 "가치"에 귀속시킬 수 있는 게 아니다. 궁극적으로 주고받는 것은 **신뢰**다. 대니엘 앨런Danielle Allen은 "신뢰는 합의를 이끌어낸다"고 썼다.[41] 신뢰는 또한 생산적인 의견 불일치, 논쟁, 차이를 빚어낸다. 신뢰는 단순히 합의가 아니라 그 이상이기 때문이다. 신뢰는 **관계의 질**이다.[42] 역설적으로, 신뢰는 무한히 재생 가능한 사회적 자원이면서도 신뢰의 조건이 지속되기 어려울 수 있으므로 언제나 위태로운 자원이기도 하다. 신뢰는 책임과 책무의 구조뿐만 아니라 존중, 선의, 자제력, 자기희생이라는 광범위한 미덕에 의존한다.

정치는 무엇보다 **기술**art이다. 고대 그리스인들은 기술을 어떻게 실현되고 완성되며 "완벽해지는가"에 따라 분류했다. 어떤 기술은 만지고 간직할 수 있는 것에서 실현된다. 그림을 생각해보라. 아주 형편없는 그림이라 해도, 그림을 그리지 않고 회화 기술을 실행하는 사람을 상상하기는 어렵다. 그림의 목표나 목적은 그림이라는 대상이지 그림에 관한 생각이나 화가 자체가 아니다. 고대인들은 이와 같은 기술을 "생산적" 기술이라고 불렀다. 그들은 생산적 기술을 소위 "이론적" 기술과 대비시켰다. 이론적 기술의 목적은 사물이 아니라 사물에 대한 지식을 생산하는 것이다. 천문학은 이론적 기술의 전형적인 예다. 천문학은 당연히 별을 생산하지는 않는다. 별에 대한 지식을 생산한다. 심리학도 마찬가지다. 심리학은 인간의 마음을 만들어내는 것이 아니라, 마음에 대한 지식을 만들어낸다.

세 번째 유형은 "활동적" 기술이라고 불렀다. 이것은 특별한 경우인데, 그 목적이 사물도 사물에 대한 이론도 아니기 때문이다. 이 기술은 **행위 자체에서** 자신의 "목적"이나 의도를 실현한다. 춤을 생각해보라. 춤의 기술은 춤 속에서 실현된다. 단순히 춤추지 않으면 무용수가 될 수 없다는 의미가 아니다. 춤추는 것이 곧 춤의 목적을 달성하는 것이다. 물론 무용수의 열정이나 예술성, 민첩성에 따라 성취의 정도가 달라질 수 있다. 하지만 기술의 질은 춤추는 활동 자체를 통해서만 드러난다. 춤에 관한 이론을 만들어낼 수는 있지만, 그런 이론이 춤추는 기술 자체를 실현하거나 완벽함으로 이끌 수는 없다. 그렇게 하려면 춤을 추어야 한다. 무용수가 다른 사람들을 위해 세상에 무언가를, 즉 공연, 공연 녹화물, 안무 대본, 공연 체험 같은 것들을 만들어낼 수도 있다. 그러나 무용수에게는 이런 "것들" 중 그 무엇도 춤의 완벽함을 구현하지 못한다(그 완벽함을 인정받는 데 도움이 될 수는 있을 테지만).[43]

정치적 행위가 온갖 종류의 결과를 낳고, 명확한 것(예를 들면 법)을 만들어내고, 정치를 이론화할 수 있지만, 정치는 그림이나 천문학보다는 춤에 가깝다. 정치는 대부분 활동적 기술이며 지속적인 행위와 상호작용의 방식이다. 정치에서는 단지 법을 만드는 것만으로는 충분하지 않다. 지속적인 행위로 법을 정당화하고 집행하고 수정하고 때로는 폐지해야 한다. 이상적으로 볼 때 정치는 계속되는 집단 공연, 많은 배우가 참여하는 끝나지 않는 즉흥 연극, 언제까지나 진화하는 음악 공연과 같은 것이다. 때로는 폭풍우 치는 바다를 뚫고 함대를 조종하는 것에 더 가깝다. 우리는 행위할 뿐만 아니라 반응해야 한다. 외부 상황을 인지하고 대응해야 한다. 함께 항해하는 다른 배들과 소통해야 한다. 그리고 항해를 하려면, 선장만이 아니라 선원들도 필요하다.

정치 기술의 활동적이고 반응하는 특성을 우선시한다는 것은 기존의 정치 이론을 완전히 뒤집는 것이다. 앞에서 보았듯이, 밀접하게 관련 있는 두 가지 요소가 정치 이론을 지배했다. 바로 헌법과 지배권이다. 플라톤 이래 철학자들은 사회의 근본 법칙과 헌법의 원리를 둘러싼 논쟁을 중심으로 정치철학을 체계화해왔다. 그래서 정치에서 가장 중요한 문제가 헌법의 유형인 것처럼 민주제, 군주제, 귀족제 등을 구별하는 데 엄청난 노력을 쏟아온 것이다. 물론 헌법은 중요하다. 그것은 엄숙한 약속으로 정치적 권위와 권력의 성격, 범위, 질을 규정한다. 하지만 그 못지않게 중요한 것은 명목상 헌법이든 실제 헌법이든 그 체제 내에서 영위하는 정치적 삶의 **질**이다. 사람들이 몰락한다면 헌법에 무엇이 쓰여 있는지는 중요하지 않다. 더욱이 입헌민주주의도 억압적일 수 있고, 군주제도 자유주의적일 수 있다.[44] 일부 정치철학자들이 헌법에만 집착하는 것은 정치를 시계 장치로 바꾸는 일이다. 마치 시계를 만들고, 태엽을 감아주고, 작동하게 하기만 하면 되는 것처럼 말이다. 이와 달리 아렌트는 정치가 실제로 살아 움직이는 영역에서 행위와 자유, 소통과 공동체, 권력과 가능성에 대해 질문해야 한다고 일깨웠다. 우리는 춤에 대해 사유하는 것처럼 정치를 사유해야 한다. 정치는 조화로운 행위의 기술이다.

정치가 만든 기적

가난하고 역사적으로 소외되어온 시카고 사우스사이드 지역 로즈랜드의 한 교회 지하실에서 무슨 일이 일어났는지 살펴보자.[45] 2003년 어느 봄날 저녁, 시카고지역교통연구소CATS 대의원들이 교회에 모였다. 그들은 이 지역에서 오랫동안 방치되어온 대중교통 수요에 대한 형식적인 회의가 또 열리겠거니 생각했다. 대다수 흑인 거주 지역은 교통의 불모지로, 도시의 다른 지역들이 누리는 대중교통 서비스가 전혀 없었다. 당연히 지역 주민들은 직장과 훈련 및 교육 기관에 가기가 매우 어려웠다. 그로 인해 실업률이 악화되었으며 지역에 대한 투자도 가로막혔다.

2000년대 초반 시카고의 지도자들이 차세대 도시권 교통 프로젝트를 계획하기 시작했다. 거의 모든 프로젝트는 부유한 교외 거주자들에게 더 나은 서비스를 제공하는 데 초점이 맞춰졌고, 사우스사이드 사람들은 늘 그래왔듯이 각자 알아서 하도록 방치되었다. 이 지역의 빈곤 때문인지 시 지도자들은 이곳에 더 나은 서비스를 제공하는 데 별 관심이 없었다. 그러나 그레이터 로즈랜드greater Roseland* 사람들은 다른 생각을 하고 있었다. 그들은 시카고 시내에서 남북으로 운행되는 "레드라인" 철도를 남쪽으로 약 30블록 떨어진 자신들의 지역까지 연장해달라고 간절히 요청했다. 일리노이 역사상 가장 큰 인프라 프로젝트 중 하나인 이 사업은 23억 달러로 추산되는 천문학적 비용이 들고 완공까지 수십 년이 걸릴 터였다. 가난한 사람들이 이렇게 엄청난 일을 요구하는 것은 허황된 꿈처럼 보였다.

그럼에도 불구하고 그레이터 로즈랜드의 몇몇 지역사회 지도자들은 CATS 대의원들에게 지역 교회에서 만나자고 요청했다. 이날 200여 명의 지역사회 구성원들이 참여해 연구소 관계자들을 놀라게 했다. 회의에서 지역사회 단체인 '공동체 개발 프로젝트'는 지역사회의 관심을 더 잘 가늠할 수 있도록 시민 의견 수렴 기한을 연장해달라고 요청했다. CATS는 이에 동의했다. 이후 2주 동안 '공동체 개발 프로젝트'는 1500여 명에게 레드라인 연장을 지지하는 서명을 받았으며 기술자, 전문가, 지역사회 구성원들이 검토할 수많은 증거와 논거를 수집했다. CATS는 이 문제를 더 심사숙고하기로 합의했다.

그 후 1년 반 동안, 그레이터 로즈랜드 사람들은 시, 주, 연방정부가 이 프로젝트를 승인하고 궁극적으로 자금을 지원하도록 설득했다. 그들은 이 일이 얼마나 실현 가능성이 희박한지 계속해서 깨달아야 했다. 그래도 끈질기게 노력했다. 국회의원과 시의원을 만나고, 기자들을 접촉해 기사를 쓰게 했다. 그리고 지역 대학과 협력해서 이 프로젝트가 시카고와 일리노이주에 미칠 경제적 영향을 측정하는 연구를 수행했다.

* 미국 시카고의 로즈랜드, 웨스트 풀먼, 리버데일을 합쳐서 부르는 지역명.

2004년 11월, 레드라인 연장을 놓고 구속력 없는 주민투표가 실시되었다. 약 3만 9000명의 사우스사이드 유권자들이 참여하는 기록적인 투표율을 보였다. 곧이어 시카고 시의회, 일리노이 주의회, 연방정부가 합류했다. 교회 지하실에서의 만남이 있은 지 2년 후인 2005년 5월, 조지 부시George W. Bush 대통령이 일리노이주 오로라를 방문해 연방대중교통법령에 서명했다. 법령의 여러 조항 중에서 레드라인 연장이 최우선 교통 프로젝트로 지정되었고, 이 글을 쓰고 있는 지금도 이 프로젝트는 진행 중이다.

그레이터 로즈랜드 주민들에게 정치는 시장과 기술 혁신이, 정부와 "진보 인사들"이 수십 년 동안 지역사회에 제공하지 못했던 가능성을 안겨줬다. 철도 교통을 정치적 의제로 만들고, 말과 행위를 정치적 수단으로 활용해 그들 스스로 시카고의 미래에 새로운 장을 열었다. 이 기적적인 결과는 일리노이 역사상 가장 큰 대중교통 프로젝트일 뿐만 아니라 그레이터 로즈랜드의 새로운 시작이었다.

역사는 이런 기적적인 정치 이야기와 기적까지는 아니더라도 여전히 경이로운 수많은 이야기로 가득 차 있다. 실제로 우리가 "역사"라고 부르는 것은 각양각색 정치 이야기들의 산물이다. 역사학자들이 연구하는 위대한 기술 혁신, 경제적 전환, 통치 혁명, 사회 변혁 중 많은 것이 아주 중요한 정치적 차원을 가지고 있다. 인류 역사에서 진정으로 **새로운** 것은 모두 인간 행위의 결과이기 때문이다. 그리고 인류 역사상 새로운 일들은, 크든 작든 간에 대부분 인간이 자유와 힘을 온전히 발휘하며 함께 말하고 행위한 결과였다. 과거에도 지금도 중요한 질문은 이것이다. 누가, 어떤 목적을 위해 그렇게 행위하는가?

* * *

2016년 대통령 선거 기간 동안 실시된 갤럽 여론조사에서, 90퍼센트의 시민이 "대부분의 정치인은 옳은 일을 하는 것보다 선거에서 이기는 데 더 관심이 많다"고 입을 모았다. 73퍼센트는 "대부분의 선출직 공직자는 나 같은 사람이 어떻게 생각하든 상관하지 않는다"고 답했다. 그리고 63퍼센트는 "우리는 정부가 하는 일에 아무런 발언권이 없다"는 데 동의했다.[46] 이들 시민 중 상당수는 트럼프에게 투표했는데, 이해할 만한 일이다. 그들은 스스로를 정치와 무관한 존재라고 여겼으며, 기껏해야 불확실한 미래를 위해 현재 상태를 파괴할 뿐인 선거를 통해서만 행위할 수 있다고 생각했다. 경쟁자인 힐러리 클린턴과 달리, 트럼프는 적어도 그들이 새로운 종류의 정치적 존재를 대리 경험할 수 있게 해주었다.

위기는 오래전부터 다가오고 있었다. 1970년대에 아렌트에게 많은 것을 배운 독일의 철학자 위르겐 하버마스Jürgen Habermas는 이런 위기를 일종의 머리 셋 달린 히드라로 보았다.[47] 첫 번째 머리는 자본주의 경제다. 자본주의는 강력하다. 당신을 부자로 만들거나 궁핍한 생활로 내몰 수도 있다. 자본주의는 당신에게 많은 재산을 줄 수도 있고 대량 생산 식품으로 배를 채워줄 수도 있다. 또 다른 이주민들과 함께 시골에서 도시로, 도심에서 빈민가로 집단 이주시킬 수 있다. 교외에 있는 멋진 집을 줄 수도 있고, 주택 담보 대출금을 갚지 못하는 신세로 만들 수도 있다. 자본주의는 심지어 (광업과 "토지 개발" 프로젝트의 형태로) 산을 움직일 수도 있고, 신기술의 형태로 물 위를 걸어 다닐 수도 있다.

하지만 자본주의가 할 수 없는 한 가지가 있다. 바로 안정된 사회를 만드는 것이다. 시장의 본성은 변덕스럽고 분열적이며 심지어 파괴적이다. 시장은 상승과 하락, 호황과 불황, 거품 경제, 경기 침체, 인플레이션 압력, 부채 위기로 가득 차 있다. 그래서 국가가 개입한다. 더 정확히 말하면, 국가가 항상 자신의 변덕스러운 파트너를 관리하기 위해 개입하는 것이다. 국가는 히드라의 두 번째 머리다. 국가는 통화 공급을 관리하고, 국내총생산을 산출하며, 세법을 조정하고, 경기를 부양하거나 사회 안전망을 제공하기 위해 재정 지출을 늘리며, 은행이나 농민이 파산하지 않도록 구제한다.

하지만 국가가 할 수 없는 한 가지가 있다. 바로 모든 것을 의미 있게 만드는 것이다. 국가는 의미를 창출할 수 없다. "우리"가 스스로 해야 한다. 이것은 모두의 일이다. 의미—진정한 의미—는 제조하거나 지시할 수 있는 것이 아니다. 그것은 문화, 공동체, 소통의 재료이다. 여기서 우리는 **의미**의 위기, 즉 히드라의 세 번째 머리와 마주하게 된다. 우리는 화폐, 시장, 제조업, 유비쿼터스ubiquitous* 정보로 이루어진 거대하고 세계화된 사회에 살고 있으며, 정부들은 이 혼란을 관리하거나 조작하려고 다양한 노력을 기울이지만, 모든 것이 정당성을 결여한 것처럼 보인다. 의미가 통하는 것이 거의 없고, 우리가 예상하거나 원하는 방식에 부합하는 것도 거의 없기 때문이다. 우리는 이해할 수 없어서가 아니라, 그것이 대부분의 사람들에게 잘 작동하지 않는다는 사실을 너무나 잘 알고 있어서 이 혼란에 동의할 수 없다. 이것이 하버마스가 말한 "정당성

* 시간과 장소에 구애받지 않고 언제나 네트워크에 접속할 수 있는 통신 환경. 라틴어 유비쿼터스는 '언제나 어디에나 존재한다'는 뜻이며, 정보 통신 분야에서는 시간, 장소를 초월한 통신 환경 구현을 목표로 한다.

위기legitimation crisis"다.

이제 정치가 등장한다. 초라하고 미약하며 혹독한 비난을 받는 정치. **정치인**이 하는 그 일. (중서부 어느 주에서 담뱃세 인상에 관한 광고 캠페인이 있었다. 헌법 개정으로 증세 후 얻는 수익을 유아교육 기금으로 특별 배정하도록 하자는 내용이었다. 이 광고에서 악당은 누구인가? 담배 산업도, 로비스트도 아니다. **정치인**이다. 캠페인은 정치인들의 손에서 우리의 세금을 지키자고 말한다. 세금과 세수 분배를 **헌법에 따라서** 하자. 이제부터는 법령의 문제다. 정치인들로부터 우리를 해방시키자!) 정치가 안타까운 상황에 놓인 것은 정치인들이 정치를 개선하기 위해 거의 아무 일도 하지 않았기 때문이다. 많은 정치인이 대중만큼이나 정치에 냉소적이며, 정치를 없애고 시장에 모든 것을 넘기고 싶어 한다. 그리고 많은 정치인은 사실 권력에 굶주린 개자식들이다.

하지만 여기서 요점은 **정치가 우리의 자유를 희생하지 않는 유일한 탈출구**라는 것이다. 정당성 위기라는 머리 셋 달린 히드라 문제의 해결책은 정치적 해결책이다. 만약 우리가 함께 모여도 의미가 통하게 할 수 없는 것이 문제라면—더 나쁘게는, 시스템이 단지 의미가 통하지 않고 통할 수도 없는 것이 문제라면—해결책은 "의미가 통하는 것" 또는 "의미가 통하는 무언가를 만드는 것"이다. 그러지 않으면 우리는 현재 상황에 갇히거나 이보다 훨씬 더 나쁜 상황에 처하게 된다.

"그냥 함께 모여서" 이런 문제들을 해결하면 된다고 말하려는 것이 아니다. 우리가 모두 정치운동가가 되어야 한다는 얘기도 아니다. 그보다는 우리가 자유롭게 함께 살아가려면, 정치의 경이로운 힘을 깨닫고 정치의 방식을 다시 배워야 한다는 것이다.

3장

판단하는 정치

2017년 여름, 몇몇 사람들이 남부 캘리포니아에서 패들 보딩*을 즐기고 있었다. 그곳은 태평양이었고, 캘리포니아 사람들 못지않게 자신들의 필요와 쾌락과 욕망을 가지고 자신들의 세계에 살고 있는 다양한 바다 생명체가 패들 보더들과 함께했다. 잘 알려져 있듯이, 거대한 백상아리—〈죠스〉, 〈언브로큰〉, 〈언더워터〉같이 심장이 멎을 듯한 영화에서 볼 수 있는 아름답고 소름 끼치는 생명체—도 수많은 생명체와 함께 태평양에서 살고 있다. 백상아리는 먹잇감으로 물개, 해달, 물고기를 선호한다고 생물학자들은 말한다. 그렇지만 어떤 상황에서는 인간을 공격하는데, 그럴 때는 정말로 치명적일 수 있다. 어쨌든, 캘리포니아의 화창한 어느 날, 열다섯 마리쯤 되는 백상아리가 패들 보더들(또는 적어도 그들이 움직이고 있는 공간)을 발견했다. 보더들에게 문제는 상어뿐만이 아니었다. 그토록 위험한 동행이 있다는 사실을 모르고 있다는 게 더 문제였다. 해변에서 백여 미터 떨어진 곳에서 그들은 쾌활하게 웃고 농담을 주고받으며 아무 생각 없이 놀고 있었다. 어쩌면 상어를 놓고

* 보드 위에 서서 노를 저어 움직이는 수상 스포츠. 정식 명칭은 스탠드업 패들 보딩stand-up paddleboarding이다.

우스갯소리를 했을지도 모른다.

다행히 그때 부보안관이 헬리콥터를 타고 해변 상공을 순찰 중이었다. 그는 패들 보더들과 그 주위를 빙빙 돌고 있는 백상아리 떼를 보았다. 부보안관은 위험을 알아채고, 일을 시작했다. 그는 확성기로 보더들에게 가능한 한 빨리 해안으로 침착하게 대피하라고 외치는 대신, 그 전에 허가를 받아야 한다고 생각했다. 알고 보니 남부 캘리포니아 공공 해수욕장은 보안관 부서가 아니라 인명구조대 관할 아래 있었다. 그래서 부보안관은 보더들에게 생명이 긴박한 위험에 처했다고 알리기 위해 인명구조대의 허가를 받아야 한다고 판단한 것이다. 그런데 연락이 잘 되지 않았다. 먼저 긴급전화 상담원을 통해야 했고, 상담원은 어느 구조대에 연락해야 하는지를 파악해야 했고, 그다음에는 또……. 패들 보더들은 장난을 치며 놀고 상어들은 그 주위를 맴도는 동안, 무전기 앞에서 4분이라는 엄청나게 긴 시간이 흘렀다. 5분이 다 될 무렵에야 부보안관은 원하던 승인을 받았고, 마침내 확성기로 패들 보더들에게 침착하게 즉시 물 밖으로 나오라고 지시했다. 그들은 그렇게 했다.[1]

당시 헬리콥터 카메라에 녹화된 동영상이 전 세계 인터넷 뉴스 사이트에서 폭넓은 관심을 끌었다. 상어들이 선회하는 장면 위로 부보안관이 인명구조대의 승인을 받으려고 긴박하게 요청하는 목소리가 들리는 영상은 〈죠스〉만큼이나 서스펜스가 넘쳤다. 아니, 실제 상황이라는 점에서 훨씬 더 손에 땀을 쥐게 했다. 이것은 약간의 드라마를 입혀 사람들의 흥미를 끄는 바이럴 영상으로 널리 유포되었지만, 이번 장에서 나는 이 이야기가 정치면에 실렸어야 한다고, 최소한 미국 하원 연설만큼이나 정치적인 사건이었다고 말하고 싶다. 지금쯤 분명해졌을 텐데, 나는 정치가 정당 정치나 투표, 거리에서 벌어지는 시위 이상의 것이라는 점을 설득하려고 애쓰고 있다. 아렌트가 말했듯이, 정치란 공통 관심사를 두고 말과 행위로 다른 사람과 소통하는 인간의 기본적인 현상이다. 패들 보더들을 둘러쌌던 상어들은 "공통 관심사"에 해당하며, 이는 말과 행위로 대처할 수 있는 문제다.

부보안관이 보더들, 상어들과 마주친 일 역시 정치적인 성격을 띠고 있다. 이와 관련해 세 가지 방식을 살펴볼 텐데, 정치에 대한 지엽적 인식에서 출발해 이 책에서 옹호하려고 하는 정치의 중심 개념으로 옮겨갈 것이다. 첫째, 부보안관이 인명구조대에게 적절한 허가를 받으려고 애쓴 것은 (어느 정도는) 관계 기간 간 정치의 산물이었음을 알 수 있다. 인명구조대와 보안관 부서는 누가 어디에서 어떤 상황에서 관할권을 가지는지를 두고 예전부터 틀림없이 논쟁을 해왔을 것이다. 이런 점에서 부보안관의 장황한 승인 얻기 절차는 "사무실 정치office politics"와 흡사하다. 그는 누구의 발가락도 밟지 않으려고 했다(패들 보더들의 발가락이 위험에 처해 있는데도 불구하고 말이다). 이것이 "정치"의 가장 일반적인 의미다. 곤경을 벗어나거나 이익을 얻으려고 권력 구조를 적절히 활용하는 것.

우리가 여기에 얽매이지 않고 다르게도 생각할 수 있다면, 이것은 정치를 생각하는 아주 합당한 방식이다. 상어들 이야기가 정치적 이야기인 두 번째 의미가 있다. 이것은 정부 행위자들과 기관들의 논란 많은 행위와 복지부동에 관한 이야기다. 실제로 이 사건은 관료주의, 절차, 의전처럼 흔히 "정부" 하면 연상되는 것들로 가득 차 있었다. 부보안관은 즉시 **행위**하기보다 누가 어디서 작성했는지 모르는 사전 각본에 따라 절차를 밟았는데, 아마도 그는 위기 상황이 생명을 위협하는 상어와 관련된 것이든 폭력적인 서퍼와 관련된 것이든 상관없이 그대로 따랐을 것이다. 이런 규약은 정부가 만든 것이어서가 아니라 공론의 대상이 될 수 있고 실제로 그렇게 되기 때문에 "정치적"이다. 관료주의는 현대 민주주의가 통치를 표준화해온 방식이다. 이를 통해 통치를 더 공정하게, 더 공정하지 않다면 더 효율적으로, 더 효율적이지 않다면 최소한 예측 가능하게 만들려고 한다. 그래서 관료주의는 지루하고 논란을 일으킬 수 있으며, 그로 인해 불만이나 논쟁의 대상이 되어 대중의 관심을 끌 때 정치적인 것이 된다. 이 사건의 경우, 많은 사람이 부보안관의 행위에 강하게 반응함으로써 두 번째 의미에서 정치적인 이야기가 되었다.

그러나 여기서 정치적 문제의 핵심은 훨씬 더 깊이 들어간다. 이것이 핵심이므로, 말하자면 우리가 풀어야 할 난제이기에 이 장에서는 이 문제에 집중하려고 한다. 단도직입적으로 말해보자. 상어 이야기는 정치적인 이야기다. 사람들, 특히 서로 잘 모르거나 전혀 모르는 사람들 사이에서 어떻게 해야 하는지에 대한 특정한 **판단**을 포함하고 있기 때문이다(부보안관은 결국 패들 보더들에게 완전히 낯선 사람이었다).[2] 아렌트에게 말과 행위가 가장 정치적인 인간 역량인 이유는 그것이 우리가 자유롭게 다른 사람들과 상호작용하는 데 없어서는 안 될 수단이기 때문이다. 그리고 **판단**은 우리가 언제 어떻게 다른 사람들과 말하거나 행위할지 숙고하고 결정하는 수단이기에 우리의 정신 능력 중 가장 정치적인 것이다.[3] 따라서 언제 어디서든 동료 인간들—그중 일부는 낯선 사람들일 수도 있는—사이에서 어떻게 일을 진행해야 할지 판단을 내리는 사람들에 관한 이야기는 정치 분야에 속한다. 특히 미래가 유난히 불확실한, 크든 작든 **위기**의 순간에는 더욱 그렇다.[4]고대 그리스어로 **판단**을 뜻하는 단어는 **크리시스**krisis인데, 위기crisis라는 단어는 여기서 유래했다.[5] 위기가 판단을 요구한다는 점에서 이해가 된다. 위기의 순간에 우리는 중대한 결정을 내리고, 이 판단의 질이 위기의 진로를 결정짓는다.

정치적 판단의 기술

우리는 어떻게 판단을 내릴까? 일상적인 예를 생각해보자. 당신이 운전을 하고 가다 보행자가 건너려고 기다리는 횡단보도에 이르렀다. 어떻게 할까? 그냥 지나갈까? 속도를 줄이고 조심스럽게 지나갈까? 멈췄다가 보행자가 건너기 전에 다시 출발할까? 멈춰서 그냥 가만히 있을까? 멈춰서 보행자에게 건너가라고 손짓할까? 멈춰서 경적을 울릴까? 횡단보도를 지나가면서 경적을 울릴까? 지나가면서 경적을 울리고 손짓을 할까? 당신이 취할 수 있는 방법은 최소한 열 가지가 넘는다.

어떻게 그렇게 행동하게 되었을까? 당신은 재빠른 논리적 사고에 기초해 판단할 수 있다. 예를 들어, 멈춰 서서 보행자가 먼저 건너게 하려다 직장에 지각할지 모른다고 추론할 수 있다. 아니면 그냥 기분 문제일 수도 있다. 이렇게 일찍 일어나 출근해야 한다는 사실에 이미 화가 나 있어서 친절을 베풀 기분이 아닐지도 모른다. 또는 보행자에게 우선권을 주는 법률을 존중하는 문제일 수도 있다. 당신은 법을 준수하는 시민이고 항상 법을 따르려고 한다. 아니면 도덕의 문제일 수도 있다.

당신은 황금률에 따라 살고 있고 남에게 대접받고 싶은 대로 남을 대접하고 싶어 한다. 횡단보도에 접근하는 방법이 십여 가지가 되듯이, 당신이 무엇을 할지 결정하는 이유도 십여 가지가 있다.

어떤 판단을 했는지가 중요할까? 만약 보행자와 충돌한다면 가장 확실히 그렇다. 왜 그런 판단을 했는지가 중요할까? 법정에서는 당신이 생각하는 만큼 중요하지 않을 수 있다. 횡단보도를 가로질러 운전한 동기나 이유가 범죄의 종류를 결정하는 데는 도움이 될 수 있지만, 범죄라는 사실 자체는 변함이 없다. 어떻게 판단하는지가 중요할까? 아렌트는 "그렇다"고 말할 것이다. 실제로 **어떻게** 판단을 내리는지가 **왜** 판단을 내리는지보다 **어떤** 판단을 내리는지와 더 밀접하게 관련되어 있기 때문이다.

판단의 이유인 동기는 도덕적으로 중요하고 정치적으로도 의미가 있다.[6] 동기는 우리가 어떤 유형의 사람인지 부분적으로 말해준다. 그러나 동기는 종종 숨겨지고 식별하기 어렵다.[7] 때때로 우리의 동기는 우리 자신에게조차 불가해하다. 우리는 종종 우리가 왜 그렇게 하는지 알지 못하며, 알고 있다 해도 그 동기는 간단명료하지 않은 경우가 많다.[8] 그러나 **어떻게** 판단하게 되는지에 대해서는 우리 자신과 타인에게 모두 설명할 수 있다. 그리고 아렌트가 말했듯이, "어떻게"에 대한 설명은 동기에 대한 어떤 해명보다 판단의 질을 밝히는 데 도움이 될 것이다. "생각 없이 그렇게 했다"고 말하는 것이 "화가 나서 그랬다"고 말하는 것보다 더 분명한 설명이다. 왜냐하면 당신이 화가 나서 할 수 있는 일은 열 가지도 넘지만, 당신의 사유하지 않음thoughtlessness에는 한 가지 의미밖에 없기 때문이다. 바로 사유하지 않았다는 그 사실이다. 마찬가지로

"그런 상황에 처했다면 내가 어떻게 대접받고 싶은지 생각했다"고 말하는 것이 단순히 "좋은 사람이 되고 싶다"고 말하는 것보다 당신이 멈춰서서 보행자에게 건너라고 손짓한 결정의 성격과 특성을 훨씬 더 잘 드러낸다.

정치적 삶에서 우리는 서로 다른 온갖 종류의 판단을 내린다. 어떻게 투표할지, 어떤 문제에 어떤 입장을 취할지, 어떤 정치 후보자를 지지할지. 그뿐만 아니라 보도 위의 쓰레기를 어떻게 할지, 총소리가 들리면 경찰을 부를지, 횡단보도에서 멈출지 말지. 사람들이 다양한 상황에서 무엇을 할지 결정하는 데는 여러 이유가 있다. 많은 경우, 누군가가 왜 그렇게 하는지 또는 그 동기가 무엇인지는 실질적인 쟁점으로서는 그다지 중요하지 않다. 내가 좋은 사람이어서 보행자에게 먼저 건너라고 손짓하는지, 아니면 딱지를 떼일까 봐 겁이 나서 그렇게 하는지는 실질적으로 중요하지 않다. 어느 쪽이든 행위는 동일하고, 보행자는 그 차이를 알지 못할 것이다. 하지만 그 상황에 대한 생각 여부가 내가 지금 하는 일에 영향을 미칠 수 있다면, 그 사실 때문에라도 지금 하고 있는 일을 **생각**하는지 아닌지는 중요하다. 그렇기 때문에 내가 어떻게 판단을 내리는지는 내가 어떤 판단을 내리는지와 더욱 밀접한 관계가 있다. 야구공을 던지는 것처럼, 판단은 과정의 완성이다. 그리고 결과의 질은 과정의 질에 영향을 받을 것이다.

이런 이유로 아렌트는 우리가 "어떻게" 판단하는지를 설명하는 데 공을 들였다. 도덕철학자들은 사람들이 어떤 판단을 내리는지뿐만 아니라 왜 그런 판단을 내리는지에 대해서도 사유할 필요가 있다고 아렌트는 인정했다. 도덕은 결과뿐만 아니라 동기와도 관련되기 때문이다. 그러나 자신과 같은 정치사상가들은 사람들이 판단을 내리는 방식에 초점을 맞춰야 한다고 주장했다. "왜"나 "무엇"보다 "어떻게"가 정치적으로 더 중요한 질문이기 때문이다.

다른 예를 들어보자. 당신과 나는 마리화나 합법화를 두고 다른 판단을 내릴 수 있다. 우리의 차이가 무엇이든 간에, 정치적으로 가장 중요한 문제는 우리가 각자 어떻게 판단을 내렸느냐는 것이다. 단순히 마약이라서 합법화에 반대하는 것은 범죄 증가를 이유로 반대하는 것과는 정치적 판단을 내리는 방식이 다르다. 전자의 접근 방식은 범주에 대한 태도에, 후자의 방식은 공리주의적 계산에 근거하고 있다. 정치적으로 말하면, 공리주의적 계산에 따라 마리화나 합법화에 반대하는 사람은, 모든 마약은 마약이기 때문에 금지하거나 엄격하게 규제해야 한다고 말하는 사람보다, 공리주의적 계산에 따라 마리화나 합법화를 지지하는 사람과 더 많은 공통점을 가진다(이것은 정치가 적과 동침하는 방식이기도 하다).

다른 사람보다 뛰어난 정치적 판단을 할 수 있는 방법이 있을까? 난처하긴 해도 결정적인 질문이다. 이에 대한 답변이 최고의 정치적 판단이기 때문이다. 아렌트는 이 질문을 두고 고심했지만 분명히 "예"라고 답할 수 있다고 생각했다. 그는 또 저급한 "판단"은, 적어도 판단이라고 불릴 수 있다면, 때로는 선입견, 때로는 사유하지 않음, 또 때로는 이데올로기라고 불리는 방식을 맹목적으로 따르는 것이라고 주장했다. 아렌트가 보기에 이데올로기는 우리가 접하는 모든 것을 하나의 기본 전제, 원칙, 관념으로 설명하려는 시도를 수반한다. 우리는 이데올로기에 가로막혀 새로운 경험, 새로운 근거, 새로운 관념에 접근하지 못한다.[9]

아렌트는 "사유하지 않음"을 "진부하고 공허해진 '진리들'에 대한 경솔한 무모함이나 절망적인 혼란 또는 자기만족적인 반복"[10]이라고 표현했다.

마찬가지로 선입견은 받아들인 "진리"에 동조하는 데 만족한다.[11] 분명 우리는 모두 선입견을 지니고 있다. 우리가 접하는 모든 사안을 깊이 사유할 수는 없으므로 선입견은 일상생활에서 나름 필요한 역할을 한다. 때로는 받아들인 진리를 따라야 한다. 그러나 선입견을 판단으로 오인해서는 안 된다. 선입견은 우리가 적극적으로 무언가를 판단하려고 하지 않을 때 의존하는 개념들과 가정들일 뿐이다. 진정한 판단의 길에 들어서는 순간 선입견도 판단의 대상으로 삼아야 한다. 그러지 않으면 판단을 선입견으로 대체하면서 일종의 사기 행위에 가담하게 된다.[12] 아렌트는 이것을 재앙의 지름길이라고 결론지었다.[13]

진정한 판단은 **반성적**reflective이며, 잠시라도 문제를 해결하려고 노력하는 일종의 "자기 대화"로 구성되어 있다.[14] 반성은 과정이지만 단계별 처방으로 환원될 수 없다. 자신이 저지른 실수를 되짚어보던 때를 생각해보라. 다양한 관점에서 사건을 숙고하고, 다르게 행동했더라면 좋았을 거라고 생각하면서, 결국 여전히 후회하더라도 실수의 전 과정을 파악했다고 느끼는 지점에 이른다. 물론 망설이는 순간에도 자신의 성찰 과정을 돌아볼 수 있다(내가 모든 것을 올바르게 사유했나). 반성은 매끄러울 수도 울퉁불퉁할 수도 있다. 의식적일 수도 반半의식적일 수도 있다. 도움이 될 수도 역효과를 낼 수도 있다. 여하튼 반성은 우리가 우리의 행위를 판단할 때 언제나 하는 일이다.

아렌트는 정치적 판단에는 반성이 필요하다고 주장했다. 더불어 훈련, 경험, 지식을 가지고 정치적 판단을 더 잘할 수 있다고 보았다. 궁극적으로 정치 자체가 일종의 기술이기 때문에 훌륭한 정치적 판단은 영화, 예술 작품, 수제 음식 등에 대해 양질의 판단을 할 때 사용하는 것과 동일한 정신 과정에 뿌리를 두고 있다고 믿었다.[15] 최상의 정치적 판단은 감식안의 한 형태로서 사물과 사건의 **특성**을 독립적이고 철저하게 판단하는 것이다.[16]

누가 감식가인지 어떻게 알 수 있을까? 이는 그들이 내리는 최종 판정의 문제가 아니다. 감식가들마다 영화, 그림, 수제 맥주의 상대적 품질을 두고 의견이 다를 수 있다. 감식안은 법칙과 규칙의 문제가 아니다. 영화의 질을 판단하는 데는 어떤 법칙도 없으며, 단지 위대한 영화의 선례들이 있을 뿐이다.[17] 감식안은 본질적으로 판단의 동기나 이유의 문제도 아니다. 물론 만약 맥주 장인이 몰래 뒷돈을 받고 판단한다면 문제가 있다. 하지만 이때 맥주 장인은 감식가가 아니라 돈 받는 중개업자로서 행동하고 있을 뿐이다. 감식안이란 본질적으로 한 사람이 **어떻게** 판단에 도달하는가의 문제다. 감식가는 영화나 그림, 맥주 등을 다양한 관점에서 접근하고, 특정 대상의 다양한 특성과 차원을 고려하며, 비슷한 대상과 비교하고, 다른 사람들이 하는 말까지 들은 후에야 특정 대상에 대한 특정한 판단에 이른다.

아렌트는 수준 높은 정치적 판단도 이와 같다고 말했다. "인간 세계에서 같은 것을 다양한 견지에서 볼 수 있는 능력"이 필요하다는 것이다. 판단의 핵심은 "다면성"에 입각해 문제를 보는 것이다.[18] 정치적 주제라고 할 만한 것은 수준 높은 예술 작품처럼 다면적이다. 다양한 측면이 있기에 정치적 논의와 토론의 주제가 된다. 단일한 관점으로 문제에 접근하는 것은 그 주제를 진지하게 받아들이기를 거부하는 것이다.

이는 알렉스 헤일리Alex Haley 원작의 텔레비전 미니시리즈 〈뿌리〉를 역사적으로 정확한지만 따져 물으며 판단하는 것과 같다. 정말로 관심을 기울여 작품을 본 사람이라면 누구나 역사적 충실성 외에도 물어볼 만한 좋은 질문거리가 많다는 사실을 알고 있을 것이다.

가령 노예제도처럼 도덕적으로 명백하고 단선적으로 보이는 문제들도 정치적 영역에서는 다면적으로 나타난다. 19세기 노예제 폐지론자들은 노예제를 도덕적 문제—경전이나 이성이 도덕적으로 금지한 것—로만 접근하지 않고 이 제도의 경제적, 문화적 차원에도 대중이 주목하게 하는 위대한 정치적 기술을 보여주었다. 그들은 노예제가 도덕적으로 잘못된 것일 뿐만 아니라 경제적으로도 역효과를 초래하고 세계에서 미국의 명성을 더럽힌다고 주장했다. 정치에서는 "하지 말지어다"라고 말하는 것으로는 충분하지 않다(정치 영역에서 이 말을 아예 입 밖에 낼 수 없다는 뜻은 아니다). 확실히 노예제는 단일한 도덕적 문제였지만, 반대자들과 희생자들이 그것의 "다면성"에 대한 관심을 이끌어내면서 정치적 문제가 되었다.

또 훌륭한 정치적 판단을 위해서는, 가령 마리화나를 마약으로, 성조기 소각을 반미反美로 간주하는 것처럼 각 이슈를 단순히 어떤 유형의 사례로 보는 것이 아니라, 이슈 그 자체로 접근해야 한다. 정치는 특정한 사람들이 특정한 장소에서 특정한 일을 행하고 말하는 것이기 때문에, 정치적 판단을 내릴 때는 세부 사항을 민감하게 고려해야 한다. 마리화나가 마약인 것은 사실이지만, 모든 종류의 마약은 합법 아니면 불법이기 때문에 그 사실만으로는 마리화나 합법화의 장점을 두고 정치적 판단을 내리는 데 별 도움이 안 된다. 그리고 특정 국기를 불태우는 시위가 반미를 의미할 수 있지만, 국기를 불태우는 모든 시위가 그런 것은 아니다. 예컨대 미국 수정헌법 제1조를 옹호하기 위해 국기를 불태울 수도 있는 것이다.*

이렇게 정치적 판단에 접근할 때 제기되는 두 가지 반대 의견이 있다. 하나는 엘리트주의라는 주장이고 또 하나는 비현실적이라는 주장이다. 아렌트의 저작은 밀접하게 관련된 이 반론들을 다루는데, 그의 대응 방식은 "위로부터의" 답을 거부하고 일상적 정치 현실의 "아래로부터" 답을 제시한다는 점에서 주목할 만하다. 훌륭한 정치적 판단이 감식안처럼 보인다면 와인 시음이나 예술 큐레이션처럼 엘리트주의라는 의미일까? 수준 높은 정치적 판단은 특별히 훈련받은 엘리트들만의 몫일까? 확실히 특정 이슈의 다면성을 성찰하는 것보다 더 쉽게 판단하는 방법이 있기는 하다. 예를 들어 이미 시행 중인 규칙을 엄격하게 따를 수 있다. "옳다고 느끼는" 대로 판단할 수도 있다. 재정적 이익을 따르고, 비용/편익 분석에 따라 모든 것을 판단할 수도 있다. 아니면 "세계관"이라는 캡슐에 압축해둔 웅대한 교리나 가르침을 고수하면서 여기에 끊임없이 변화하는 세계의 모든 사건, 사고를 "끼워 맞출" 수도 있다.[19] 사실 이것들은 모두 감식안 같은 것에 의존하지 않고 판단을 내리는 일반적인 방법들이다.

그러나 아렌트는 이런 접근 방식이 현명한 정치적 판단이 아니라고 주장했다. 왜일까? 각각의 방식이 정치적 현실 자체의 본질과 어긋나기

* 미국 수정헌법 제1조는 종교, 언론, 출판, 집회의 자유를 제한하는 법률을 제정할 수 없다는 내용을 담고 있다. 정부에 대한 항의의 표시로 성조기를 불태운 사람들에 대해 미국 연방대법원은 수정헌법 제1조에 따라 표현의 자유를 보호받아야 한다는 이유로 무죄 판결을 내렸다.

때문이다. 정치는 규칙, 느낌, 경제적 계산, 세계관으로 환원될 수 없다. 정치는 한 사람 또는 한 유형의 사람이 아니라 다양한 사람들이 지구에 거주하고 있다는 사실에서 시작되고 끝나기 때문이다. "복수성"이라는 사실은 관점의 복수성을 고려하는 것이 훌륭한 정치적 판단에 도달하는 과정의 일부라는 아렌트 주장의 토대이다.

정치적 삶이 복수성을 띠고 있으므로 다양한 관점에서 사태를 보는 것은 필수적인 정치 기량이다. 이 때문에 솔로몬에서 소피스트, 소크라테스에 이르는 고대 지혜의 스승들은 물론 수많은 다른 문화권에서도 문제를 다면적으로 검토하라고 가르쳤다. 아렌트가 설명했듯이, 고대 그리스에서는 사람들에게 문제의 모든 측면을 고려해 논증하는 방법을 가르쳤다.

> 결정적인 요소는 사람들이 이제 논변을 전환하거나 명제를 뒤집을 수 있다는 것이 아니라, 주제를 다양한 측면에서 정확하게, 즉 정치적으로 **보는** 능력을 얻게 되었다는 것이다. 그 결과 사람들은 실제 세계가 제공하는 다양한 관점을 취하는 방법을 알게 되었다. 하나의 동일한 주제를 다양한 관점으로 바라볼 수 있고, 각 주제는 저마다 고유하면서도 다양한 시각으로 나타난다.[20]

정치적 판단을 감식안이라는 관점에서 접근해야 하는 이유는 엘리트 계층의 정치 심판관을 배출하기 위해서가 아니다. 정치가 우리의 정치 현실을 있는 그대로 다루어야 하기 때문이다. 우리 정치 현실의 가장 기본적인 측면은, 다양한 관점을 지닌 다양한 사람들이 지구에 살고 있고 공통 관심사를 공유하고 있다는 사실이다. 다른 사람의 관점에서 사물을 보려고 하지 않는 것은 이런 현실을 거부하는 것이다. 있는 그대로의 세계를 벗어나 더 좋아 보이는 가상현실을 창조하는 것이다.

두 번째 반대 의견, 즉 정치적 판단에 대한 아렌트의 접근 방식이 너무 어려워서 비현실적이라는 반응은 어떤가? 아렌트는 이를 충실한 반론이라기보다는 순수한 엘리트주의의 증상으로 여겼다. 다른 사람들의 생각을 고려할 능력이 없거나 너무 바빠서 그럴 겨를이 없다고 간주하는 태도로 본 것이다. 아렌트에 따르면, 이런 조건들이 어떤 사람들의 경우를 정확히 묘사할 수 있지만, 그 자체가 정치적 **문제**이지 불변의 정치적 현실은 아니다. 권력자들은 흔히 자신의 권력을 강화하기 위한 수단으로 그런 조건들을 생산한다. 정치적 판단 기량을 발전시키는데 "무능"하거나 그저 "너무 바쁜" 사람들은 보통 이런저런 지배를 받고 있다. 우리가 규탄해야 할 것은 그런 정치 상황이지 사람들이나 그들의 역량이 아니다.

의견 형성하기, 판단 내리기

사람들이 너무 무지하거나 바쁜 나머지 정치적 판단 기량을 키울 수 없는 상황을 어떻게 바로잡을까? 분명 교육이 핵심이다. 그러나 학교 수업 시간에 익숙하게 해온 그런 교육이 아니다. 우리에게는 공공 건축, 참여 기회, 그리고 인센티브를 통한 교육이 필요하다. 일상에서 사람들이 공적으로 말하고 행위할 수 있는 공간을 만들어 그렇게 하도록 격려하고 뒷받침해야 한다. 이를 통해 우리는 성숙한 시민으로서 말하고 행위하면서도 상황에 따라 정치 견습생이나 독학자가 되어 배울 수 있다. 역사적으로 공화주의 사회들이 공공 광장, 공개 포럼, 집회, 언론 자유를 중요시해온 것도 이 때문이다. 우리는 정치적 판단 기술을 스스로 교육해야 하며, 공공 건축과 공공 매체가 그 수단이다. 그런 공간들이 개방되고 자유롭게 사용될수록 다양한 측면에서 문제를 보는 연습을 더 많이 할 수 있다. 그런 공간에서 우리는 말하자면 의견을 형성하고 판단을 내리는 바로 그 과정을 통해 의견을 형성하고 판단을 내린다.[21]

"의견"은 단순한 인상 이상이라는 점을 분명히 해두자. 인상은 그냥 가질 수 있지만 의견은 **형성**되어야 한다. 다시 말하지만, 아렌트에게 근본적인 정치적 질문은 "이 문제에 대한 당신의 의견은 무엇인가"가 아니라 "이 문제에 대한 당신의 의견은 어떻게 **형성**되었는가"이다. 즉 의견은 개인의 책임을 요구한다. 의견은 단지 "가지는" 것이 아니라 형성하는 것이기 때문에 우리는 그것에 책임을 져야 한다. 우리는 교사나 설교자, 예언자 같은 상급 권위에 책임을 위탁할 수 없다. 자기만의 진정한 견해에 도달하려면 신뢰하고 존경하고 두려워하는 사람의 가르침에 부분적으로 의지해서라도 적극적으로 의견을 형성해야 한다. 만약 우리의 의견이 그런 가르침을 되풀이한다 해도, 우리가 의견을 형성하고 그에 책임을 지는 한 그것은 **우리** 의견이다. 그렇지 않다면 그것들은 단지 어떤 권위를 거쳐 우리에게 전달된 밈meme*이나 반응 또는 이데올로기에 지나지 않을 것이다.

* 영국의 생물학자 리처드 도킨스Richard Dawkins가 제시한 개념으로, 모방 등을 통해 마치 유전자처럼 다음 세대로 전달되는 문화적 요소. 이 개념에서 유래해, 인터넷에서 유행하는 콘텐츠 등을 가리키는 용어로도 쓰인다.

우리의 의견이 정치 공동체의 다른 사람들에게 영향을 미치는 결정으로 이어질 때, 우리는 정치적 판단을 내린다. 우리는 의견보다 이런 판단에 훨씬 더 큰 책임이 있다. 아렌트는 정치적 판단에는 의견보다 더 수준 높은 책임이 따른다고 주장했다. 이는 우리에게 낯선 사람 또는 낯선 사람이나 다름없는 타인에 대한 책임이다. 자신을 위해 그림을 그리고 시를 쓰고 파이를 만드는 것처럼, 우리는 스스로를 위해 적극적으로 의견을 형성할 책임이 있다. 반면 정치적 판단에는 어떤 방식, 어떤 형태로든 자신의 판단에 대해 타인에게 대답해야 하는 책임이 추가된다. 이는 자신을 위해 파이를 굽는 것과 다른 이들과 함께 먹으려고 파이를 굽는 것의 차이와 같다. 자신에게 책임을 지는 동시에 타인에 대해서도 책임을 져야 하는 것이다.

그러므로 아렌트에게 정치적 판단은 나눠 먹을 음식을 만드는 것처럼 항상 공동의 활동이다. 고립적이거나 사적인 정치적 판단은 존재하지 않는다. 정치적 판단은 본질상 자신뿐만 아니라 타인과 관련이 있고, 타인에 대한 책임이 따르기 때문이다. 기회가 주어진다면, 다른 사람들은 당신이 **그들의** 견해, 관점, 시각을 고려했는지 알고 싶어 할 것이다. 당신의 판단이 그들의 삶에 어떤 영향을 미칠지 고려했는지도 알고 싶어 할 것이다. 함께 먹을 파이를 만들 때 다른 사람들의 입맛과 식습관을 고려해야 하듯, 정치적 판단을 내릴 때는 결국 좋든 나쁘든 판단의 결과를 공유해야 하는 다른 사람들의 입장, 관점, 존재를 고려해야 한다.

타인의 관점에서 문제를 고려하는 것은 단순히 그들에게 공감하려는 것이 아니다. 다른 사람들과 나눠 먹기 위해 파이를 만든다고 해서, 어떻게든 다른 사람의 입맛을 맞추고 내 입맛을 포기하는 것이 목표가 되어서는 안 된다. 타인의 취향과 욕구를 고려하면서도 내 취향을 지키는 것이 목표가 되어야 한다. 정치에서 공감은 너무 쉽게 다른 사람을 동정하고 그들의 "취향"에 곧바로 맞추려고 하고 그들과 동일시하려는 방식이 될 수 있다. 타인과 같이 느끼는 능력은 중요한 정치적 기량이지만, 공감은 어디까지나 한계가 있다. 록 가수 톰 페티Tom Petty의 노래가 이를 말해준다. "당신은 내가 된다는 것이 어떤 기분인지 모르잖아." 그러므로 정치적 판단은 공감 이상의 무언가를 요구한다. 다른 사람들이 문제를 어떻게 보는지 알려고 노력하면서도 스스로 사유할 수 있는 능력이 필요한 것이다.[22]

논란이 되고 있는 정치 이슈를 예로 들어 간단히 살펴보자. "정지 신체 수색권"은 수상쩍은 사람을 멈춰 세운 경찰관이 체포하기 전에(체포가 이루어지지 않더라도) 상대의 옷 위로 손을 움직여 은닉된 무기 혹은 잠재적으로 위험하거나 불법적인 소지품을 확인하는 관행이다. 온라인에서 이 관행에 대한 찬반양론을 찾아보면, 찬성 의견으로는 "선제적 치안 유지"를 위한 효과적 방법이라거나 "범죄 발생 예방"이 목적이라는 주장이 있다. 반대 의견은 일반적으로 헌법적 용어로 제시된다. 예를 들어 미국 헌법이 "부당한 수색 및 압수"를 금지하고 있다거나 정지 신체 수색권이 사생활 침해에 해당한다는 것이다. 또 차별적인 방식으로 시행되어 헌법의 평등 보호 조항을 위반한다는 주장도 있다.[23]

정지 신체 수색권을 둘러싼 논쟁이 어떻게 두 가지 전형적인 관점으로 제한되는지 주목해보자. 바로 이 관행의 유효성 대 경찰 관행으로서의 합법성이다. 이런 구도는 유효성이나 법에 관한 문제를 훨씬 넘어서는 정지 신체 수색권 관행을 너무나 제한적으로 판단하는 방식이다. 이 관행은 다음과 같은 내밀한 문제들을 포함하고 있다. 경찰과 체포 대상자 모두 느끼는 **두려움**과 **위험**, 경찰과 시민 간 **신뢰**와 **불신**, 경찰의 순찰 지역을 관리하고 그래서 수상쩍은 사람들을 더 많이 체포하게 되는 **시스템**, 미국 법원 및 교도소 시스템에서 흑인 남성들이 겪는 불평등에 대한 **통계**, 말 그대로 사람과 사람 사이의 **접촉**. 그러므로 정지 신체 수색권이라는 문제를 유효성 대 합법성으로만 저울질하는 것은 정치적 판단을 지나치게 단순화하는 것이다. 우리의 지성과 상상력을 기술자와 변호사의 관점으로 제한하는 것이다. 그들의 지식만이 정말로 중요하다는 듯이.

판단의 시학

폴란드 시인 아담 자가예프스키Adam Zagajewski에 따르면, 우리는 정치적 판단을 하면서 형용사를 가지고 노는 법을 배운다. 권위주의적인 폴란드에서 자란 자가예프스키는 〈형용사를 옹호하며〉라는 짧은 에세이에서 자유로운 사람들과 전체주의 국가에서 사는 사람들을 구별짓는 것은 무엇보다 형용사를 사용하여 사건, 사물, 문제를 서술할 수 있는 자유라고 말한다. 그가 보기에 "군인들과 전체주의 국가의 지도자들에게는 명사와 동사로도 충분"하다. 반면 "형용사는 사람과 사물의 개성에 없어서는 안 될 보증인"이다.[24] 예를 들어 전체주의 국가에서 사람들은 기껏해야 "경찰이 수상쩍은 사람을 멈춰 세우고 수색했다"고 말할 수 있을 것이다. "그 관행은 위헌"이라고 말할 수 있기에 우리는 훨씬 더 나은 처지에 있다. 그러나 자유롭고 진보적이고 개방적인 사회라 해도 정치적 판단의 어휘는 현저히 제한된다. 경찰의 관행, 의료 서비스, 이민, 낙태권, 총기 소지권 등을 두고 논쟁할 때, 우리는 기술자, 변호사, 도덕주의자의 언어 말고는 가진 게 없는 듯하다. 효과가 있거나 없거나, 헌법에 부합하거나 아니거나, 좋거나 나쁘거나, 다 이런 식이다. 이런 상황에서 우리는 노련한 선동가, 선전원, 미디어계 유명인에게 매우 취약해진다. 이들은 표적 집단 테스트를 거쳐 선별한 어휘—**대단해! 굉장해! 사악해! 바보! 허약해! 위험해!**—를 들고 나오는데, 이들의 언어가 기술자, 변호사, 도덕주의자의 언어보다 대담하고 용감해 보인다.

자가예프스키는 "그림에서 색깔은 언어에서 형용사다"라고 썼다. 정치적 판단 능력을 발전시키려면 **효과적/효과 없는, 합법적/불법적, 좋은/나쁜**을 넘어서는 형용사들로 특정 문제에 대해 사유하는 법을 배워야 한다. 즉 정치적 판단을 위해서는 지성과 상상력을 사용하여 방대한 범위의 형용사들로 사건, 사물, 문제를 숙고해야 한다. 예를 들면 이렇다. 간과하는, 감상적인, 값싼, 강압적인, 거대한, 거창한, 거침없는, 격노한, 경멸하는, 계산적인, 고결한, 곡예 같은, 곤란한, 곤죽 같은, 괴짜의, 교활한, 구불구불한, 굴욕적인, 기분 나쁜, 기진맥진한, 길쭉한, 꾀바른, 날것의, 날카로운, 눈부신, 능숙한, 다감한, 다정한, 달콤한, 대담한, 더운, 독창적인, 돈키호테 같은, 두꺼운, 두둑한, 들쑥날쑥한, 따뜻한, 말쑥한, 맛있는, 매력적인, 매혹적인, 멍한, 명랑한, 몽롱한, 무거운, 무모한, 무서운, 미숙한, 민첩한, 믿음직스러운, 바글거리는, 박식한, 벨벳 같은, 보통밖에 안 되는, 부패한, 분리된, 불결한, 비관적인, 비참한, 빛

나는, 사소한, 생생한, 서투른, 성가신, 성급한, 소용없는, 손상된, 솔깃한, 솔직한, 순진무구한, 숨김없는, 슬픈, 쓸모없는, 악화하는, 야광의, 어둑한, 어색한, 얼빠진, 얽히고설킨, 엄격한, 엉뚱한, 역겨운, 열성적인, 열정적인, 온순한, 우둔한, 우스꽝스러운, 유치한, 유해한, 유형의, 유효한, 윤리적인, 으스대는, 인정 많은, 자극을 주는, 잘 속는, 적은, 적절한, 젊은, 정신 나간, 제멋대로인, 조마조마한, 존경받는, 지루한, 지어낸, 지저분한, 지체 없는, 지친, 직선의, 질서정연한, 짭짤한, 찬란한, 창백한, 창의적인, 초급의, 축 처진, 침울한, 쾌적한, 타당한, 터무니없는, 튼튼한, 팔팔한, 편협한, 피상적인, 할 수 있는, 허름한, 헌신적인, 헝클어진, 현실적인, 화려한, 활달한, 황량한, 황홀한, 흔들리는, 희미한. 다시 말해, 문제를 정치적으로 판단하기 위해서는 가능한 한 다양한 단어를 사용해 **사유**해야 한다. 다른 사람들과 더불어, 특수한 것을 가능한 한 다양하게 사유할 수 있도록.

18세기 독일 철학자 이마누엘 칸트Immanuel Kant는 아렌트가 자주 언급하는 "미적" 혹은 예술적 판단력에 관한 책에서 "판단이란 특수한 것을 보편적인 것 아래 포섭된 것으로 사고하는 능력"이라고 썼다.[25] 제대로 수행된다면 사유한다는 것은 그 자체로 놀라운 행위다. 그것은 인생 경험, 타인의 의견, 상상력, 감정, 정서뿐만 아니라 배움에 의지하여 이슈를 만들고, 질문을 던지고, 결론을 내리며, 우리를 오도하거나 탈선시킬 수 있는 공상의 비행을 막는다. 그러나 아렌트가 주장했듯이, 그리고 이제 수학자와 입자물리학자들도 인정하듯이, 특수한 것을 사유하는 것은 훨씬 더 놀라운 일이다. 무질서한 시스템에서 다양하게 움직이는 입자의 질량이 주어질 때, 대다수 입자의 경로를 수학적으로 예측

하는 것은 대부분 확률과 통계의 영역이다. 특정 입자가 정확한 시간에 무엇을 할지 계산하는 것은 완전히 다른 문제다. 실제로는 불가능할 수도 있다. 그러나 판단을 내릴 때 우리는 이런 일반적인 요구에 직면하는데 바로 **특수한 것에 대한 사유**다. 특정한 시기에 특정한 문제나 기회에 직면할 때마다, 즉 골치 아픈 직장 동료, 재정 적자, 나쁜 경찰, 테러 공격, 청혼, 제안받은 일자리 비교, 후보자 중에서 선택하기 같은 상황에서 우리는 그렇게 판단해야 한다.

칸트가 말하길, 특수한 것을 사유하기 위해서 우리는 흔히 형용사와 명사의 "보편적" 능력에 의존한다. **아름다움, 선량함, 공정함, 정의, 악, 공평함, 용기, 옳음, 그름** 등 보편적인 것universals의 목록은 앞에서 본 형용사 목록만큼이나 길다. 그렇다고 해서 판단을 내릴 때 아무런 어려움 없이 보편적인 것을 사용할 수 있다는 뜻은 아니다. 사실 우리가 가져다 쓰는 보편적인 것들은 대부분 엄밀하게 정의하기 어렵다. "아름다움은 보는 사람의 눈에 달려 있다"라는 말에서도 알 수 있듯이, 우리는 일상에서 아름다움이라는 보편적 개념에 관해 이야기할 때 이런 어려움을 인정하곤 한다.

어떤 사람들은 보편적인 것을 엄밀하게 정의하기 어렵다는 이유로 아예 보편적인 것의 타당성을 의심한다. 그래서 "아름다움은 보는 사람의 눈에 달려 있다"가 "아름다움은 **오직** 보는 사람의 눈에 달려 있다"가 되고, 심지어 아름다움은 형이상학적 환상에 불과한 무효한 개념이라고 선언하기에 이른다. 다만, 우리는 여전히 무언가를 아름답거나 아름답지 않다고 판단한다. 그렇지 않은가? 다만, 우리는 분명 아름다움과 함께할 때가 더 낫다고 여긴다. 그렇지 않은가? 다만, 인생의 보물 같은 개념들—행복, 평화, 평온, 성취, 승리, 명성, 영광 등—도 대부분 철학적 분석의 엄격한 기준을 쉽게 충족시키지 못한다. 그렇지 않은가? 우리는 우리의 삶, 우리의 세계, 우리에게 중요한 것에 대해 수학적 논리와도 같은 정밀함으로 옹호할 수 있는 것보다 더 많이 알고 있다. 보편적인 것이 유용하고 의미 있고 강력하기 위해서 반드시 정확한 공식으로 환원될 필요는 없다.

그럼에도 불구하고 보편적인 것이 우리의 일상적 사고에서 불가피하다면, 어떤 한 가지 보편적인 것만으로 대부분의 특수한 것들에 대한 우리의 생각을 포괄하기에는 충분하지 않다는 점도 마찬가지다. 특수한 사물, 사건, 사람, 문제가 조금이라도 흥미롭다면 역시 단일한 보편적 개념만으로는 충분하지 않다. 그 문제를 이해하기 위해서 우리는 복합적인 범주를 동원하고 약간 긴장감을 자아내는 방식을 취한다. "그 영화는 너무 폭력적이지만 전쟁의 참상을 보여주는 방식이 너무 현실적이었어", "남아도는 에너지가 문제를 일으키긴 해도 그는 좋은 아이야", "주지사는 범죄에 강경하게 대처하겠다고 말하지만 그의 정책은 가난한 소수자들만 겨냥하고 있어" 등등. 특수한 것을 사유하거나 판단을 내릴 때 우리는 보편적인 것과 특수한 것을 결합한다. **그러나, 그리고, 그럴 때, 만약** 같은 말들, 그리고 우리의 판단을 제한하고 구속하고 심지어 모순되게 만드는 수단들을 이용해서 말이다. 물론 이런 연결은 얼버무리거나 기만하는 수단이 될 수도 있지만, 반드시 그런 것은 아니다(그리고 얼버무리기와 정직한 판단의 차이도 판단의 문제라는 것을 잊지 말자). 실제로 보편적인 것과 특수한 것을 결합하는 것은 복잡성과 모순, 모호하고 까다로운 문제들로 가득 찬 세계에서 판단하는 문법의 필수적인 요소다.

아렌트는 보편적인 것과 특수한 것을 결합하는 가장 일반적인 방법은 "정지 신체 수색권"이 부당하다거나 정당하다고 말하는 게 아니라 **이야기를 하는** 것이라고 보았다.[26] 무엇에 관한 것이든 우리의 판단은 대부분 우리가 다른 사람들에게 사건, 사람, 곤경에 대해 들려주는 이야기 안에서 이루어지며 그 일부가 된다. 매일 아침 카페에 모여 뉴스 이야기를 하고 잡담을 나누는 은퇴자들은 이렇게 서로 이야기하는 형태로 매일매일 판단을 하고 있는 것이다. 도서관에서 수업이나 친구, 주말에 있었던 일을 가지고 수다를 떠는 대학생들도 마찬가지다.

판단은 보편적인 것과 특수한 것을 결합할 뿐만 아니라 엄격한 절차나 적용 방법을 따르지 않는다. 정치적 판단의 다른 어떤 특성보다도 이것이 엄격한 수학적 추론이나 논리적 추론과 판단을 질적으로 구별 짓는 요소이며, 판단이 본질적으로 **사회적인** 이유이다.[27] 수학적, 논리적 추론은 사람들과 분리되어도 작동할 수 있는 법칙과 규칙에 달려 있다. 예를 들어, 모순율*은 완전히 고립되어 살아가는 사람에게도 유효하며, 고독한 철학자의 마음에서처럼 기계에서도 쉽게 작동할 수 있다. 정치적 판단의 타당성은 다르다. 내가 어떤 정책을 "부당하다"고 판단하거나 시민 축제를 "아름답다"고 판단할 때 내 판단의 타당성은 다른 사람들의 동의에 달려 있다. 또는 동의를 얻지 못하더라도, 최소한 내가 판단한 방식이 정당하다는 인정이 필요하다. 만약 내가 만나는 모든 사람이 내 판단에 동의하지 않거나 그렇게 판단할 실질적 근거가 없다고 생각한다면—내가 이해하지 못하는 정책일 수도 있고 잘 모르는 사건일

* 형식논리학의 법칙 중 하나. 'A는 A이면서 동시에 A가 아닐 수 없다'처럼 어떤 명제와 그 명제의 부정이 동시에 참일 수 없다는 원리를 말한다.

수도 있다—어떤 법칙이나 공식을 동원하더라도 나쁜 평판에서 벗어날 수 없다. 정치적 판단은 논리적 절차를 따르기보다는 다른 사람들과 함께 무언가를 평가하고 이해하기 위해 고안되었기 때문이다. 정치적 판단 기술의 가치를 온전히 이해하기 위해서는 **엄격한 절차 없이도** 근거를 인식할 수 있어야 한다.[28] 즉 논리적 청사진으로 변환할 수 없더라도 충분히 타당한 근거가 존재할 수 있다고 믿어야 하는 것이다.

절차의 문제

400여 년 전, 우리가 오늘날 "근대"라고 부르는 시대가 막 시작될 무렵 감식안과 판단력, 심지어 지혜까지도 신뢰할 수 없는 것이라며 공격받았다. 이런 비판을 주도한 것은 이른바 "새로운 과학nova scientia"이라 불리는 사상을 옹호한 영향력 있는 사상가들이었다. 이 새로운 과학은 때로는 물리학처럼 보이고, 때로는 수학처럼, 철학처럼, 논리학처럼 보였는데, 어떤 경우든 우리가 의심스러운 의견, 미심쩍은 개인적 판단, 심지어 일상 언어까지 넘어서야 한다는 생각에 기반을 두었다. 이는 수학 퀴즈의 답처럼 "맞다" "틀리다"로 판별될 수 있는 확실한 결론으로 이끌 엄격한 규칙과 절차를 만들어내기 위해서였다. 새로운 과학의 주요 지지자인 르네 데카르트가 1620년대에 자신의 영향력 있는 저서 《정신지도를 위한 규칙Regulae ad Directionem Ingenii》에서 썼듯이, 인식 주체—참된 인식 주체—는 "그와 같이 순전히 개연성이 있을 뿐인 지식을 모두 거부하고 완전히 인식되고 의심의 여지가 없는 것만을 신뢰하는 것을 규칙으로 삼아야"[29] 한다. 이에 따라 데카르트는 앎의 첫 번째 과제는 정신을 깨끗이 하는 것이라고 말했다. 참된 지식은 정신의 하드 드라이브에서 이전의 모든 인상, 의견, 판단을 지우고, 이를 논리적으로 타당한 규칙과 절차로 대체함으로써 시작된다는 것이다.[30]

데카르트는 자신의 새로운 과학이 사실 삶에 관한 여러 질문에 도움이 되지 않으리라는 것을 잘 알고 있었다. 이 사람의 업적은 공적으로 기릴 만한가? 이 멜로디가 내 귀를 즐겁게 하는가? 이것은 설득력 있는 정책인가? 이 사람이 공직에 적합한가? 이런 질문을 비롯한 무수히 많은 질문은 규칙 기반의 수학적 계산이 아니라 주관적 판단을 요구한다. 그러나 데카르트는 그런 "우연적인contingent" 판단의 힘이 제한되는 세계를 원했다. 그런 판단들은 항상 의심받고 도전받고 의문이 제기될 수 있으며, 깊은 후회의 대상이 되기도 하기 때문이다. 그는 수많은 삶의 질문에 가능한 한 "합리적으로" 접근하려고 노력해야 한다고 주장했다. 그리고 엄격한 논리적 규칙과 방법이 우리의 무질서한 세상에 질서를 부여하는 데 사용될 수 있다고 생각했다. 특수한 것을 제거함으로써가 아니라—어떤 문화나 문명도 그렇게 할 수 없다—특수한 것에 대한 어떤 진술이 유효한 것으로 **인정받을** 수 있는지를 규정함으로써 말이다.

이는 단순한 공상에 그치지 않았다. "새로운 과학"이 지배하게 되었고, 오늘날 우리는 공공 정책에서 판단이 실제로 인정받으려면 합리적이고 수량화할 수 있어야 한다는 조용하지만 강력한 요청을 받고 있다. 게다가 영향력 있는 현대 철학자들의 학파(그리고 여러 강력한 현대 기관들)는 우리의 판단이 "개인적" 판단이나 "단순한 의견"으로는 훌륭할 수 있지만, 충분히 체계적이고 규칙에 근거하고 엄격하지 않으면 그다지

주목할 가치가 없다고, 다른 이들의 진지한 관심을 받을 수 없다고 말한다.[31]

이런 시각을 "절차주의"라고 부르기도 한다. 절차주의자들은 우리의 판단에 실질적인 공공의 무게를 실으려면 예측 가능하고 질서 정연한 방법으로 특수한 것이 보편적인 것 아래 포섭되어야 한다고 주장한다. 그렇지 않으면 딸기 아이스크림보다 초콜릿 아이스크림을 선호한다고 밝힐 때처럼, 우리의 판단은 그저 "취향"의 표현일 뿐이라고 말한다. 또는 더 심각하게는, 우리의 판단이 "존중"되어야 하지만 권위를 가질 수 없는 뿌리 깊은 "신념" 정도로 여겨질 수 있다. 가령 내가 시민으로서 종교적인 이유로 특정 국가와의 전쟁을 강력하게 반대할 때처럼 말이다.

절차주의자들은 우리가 시민으로서 낙태부터 마약 정책, 사형 제도, 전쟁에 이르기까지 논란이 되는 모든 영역의 문제에 합의할 수 없기 때문에, 사회에서 광범위한 합의를 이끌어내는 유일하게 실행 가능한 방법은 정치적 의사 결정 규칙에 합의하는 것이라고 주장하곤 한다.[32] 그러므로 절차주의는 현대사회에 존재하는 의견, 태도, 가치관, 판단의 불협화음 아래 합의의 층을 구축하기 위해 고안되었다. 이는 정당성의 확립을 목표로 하는데, 기본 가치에 대한 사회적 합의가 어려울 때 법원이나 국민투표 같은 판결 장치를 신뢰할 수 있게 하려는 것이다. 이 개념은 우리가 스포츠 규칙을 생각하는 방식과 비슷하다. 즉 사람들이 어떻게 경기를 하든 규칙을 따르는 한 그 경기는 정당하다.

이제 규칙은 정치의 필수 요소가 되었다. 규칙은 우리 정의감의 기초가 되는 공정성과 형평성이라는 공유된 기준을 제공한다. 그러나 현대 자유주의에서 지향하는 본격적인 정치 프로그램으로서 절차주의의 문제점은 매우 심각하다. 무엇보다 우리는 규칙을 살펴보고 나서 일상적인 정치 판단을 내리는 것이 아니다. 이른바 정치 게임은 축구나 농구보다 훨씬 개방적이고 유동적이다. 그러므로 절차주의는 암암리에, 때로는 명시적으로 사람들의 일상적인 정치 판단을 충분히 "합리적"이지 않다고 판정해서 훼손한다. 또 법적이거나 유사 법적인 장벽을 세움으로써 사람들이 이웃, 동료 시민, 비인간 세계에 선을 행하는 힘을 박탈하는 경우가 많다.

절차주의는 아렌트가 일컬은 "아무도 아닌 자의 지배rule of nobody"*, 즉 "행위action"를 "작동behavior"으로 대체하는 비인격적 관료 구조에 안성맞춤이다.[33] 절차주의 프레임에서는 미리 설정된 행동 패턴에 부합하는 한, 즉 차례를 지키고 올바른 칸에 체크하고 자동차에 올바른 태그를 부착하는 한 우리는 시스템 안에서 다른 사람보다 더 나을 것도 나쁠 것도 다를 것도 없다. 절차주의자는 바로 그것이 핵심이며 민주주의의 핵심이라고 주장할 수도 있다. 기준에 부합하는 한 누구나 정치 게임에 참여할 수 있다는 점에서, 아무도 아닌 자의 지배는 "누군가의 지배rule of anybody"인 것이다.

그러나 아렌트는 "누군가anybody"가 된다는 것은 두 가지 중대한 위험을 수반한다고 보았다. 이 두 가지 위험은 모두 21세기에 새롭게 자리 잡은 것이다. 첫째, 그는 누군가가 되는 것은 "아무도 아닌 자nobody"가 되는 것에 가까워지는 일이며, 아무도 아닌 자가 되는 것은 우리가 공통 세계에서 독특하고 개별적인 행위자로서의 고유한 정치적 정체성을

* rule of nobody를 풀어서 번역하면 '누구도 책임지지 않는 지배'이다.

상실하는 데 필요한 전제 조건이라고 주장했다. 아렌트에게 정치는 기준에 부합하거나 법의 테두리 안에 있는 누군가를 위한 것이 아니라 **모든 사람**everybody을 위한 것이다. 둘째, 그는 "누군가의 지배"는 종족민족주의와 인종주의에 상당히 취약하다고 말했다. 정당성이 규칙 준수를 전제로 하므로 이 규칙들은 특정 범주나 유형, 정체성에 의해 쉽게 무시될 수 있다.[34] 실제로 미국 자유주의는 한 세기 훨씬 넘는 기간 동안 인종에 근거해서 소수자의 완전한 정치 참여를 배제하는 법적 범주를 육성해왔다. 이는 오늘날 새로운 형태의 종족민족주의와 인종주의에서도 분명 문제가 되고 있다.

여기서 다시 한번 남부 캘리포니아 해변 위를 날던 경찰 헬리콥터를 생각해보자. 패들 보더들이 자신에게 닥친 위험을 모른 채 물에서 놀고 있었을 때, 부보안관은 판단력이 있는 사람이면 누구라도 알 수 있는 가장 긴급하고 시급한 일(보더들에게 즉시 알려라!)을 하기 위해 위에서 맴돌며 공식 허가를 기다리고 있었다. 부보안관은 암암리에 패들 보더들을 특정한 "어떤 사람"이 아니라 "누군가"로 간주하고 접근했다. 그리고 자신은 "아무도 아닌 자"처럼 행동했는데, 규정을 따른다면 누구라도 그와 똑같이 행동할 수 있었기 때문이다. 어떤 사람의 생명이 위태로운 상황에서도 규칙을 지키는 부보안관의 모습은 절차주의자와 법 집행관의 관점에서는 절차를 잘 따르는 훌륭한 사례일 수 있다. 그러나 나를 포함한 다른 많은 사람의 관점에서 보면, 이는 위험한 순간에 인간의 생명을 보호하는 공식 임무를 맡은 바로 그 사람들로부터 상식을 뿌리 뽑으려는 체계적인 시도이다. 게다가 법 집행에 직면할 때 우리가 너무나 자주 마주치는 심란한 질문이 있다. 만약 패들 보더들이 해변에

"어울리지" 않는 사람들처럼 보였다면? 그들은 과연 "누군가"가 될 수 있었을까?

절차주의는 배타적 힘으로 작용할 위험이 있을 뿐만 아니라, 가장 판단이 필요한 순간에 판단을 회피해서 잘못을 덮어주는 목적으로 사용되는 경우가 많다. 사실 판단은 필연적으로 일종의 내기다. 판단을 내릴 때, 우리는 그것이 어떤 기준에 따라 참이거나 거짓이거나, 정당하거나 부당하거나, 적합하거나 부적합하거나, 인기 있거나 인기 없거나, 옹호할 수 있거나 옹호할 수 없는 것으로 정당화된다고 내기를 걸고 있다. 우리의 판단에는 항상 암묵적이거나 명시적인 청중이 존재한다. 이들은 우리가 그 앞에서 판단을 정당화하는 일종의 배심원이다(우리 자신이 배심원일 수도 있다). 절차주의는 특정한 사고 대신 공식을, 협력과 신뢰와 기타 사회적 연대 대신 규칙을 사용함으로써 위험을 최소화하려는 시도이다. 이것이 왜 문제인가? 세계, 무엇보다도 정치 세계가 완전히 협력하지 않을 것이다. 우리는 한 번도 "새로운 과학"의 꿈을 완전히 실현하지 못했다. 합리적 규칙은 과학, 법 집행, 교육 같은 특정한 현대 제도의 정당성 확보에 필수적이지만, 현실에서 대다수 사람이 영화를 고르거나 아이를 양육하거나 큰돈이 들어가는 구매를 하거나 법률과 정책을 평가할 때는 대개 그런 절차적 방식만으로 판단을 내리지 않는다.

따라서 절차주의의 결정적인 문제는 다음과 같다. 규칙에 기반하므로 "유형"이나 미리 정해진 범주 내에서만 사람들에게 접근할 수 있다. 그리고 사전에 설정된 모든 범주는 포함의 수단이자 배제의 수단이므로 우리 중 일부를 중요한 제도, 관행, 기회로부터 배제할 수 있다. 만약 절차주의가 현대의 규칙과 권리에 기초한 자유주의에서 흔히 그러듯이 정치 사회의 핵심으로 기능한다면, 그것은 결국 겉으로는 포용적이지만 본질적으로 배제적인 질서를 집행하는 수단으로 기능하게 될 것이다. 정치적 자유주의의 중요한 업적은 점점 더 많은 유형의 사람들이 정치의 장에 참여할 수 있게 한 것이지만, 여기에는 커다란 대가가 따랐다. 이런 식의 개방은 정치 행위자들이 정당성을 얻기 위해서는 이미 확립된 규칙에 부합하는 방식으로 행위해야 한다는 조건을 수반한다. 따라서 그들은 자유주의 질서 안에서 개별자가 아니라 하나의 인간 유형으로 나타난다. 아렌트는 정치가 누군가를 위한 것이 아니라 모든 사람을 위한 것이라는 주장을 통해 이런 유형론적이고 사전 규칙에 입각한 접근에 정확히 맞서고 싶어 했다. 유일한 "규칙"은 강요받지 않고 다른 사람들과 함께 나타나서 말하고 행위하고 판단하는 것이다. 즉 유일한 규칙은 정치적으로 행위하는 것이다.

판단은 수식화할 수는 없어도 정당화할 수는 있다. 아렌트가 썼듯이 "판단은 연역이나 귀납에 의해 도출되지 않는다. 한마디로 논리적 연산과는 공통점이 없다".[35] 그렇다고 해서 절차가 판단을 무효로 만든다거나 "참된" 혹은 "진정한" 판단은 합리적 규칙으로 표현될 수 없다는 말을 하려는 것이 아니다. 다시 말하지만, 일부 판단의 영역, 특히 법원, 경찰서, 의회와 같은 정의의 전당에는 절차, 논리, 규칙을 위한 자리가 있다. 하지만 이것들은 특정한 판단의 영역일 뿐이며, 일부 사람들이 생각하는 것처럼 모든 형태의 정치적 판단에 적용되는 틀이 될 수는 없다. 절차주의는 정치적 논리라기보다는 제도적 논리다.

정치적 판단은 엄격한 절차나 규칙을 따르지 않고 지침이나 "규범"을 따르는 경향이 있다. 우리는 의견을 **형성해서** 판단을 **내리고**, 정치적 판단을 내림으로써 우리가 함께 살아가는 공통 세계를 만들고 새롭게 하는 데 기여한다. 우리가 횡단보도에서 차를 멈추고 보행자를 건너게 한 것은 "한낱 의견"이 아니었다. 법을 지키려고 그렇게 한 것도 아니다. 그보다는 보행자가 운전자보다 신체적으로 취약하기에 먼저 통행권을 얻어야 한다는 의견을 형성했고, 멈춰야 한다는 판단을 내렸으므로 그렇게 행위한 것이다. 내 판단과 행위는 고립되고 사소해 보일 수 있지만 사실 내가 살아가고 일하는 공동체를 유지하는 데 중요한 판단이었다. (만약 내가 다르게 판단했다면 아마도 경적을 울리면서 가운뎃손가락을 치켜들었을 것이고, 그러면 그 보행자에게 횡단보도는 한동안 다른 의미를 띠었을 것이다.) 이처럼 정치에서 우리는 판단을 내리고, 정치적 판단을 함으로써 의미를 만들고 공통 세계를 만들어가는 지속적인 작업에 참여한다.

* * *

이 장은 개인적인 판단에 대한 이야기로 시작했다. 치명적인 결과를 낳을 수 있는 상황에 직면해서, 부보안관은 절차를 어기고 즉각 행동하기보다는 시간을 들여 규약을 따르는 쪽을 선택했다. 분명 그것은 좋은 판단이 아니었다. 관할권 따위는 신경 쓰지 말고 패들 보더들을 물에서 당장 꺼내야 했다. 그럼에도 불구하고 이 장에서 펼친 더 큰 논지에서 보자면, 나는 부보안관이 내린 특정한 판단의 내용보다 그것이 개인적인 판단이었으며 나아가 정치적 판단이었다는 사실이 더 중요하다고 생각한다. 사람들 사이에서 일이 어떻게 진행되어야 하는지, 그래서 그들이 함께 살아갈 공통 세계가 어떤 모습일지에 관한 문제였기 때문이다.

정치적 판단은 사회 전체에 파장을 일으키는 경향이 있다. 우리 각자가 우리 공통의 세계에 영향을 미치는 낯선 사람들과의 관계 네트워크의 일부이기 때문이다.[36] 상어에게 둘러싸인 패들 보더들과 부보안관의 경우, 결국 모든 일이 잘 해결되었으므로 우리는 부보안관의 판단을 정치적 판단으로 보지 않을 수도 있다. 그러나 만약 상어들이 다르게 행동하고 부보안관이 너무 오래 지체했다면 우리는 분명 그의 판단에, 그리고 아마 보안관 부서의 규약에도 의문을 제기했을 것이다. 아니면 부보안관이 규약을 무시하고 패들 보더들에게 경고했다가 상관에게 문책을 당하고 벌금을 부과받았다면, 적어도 부보안관과 동료들은 그와 상관의 정치적 관계를 확실히 깨달았을 것이다. 마찬가지로, 보행자가 횡단보도를 건너고 있는데도 멈추지 않아 사고를 낸 운전자의 결정, 기업을 개인으로 간주하고 돈을 "표현의 자유"로 인정한 대법원의 판결,* 플라스틱 빨대 제공을 중단하기로 한 스타벅스의 지침 같은 크고 작은 판단들은 사람들 사이에서 일이 돌아가는 방식을 좌우하는 공통 관심사를 수반하며, 우리가 살아가는 공통 세계를 만들고 혁신하는 데 파장을 일으킴으로써 정치적인 것이 된다.

그러나 부보안관의 행동에 대한 내 판단도 정치적이다. 나는 관련자들을 알지 못하고 그중 누구와도 관련이 없기 때문이다. 나는 친분이

* 2010년 미국 대법원의 '시민연합 대 연방선거위원회 판결'을 가리킨다. 기업과 노조의 정치적 지출이 표현의 자유에 해당한다고 판결함으로써 선거 캠페인에 막대한 자금 투입이 가능해졌다. 선거 자금 규제 완화 등 미국 정치 시스템에 큰 영향을 미친 판결이다.

있는 사람으로서가 아니라 시민으로서 사유하고 있다. 한편으로는 상황을 잘 모르고, 또 한편으로는 관심을 기울이는 관찰자로서 그 사례에 접근한다. 만약 패들 보딩을 하는 사람이 **나**였다면? **내**가 보안관이었다면? 아렌트는 정치적 판단에는 "자기 자신의 관점뿐만 아니라 그 자리에 존재하는 모든 사람의 관점에서 사물을 볼 수 있는 능력"[37]이 포함된다고 말했다. 즉 다양한 관점에서 다양한 방식으로 사물을 보는 "확장된 사유"가 필요하다는 것이다. 아렌트가 제안했듯이, 이렇게 사유하는 가장 좋은 방법은 특정 사건이나 상황, 이슈에 대해 다양한 관점에서 이야기하는 것이다.[38]

확실히 어떤 사람들은 정치적 사건을 보고 다양한 관점으로 이야기를 하는 데 다른 사람들보다 더 능숙하다. 어떤 사람들이 야구 경기나 합창 공연을 속속들이 아는 데 더 능숙한 것처럼 말이다. 하지만 우리는 연습을 통해 사물을 더 온전하게 보는 법을 배울 수 있다. 아렌트가 말했듯이, 판단은 연역적으로 배울 수 있는 것이 아니다. 정치적 사건, 야구 경기, 합창 공연을 더 잘 판단하게 해줄 "초보자를 위한 판단력" 책 따위는 없다. 오직 판단함으로써만 판단 능력을 기를 수 있다. 이것은 연습하는 것이지 학문적 주제가 아니다.

그러니 여러분도 연습을 시작해보길 바란다. 나는 부보안관의 행위에 대한 내 판단을 여러분에게 제시하고 있다. 그의 행위에 대해 **여러분**은 어떻게 생각하는가? 또 나는 여러분에게 **내 판단**을 판단해보라고 제시하고 있다. 어떤 상황에서는 경찰이 규약보다 사람을 우선시하기를 나는 바란다. 그렇다고 법 집행 기관이 규약을 습관적으로 위반하기를 원하지는 않는다. 법치주의와 권력분립은 공화민주주의의 기본 원칙으로, 절차를 따르고 예측 가능하게 행동하는 법 집행 기관의 역할이 중요하다. 그래도 나는 규칙에는 예외가 있어야 한다고 생각한다. 상어 이야기가 그런 예외 중 하나다. 내 주장에 설득력이 있다고 생각한다면, 여러분도 내 판단에 동참할 수 있을 것이다. 그리고 언젠가는 우리가 함께—누가 알겠는가—경찰의 관행에 작은 변화를 불러올지도 모른다. 그러나 그런 "효과"와 상관없이, 지금 여러분과 나는 책이라는 이 놀라운 매체를 통해 정치적 판단에 함께 참여하고 있다.

4장

거짓말,
새빨간 거짓말,
정치

2018년, 어느 유력한 선거 운동 캠프에서 각종 가짜 소셜 미디어 계정을 만들어 상대 후보 지지자들을 오도하고 분열시키려 했다는 사실이 보도되었다. 이 작전은 사회과학 연구와 군사 정보전 및 심리전 전술을 활용해서 잘못된 정보를 퍼뜨리고 스캔들을 만들고 유권자들 사이에 혼란을 일으켰다. 심지어 대형 소셜 미디어 기업의 특별한 도움까지 받은 것으로 드러났다. 문제의 세력은 트럼프 진영이나 지지자들이 아니었고, 러시아의 지원을 받은 정치 공작원들도 아니었다. 2017년 앨라배마에서 열린 치열한 보궐선거에서 공화당 로이 무어Roy Moore와 맞붙어 승리한 민주당 상원의원 후보 더그 존스Doug Jones의 선거 운동이었다. 존스의 선거 캠프는 앨라배마의 보수 성향 시민들에게 정보전 전술을 시험하기로 결정했다. 소셜 미디어의 허위 정보 선거 운동에 참여한 사람의 말을 빌리자면, 어떤 이들은 민주당이 "불에는 불로 맞서야" 한다고 생각했다.[1]

정치에 대한 논의는 정치에서의 거짓말 문제를 다루지 않으면 안 된다. 정치인들이 오랫동안 교묘한 삶을 살아왔다는 것은 분명한 사실이다. 그들은 흔히 사적 지위와 공적 위치, 무대 뒤에서 일어나는 일과 무대 위에서 일어나는 일, 믿는 것과 실제로 하는 일 사이에 끼어 있다. 정치인들의 거짓말은 정치가 나쁜 평판을 얻게 된 주요 원인이다. 오늘날 디지털 미디어에 힘입어 거짓말이 문자 그대로 정치 캠페인에 프로그래밍되고 있다. 정치에서 거짓말은 체계적으로 이루어질 뿐만 아니라 문자 그대로 자동화되고 있다.

아렌트는 오랜 시간 동안 진실, 거짓말, 정치의 관계를 탐구했다. 〈진실과 정치〉라는 글에서 그는 진실이 정치에서 중요하지 않다고 주장하는 것처럼 보였다. 진실은 철학의 영역이고 정치는 사람들의 의견에 관한 것이며 둘은 결코 만날 수 없다고 말이다. 그러나 아렌트의 생각은 사실 이보다 더 미묘하다. 이 장에서 내가 21세기 정치와 진실의 자리를 더 잘 이해하는 방법으로 생각하고 싶은 것이 바로 이 미묘함이다. 최근 몇 년간 가짜 뉴스, 허위 정보, 조작 행위, 만들어진 현실 등을 우려하는 이들이 많았고 여기에는 그럴 만한 이유가 있다. 그러나 이런 경고에도 불구하고 거짓말이 정치에서 왜 그리고 어떻게 중요한지, 더 넓게 말하면 우리의 정치적 삶에서 진실의 역할이 무엇인지 묻는 사람은 거의 없었다.

대학과 언론사에서 팩트 체크 조직이 부상하면서 어떤 면에서 상황이 더 혼란스러워졌다. 팩트 체크 그룹은 정치인의 진술을 검토해서 거짓말, 오류, 반쪽 진실인지를 확인한다. 예를 들어 《워싱턴 포스트》는 저명한 정치인들의 거짓말 횟수를 세고 분류해서 "피노키오"라는 시스템에 따라 점수를 매긴다.[2] 또 다른 사이트들은 정치인의 진실성을 따져 종합적인 "등급"을 부여한다.

팩트 체킹은 정치인들과 정부 인사들의 명백한 거짓말이나 대중을 오도하는 언행을 폭로함으로써 공공의 이익에 기여한다. 그러나 이런 노력에는 두 가지 커다란 문제가 있다. 첫째, 모든 거짓말을 똑같이 취급하는 경향이 있다. 이는 위대한 계몽주의 철학자 칸트의 정신으로 작동하는 셈인데, 칸트는 **거짓말은 거짓말일 뿐**이라고 주장했으며, "하얀" 거짓말이나 무해한 거짓말이라는 개념을 허용하는 게 옳은지 의구심을 품었다.[3] 둘째, 이것이 더 중요한 문제인데, 정치에서 가장 나쁜 거짓말은 정치인 개인이 아니라 조직에서 나온다는 사실을 무시한 채 개별 정치인의 진술에 초점을 맞춘다.

실제로 정치에서 횡행하는 거짓말에 대해 아렌트에게 배울 수 있는 중요한 교훈이 있다면, 모든 거짓말이 똑같이 만들어지지 않는다는 점이다. 어떤 거짓말은 훨씬 더 파괴적이다. 따라서 우리는 거짓말과 거짓말을 구별하는 법, 정치에서 일반적인 거짓말과 상습적인 거짓말 그리고 특별하고 조직적인 거짓말을 구별하는 법을 배워야 한다. 아렌트가 보기에 우리의 성향은 이와 반대다. 우리는 매우 다른 것들도 비슷해 보이면 하나로 묶고 싶어 한다. 예를 들어 훈련받지 않은 사람들의 눈에는 대부분의 버섯이 비슷하게 보인다. 그러나 버섯 채집꾼들은 모든 버섯이 똑같지 않다는 사실을 알고 있다. 어떤 버섯은 영양분을 공급하고 어떤 버섯은 독이 된다. 아렌트는 비슷해 보이는 것들을 구별하는 것이 중요하다고 자주 강조했다. 정치는 우리 영혼의 깊은 곳보다는 "출현의 공간"에서 일어나므로 아렌트는 우리가 예상하지 못했던 곳에서 정치를 볼 수 있도록, 그리고 처음에는 비슷해 보이는 서로 다른 정치 현상들 간의 차이를 분별할 수 있도록 우리의 눈을 훈련해야 한다고 주장했다. 그러지 않으면 우리에게 영양분을 공급할 수 있는 정치 행위를 우리에게 독이 되는 정치 현상으로 오인하게 된다. 더 위험한 것은 우리에게 독이 되는 정치 현상을 우리에게 영양분을 공급하는 것으로 착각할 수 있다는 점이다.

정치 현상은 버섯과는 달리 순식간에 다른 것으로 변할 수 있으므로 정치에서 구별의 중요성은 더욱 커진다. 거리 시위가 무분별한 폭력으로 변질되거나 경찰의 행위가 공무상 괴롭힘으로 전락하는 경우처럼 말이다. 이렇게 변화무쌍한 정치적 상황의 차이를 어떻게 구별할 수 있을까? 아렌트는 관찰하고 사유하는 법을 배워야 한다고 말할 것이다. 더 나아가, 지난 장에서 보았듯이 정치적 판단 기량을 익혀서 이를 정치적 문제뿐만 아니라 정치적 행위와 정치적 담론에도 적용해야 한다.

이 장에서는 정치에서 나타나는 다양한 거짓말에 대해 생각해보자. 이 책의 나머지 부분과 마찬가지로, 나는 여러분에게 엄격한 범주를 따르거나 양적 측면에서 사유하기보다 질적 측면에서 사유해보라고 요청할 것이다. 그리고 어떤 의미에서는 정치에서의 거짓말과 일상생활에서의 거짓말이 다르지 않다고 주장할 것이다. 불편한 진실일 수 있지만, 우리는 모두 진실 앞에서 온전히 솔직하지 못하다. 그리고 우리 모두 어떤 거짓말은 다른 거짓말과 질적으로 다르다는 것을 인식하고 있다. 그러나 다른 한편으로, 거짓말의 맥락과 결과가 다르다는 점에서 나는 정치인의 기만과 일반 시민의 기만은 다르다고 주장할 것이다. 그래서 나는 정치에서의 거짓말을 세 가지 기본 유형으로 구분한다. "일반적인 거짓말"과 "상습적인 거짓말", 그리고 아렌트를 따라 명명한 "조직적인 거짓말". 세 유형 모두 기만의 형태이긴 하지만 구조적으로 서로 다르고, 이 차이를 아는 것이 매우 중요하며 결정적이다. 이들을 구분하지 못하면 우리를 파멸시키려는 거짓말을 단순히 우리를 속이려는 거짓말로 오인하는 중대한 위험에 빠지게 된다.[4] 그러므로 이 장의 요지는 모든 거짓말이 똑같이 만들어지지 않는다는 것이다.

모두가 진실하지 않다는 진실

약 100년 전, 당대 가장 유명한 학자 중 한 명인 독일의 사회이론가 막스 베버Max Weber는 뮌헨에서 "소명으로서의 정치Pokitik als Beruf"라는 제목의 강연을 통해 정치를 옹호했다. 그는 "임시" 정치인과 "공무원", "직업" 정치인 사이에 커다란 차이가 있다고 주장했다. 베버에 따르면, 투표를 하고 팸플릿이나 탄원서를 배포하고 친구들과 정치적 대화를 나눌 수 있다는 점에서 우리는 모두 임시 정치인이다. 공무원은 선출직 공직자의 정책을 집행하는 역할을 하는 정부 관리를 말한다. 직업 정치인은 우리가 "정치인" 하면 곧바로 떠올리는 이들이다. 베버는 직업 정치인을 임시 정치인이나 공무원과는 다른 부류라고 설명했다. 직업 정치인에게 정치는 직업이자 **소명**이며, 여기에는 특정한 부담과 책임, 무엇보다도 권력에 대한 부담과 지도해야 하는 책임이 따른다. 더 나아가 베버는 이런 부담과 책임 탓에 직업 정치인이 필연적으로 곤란한 상황에 내몰리게 된다고 보았다. 특히 진실을 다룰 때 그렇다. 그는 또 직업 정치인은 우리와 달리 자신의 행위뿐 아니라 그 행위의 "예측 가능한 결과"에 대해서도 책임을 져야 한다고 말했다.[5] 말하고 행위하는 것이 어떤 영향을 미칠지 항상 계산해야 한다는 뜻이다. 따라서 그는 "도덕적 기준이 높은" 사람이 항상 진실을 말하는 것과 같은 "올바른" 일을 하는 데만 집중하면 형편없는 정치인이 된다고 결론지었다.[6] 즉 베버가 보기에 책임 있는 정치인이 된다는 것은 **진실**에 직접적으로 책임을 지지 **않는** 것이다.[7]

정치인이 진실과 매우 복잡한 관계를 맺고 있다는 결론을 내리는 데 베버와 같은 위대한 지성까지 동원할 필요는 없다. 사실 우리 **모두** 그렇지 않은가? 친구나 지인과 이야기할 때, 아무리 정직한 사람이라도 언제나 진실을 말하는 것은 아니다. 일상적인 상호작용에서 우리가 진실을 회피하는 온갖 방법을 생각해보라. 어느 비 오는 날 아침, 차 시동을 걸면서 기름이 거의 떨어졌다는 것을 깨닫는다. 주유소로 가는 도중 지갑을 두고 왔다는 것을 알아차리고 차를 돌려 집으로 간다. 주유소로 다시 가는 길에 엔진이 꺼진다. 어쩔 수 없이 차에서 내려 주유통을 들고 비를 맞으며 걸어가야 한다. 주유소에 도착해서 직원이 아침 인사를 건네기에 "괜찮아요"라고 대답한다. 물론 진실이 아니다. 어쩌면 완전한 거짓말이라고도 할 수 있다. 그러나 나는 아무런 죄책감도 느끼지 않는다. 직원의 질문은 친절하지만 형식적인 것이다. 그냥 괜찮다고 말하고 넘어가는 게 최선이다. 나는 내 기분이 실제로 어떤지 솔직히 말하지 않는다. 그저 상황을 관리하고 넘어가려고 할 뿐이다.

우리는 공동체의 구성원이기 때문에 때로 거짓말을 하거나 사실을 오도한다. 좋든 나쁘든, 사회학자 어빙 고프먼Erving Goffman이 말한 "체면 지키기face work"[8]에 관여하는 게 우리의 사회적 본성의 일부이다. 우리는 우리 자신뿐만 아니라 남들도 우리를 보고 우리를 판단한다는 사실을 알고 있다. 그들은 우리의 "이미지"를 형성한다. 고프먼이 관찰했듯이, 상황에 따라 우리는 서로 다른 "얼굴"을 쓴다. 주유소 직원 앞에 선 내 얼굴은 딸아이 숙제를 도와줄 때의 내 얼굴과 다르고, 내 앞에 있는 직원의 얼굴은 자기 딸과 함께 있을 때의 얼굴과 다르다. 우리 딸들의 얼굴도 학교에 있는지, 친구들과 있는지, 형제자매와 있는지, 조부모와 있는지에 따라 다르다. 만약 어떤 사람이 상황에 상관없이 언제나 같은 얼굴을 하고 있다면, 우리는 그가 사회성이 떨어진다고 생각할 것이다!

"체면 지키기"에서 큰 비중을 차지하는 것은 자신에 대해 무엇을 드러낼지 조율하는 방식이다. 여기에는 엄밀히 말하면 일종의 기만이 포함된다. 나는 주유소 직원에게 괜찮다고 말하면서 그를 속이고 있다. 왜 그럴까? 여러 가지 이유가 있다. 약간의 당혹감을 피하려고, 또는 "끔찍해요" 같은 식의 솔직한 대답에 응대해야 하는 거북함을 그에게 안겨주지 않으려고 나는 기만적으로 행동한다. 또는 사회적 효율성을 위해 그렇게 한다. 내 뒤에 줄이 늘어서 있고 거기서 내 아침 모험담을 듣고 싶은 사람은 아무도 없을 것이다. 그리고 내 대답은 어느 정도 자동으로 튀어나온다. 가게 직원들은 의례적으로 안부를 묻고, 나는 별생각 없이 습관적으로 "괜찮아요"라고 답한다.

데이비드 니버그David Nyberg는 《윤색된 진실The Varnished Truth》에서 우리의 일상생활에 대한 한 가지 근본적인 진실이 있다면, 그것은 "들킬 가능성이 크지 않다면, 보통의 상황에서도 거의 모든 사람이 양심의 가책 없이 타인을 속이거나 자신을 속이려 든다"는 것이라고 주장한다.[9] 사실 법정에서 "진실만을 말하고, 전부 진실만을 말하고, 오직 진실만을 말할 것을 맹세합니다"라고 선서한다는 것은 우리가 이렇게 진실만을 말하는 것이 일상생활의 규칙이라기보다 대단히 예외적인 일이라는 사실을 공식적으로 인정하는 셈이다. 그렇지 않다고 말하는 사람은 자기 자신을 기만하고 있다.

사실 니버그가 지적하듯이, 모든 사람이 항상 진실만을, 전부 진실만을, 오직 진실만을 말하는 사회에서 살아간다는 것은 견디기 어려운 일일 것이다. 우리는 친구나 가족, 직장 동료, 낯선 이들과 주고받는 일상적 상호작용에서 오직 진실만을 말할 수 있지만 그렇게 하지 않는다. 있는 그대로 진실을 말하면 상호작용의 핵심을 완전히 놓칠 수 있기 때문이다. 투명하게 진실을 말하는 사람이라고 자부할 수 있겠지만, 다른 사람들은 어떻게 하면 우리를 피할 수 있을지 고심하게 될 것이다.

마치 독감 예방주사처럼, 소량의 거짓말은 사회적 스트레스 요인에 대한 면역력을 높여준다. 거짓말은 진실을 말하는 데 따르는 요구와 책임으로부터 자신을 보호하는 방법이다. 진실 말하기는 비난받을 가능성에 직면하고 기억력, 올바른 단어, 충분한 시간을 요구한다. 항상 쉽지 않으며 때로는 상당히 파괴적이고 힘겨울 수도 있다. 엄격한 비용/편익 분석의 문제는 아닐지라도 진실을 말하는 데 드는 비용을 계산해야 하며, 진실을 말할 가치가 없다고 결론지을 수 있는 상황이 적지 않다.

정치도 이런 사회적 규칙에서 예외가 아니다. 우리는 정치인과 정부 관리가 진실을 솔직하게 밝히기를 원한다고 말하면서도 실제로는 종종 듣고 싶어 하지 않는데, 흔히 그럴 만한 이유가 있다. 예를 들어, 어떤 정치인이 특정 법안을 놓고 온갖 사람 및 정당과 복잡한 협상을 벌일 때 사람들 대부분은 그 과정에 대해 듣는 것에는 그다지 관심이 없다. 단지 그가 해당 문제에 어떤 의견을 갖고 있는지 알고 싶고, 일을 끝까지 해내겠다는 약속을 듣고 싶을 뿐이다. 마찬가지로, 지역 교육위원회 회의에서 교육감이 소화불량으로 한동안 일을 제대로 하지 못했다고 솔직히 말하는 것을 듣는 데 관심 있는 사람은 거의 없을 것이다. 우리는 단지 교육감이 일을 완수하기를 바라고, 지연되었다면 세부 사항을 알기보다 곧 따라잡으리라는 확신을 얻고 싶을 뿐이다. 우리는 정치지도자들이 오직 진실만을 말하는 사람이기를 원한다고 말할 수 있지만, 정치인과 정부 관리도 우리와 마찬가지로 진실, 전부 진실, 오직 진실 언저리에서 길을 찾아가며 "체면"을 관리해야 한다는 것을 알고 있다. 만약 그렇게 하지 않는다면, 우리는 그들이 사회적으로 미숙할 뿐만 아니라 정치적으로도 무능하다고 여길 것이다.

이렇게 가장 근본적인 방식에서 정치인들은 우리와 다르지 않다. 직업 정치인은 우리와 달리 "책임"이라는 이름 아래 특별한 소명을 가지고 진실이 아닌 것을 대한다고 본 베버의 생각은 틀렸다. 베버가 이렇게 말한 이유는 정치란 궁극적으로 권력을 가진 사람들이 법과 폭력을 결합해서 다른 사람들을 지배하는 수단이라고 가정했기 때문이다. 그는 이 결합물에 단지 "기만"을 보탰을 뿐이다.[10] 그러나 만약 정치가 폭력의 형태나 위장 행위가 아니라 공통 관심사에 대해 동료 시민들과 자유롭게 소통하는 인간 현상이라면, 우리는 정치인이나 우리 자신을 위해 특별한 예외를 만드는 것을 거부해야 한다. 모든 사회 현상에 "체면지키기"가 필요하다는 사실을 인정해야 한다.

이와 동시에 우리는 불편하거나 난처한 상황에서 쉽게 벗어나려고 허위와 반쪽 진실과 거짓말의 유혹에 빠질 수 있다는 것을 인식해야 한다. 한 학생이 술을 마시느라 과제를 하지 못하고 부정행위를 한다. 그러다 들키자 교수에게 거짓말을 하고, 부모가 알게 되자 다시 거짓말을 한다. 단계마다 그는 가장 손쉬운 해결책을 선택하지만, 결국에는 삶이 훨씬 힘들어졌음을 알게 된다. 정치인들도 너무나 자주 똑같은 일을 한다. 그들의 거짓말은 사회적 협력보다는 "편의"의 문제가 될 수 있다. 그래서 흔히 스스로 더 깊은 수렁에 빠지고 문제를 개선하긴커녕 악화시킨다.

더구나 거짓말을 하거나 속일 때마다 이유 여하를 막론하고 신용을 잃거나 신뢰를 훼손할 위험이 뒤따른다. "하얀 거짓말"도 마찬가지다. 부모들은 얼렁뚱땅 둘러대는 아이들에게서 언제나 이런 경험을 한다. 그들은 아이에게 말할 것이다. 네가 지금 거짓말을 하면 다음에 어떻게 너를 믿을 수 있겠니? 그러나 아이들은 부모들만큼이나 자주 이런 상황을 경험한다. 부모가 일종의 기만행위—산타클로스에 관한 것이든 가족의 어두운 비밀에 관한 것이든—를 들켰을 때, 아이들이 어떻게 어른을 신뢰할 수 있을지 궁금해하는 것은 당연하다. 정치인도 기만행위에 연루될 때마다 권위를 상실할 위험에 빠진다. 속임수, 이중성, 거짓말은 사회생활에서 흔히 볼 수 있는 일이지만 우리는 여전히 정직과 성실이라는 가치를 중시한다. 제어되지 않고 원칙 없는 무분별한 속임수가 신뢰 상실과 불확실성을 낳는다는 사실을 알고 있기 때문이다. 우리가 정직하고 믿을 만하다고 신뢰하는 이들은 무턱대고 직설적으로 진실을 말하기보다는 사회적 상황, 타인의 필요, 그리고 자신의 발언이 미칠 영향력을 염두에 두는 사려 깊은 사람들이다. 한마디로 신뢰할 수 있는 사람들이다.

여기서 "진실을 말하기"와 "진실해지기"를 구별하는 것이 도움이 된다. 아주 끔찍한 상황을 상상해보자. 당신은 나치 치하의 독일인이다. 나치에 강력히 반대하여 지하 저항군에 가담한다. 히틀러를 암살하려던 계획이 실패하고 당신은 체포되어 감옥에 갇힌다. 매일같이 저항 세력에 대한 정보를 털어놓으라고 심문을 받는다. 심문자들은 이름, 장소, 날짜를 원한다. 당신은 그들에게 이미 죽은 사람의 이름을 던져주고, 비어 있는 장소로 안내하고, 날짜를 꾸며낸다. 매일 추궁을 당하면서 터무니없이 거짓말을 하는 것이다. 당신은 진실을 말하고 있는가? 아니다. 저항의 대의에, 수백만 명에 이르는 나치 폭력의 희생자들에게 당신은 **진실한가**? 분명히, 그렇다.

1930-40년대에 독일의 신학자 디트리히 본회퍼Dietrich Bonhoeffer 목사에게 바로 그런 일이 일어났다. 본회퍼는 처음부터 나치에 반대했고 곧 저항 운동에 참여했다. 히틀러 암살 모의에 가담했으나, 계획이 실패하고 투옥되었다. 그는 정기적으로 취조를 받았고, 그럴 때마다 다른 저항 세력을 보호하기 위해 거짓말을 했다. 본회퍼는 감옥에서 이 문제에 대해 글을 썼다. 여러 해 동안 진실을 말하는 것이 진정으로 윤리적인 사람의 가장 큰 책임이라고 들어왔지만, 여기 감옥에서 매일 정교하게 거짓말을 하고 있다고.[11]

본회퍼는 자신이 비록 거짓말은 했지만 "진실하다"고 썼다. 그에 따르면, 진실하다는 것은 전체 상황에 비추어 자신의 말을 살펴보는 것을 의미한다. "진실한 말은 그 자체로 불변하는 것이 아니라, 삶이 그러하듯 생동하는 것이다."[12] 우리가 진실을 그것이 타인에게 미치는 영향과 분리한다면, 즉 누구와 어떤 맥락에서 말하고 있는지를 고려하지 않고 진실을 말한다면 "이 진실은 진실의 겉모습만 가질 뿐 본질적 특성을 결여"하게 된다.[13] 다시 말해, 누군가는 진실하지 않으면서 진실을 말할 수 있다는 것이다. 본회퍼가 심문자들에게 진실만을, 전부 진실만을, 오직 진실만을 말했다면 동료들을 배반하고 다른 사람들에게 끔찍한 해를 끼쳤을 것이다. 그에게 거짓말은 진실해지고 신뢰할 만한 존재가 되는 방법이었다.

신뢰, 충실, 연대, 배려. 이것이 우리가 진실을 말하거나 말하지 말아야 하는 이유이다. 거짓말이 우리 삶에서 재앙이 되는 것은 진실을 훼손해서가 아니라 타인의 삶을 훼손하기 때문이다. 실제로 거짓말을 함으로써 큰 해를 끼칠 수 있다. 심각한 관계 장애를 일으키고, 비참한 형태의 자기기만과 자기파괴를 초래할 수 있다. 학대하는 가족 관계는 신체적 폭력뿐만 아니라 거짓말이라는 폭력에 기초해 구축될 수 있다. 자기기만은 자해로 이어질 수 있다. 트라우마, 심리 장애, 심지어 몸의 질병도 거짓말에서 비롯될 수 있다. 직업을 잃고, 결혼에 실패하고, 우정이 끝장날 수도 있다. 일상의 상호작용에서 진실하지 않은 경우가 많지만, 거짓말은 결코 예사로운 문제가 아니다.

우리가 진실에 부합한다고 정당화할 수 있는 거짓말과 피해를 주는 거짓말의 차이는 양적인 문제가 아니다. 얼마나 **자주** 거짓말을 하느냐가 중요한 것이 아니다. 그보다는 **질적인** 차이가 문제다. 거짓말하기와 진실 말하기는 두 사람 사이 신체 접촉과 같다. 중요한 것은 접촉의 질이다. 우발적이었나? 강요된 것인가? 원했나? 반가운 것인가? 반갑지 않은 것인가? 예기치 못한 것인가? 형식적이었나? 폭력적이었나? 양적으로 보면, 상대적으로 건강한 가족이 건강하지 못한 가족보다 같은 기간 동안 더 많은 거짓말을 할 수 있다. 사실 학대하는 가족 관계는 가장의 오류 없는 절대 권력이라는 하나의 큰 거짓말을 강화하기 위해 진실만을, 전부 진실만을, 오직 진실만을 말하는 것에 큰 가치를 매길지도 모른다.

정치에서의 거짓말도 마찬가지다. 우리는 이 문제를 양적으로 보는 것이 아니라 질적으로 보는 법을 배워야 한다. 한 가지 점에서는 베버가 옳았다. 직업 정치인의 삶에는 질적으로 다른 무언가가 있다고 본 것이다. 일반적으로 그들은 관심사와 관점과 경험이 서로 다른, 광범위한 영역에서 수많은 다양한 사람이 관여된 매우 복잡한 사회 상황에서 일한다. 따라서 "체면 지키기"에 대한 부담이 크다. 더구나 그들은 공개적으로, 적어도 반半공개적으로 일하는 경향이 있다. 말하자면 공적인 무대에서 정치 행위를 하므로 기만할 기회도 증폭된다. 마지막으로, 직업 정치인은 일반 시민보다 더 많은 권력을 휘두른다. 따라서 그들의 이중성이 초래하는 결과는 매우 클 수밖에 없다. 이런 차이점을 감안하더라도, 일상생활에서 거짓말하는 것과 전문 정치 분야에서 거짓말하는 것은 우리가 흔히 생각하는 것만큼 격차가 크지 않다. 두 상황에서 모두 우리는 더 진실할 수도 있고 덜 진실할 수도 있다. 두 상황에서 모두 거짓말은 단발적일 수도 있고 체계적일 수도 있다. 그리고 전문 팩트 체커들이 자주 암시하듯이, 두 상황에서 모두 중요한 문제는 양이 아니라 맥락, 질, 신뢰성이다.

정치인들은 왜 거짓말을 할까

정치인들은 왜 우리를 오도하는가? 세 가지 타당한 이유, 심지어 다행스러운 이유를 생각해보자. 첫째, 정치인들은 서로 다른 이해관계를 가진 다양한 유권자에게 이야기해야 하므로 전체 진실에 대해 느슨해질 수 있다. 그들은 서로 다른 사람들에게 다른 말을 한다. 예를 들어 내가 속한 선거구의 국회의원은 농부들에게는 농업이 최우선 과제라고, 법 집행관들에게는 법 집행이 최우선 과제라고, 일하는 부모들에게는 의료 서비스가 최우선 과제라고, 대학 관리자들에게는 교육이 최우선 과제라고 말할 수 있다. 이 모든 것이 진실일 수는 없다고 바로 이의를 제기하고 싶어진다. "최우선 과제"는 하나가 아닌가? 그러나 농업 법안이 상정될 때는 그것이 최우선이고, 보건 법안이 상정될 때는 그것이 최우선 과제라고 대답하는 국회의원의 모습을 상상할 수 있다. 그는 각 유권자들에게 다른 최우선 과제가 있다고 굳이 알리려 하지 않을 것이다. "사람들은 그런 말을 듣고 싶어 하지 않는다"고 말할지도 모른다. "그들은 내가 그들의 관심사에 우선순위를 두고 있다는 것을 확인하고 싶어 할 뿐이고, 내 역할은 그것을 분명히 보여주는 것이다." 물론 나의 대표자는 언젠가는 입법 협상에서 두 가지 이상의 "최우선 순위" 중 하나를 선택해야 할 수도 있다. 이런 경우에 그는 어떤 식으로든 해명을 해야 할 수도 있고, 선거에서 대가를 치러야 할지도 모른다. 그래도 정치인들이 솔직해지지 못하는 한 가지 분명한 이유는 그들의 일이 서로 다른 관심사와 기대를 가진 다양한 유권자들과 대화하는 것이기 때문이다.

정치인들이 진실을 회피하는 또 다른 이유는 정치 과정의 원활한 진행을 위해서다. 가령 어떤 문제의 동향을 파악하기 위해 실제로는 그렇지 않으면서도 그것에 "열려 있다"고 지지층에게 말하는 정치인을 생각해보라. 아니면 경멸하는 정치인과 공개적으로 "좋은 관계인 척" 연기하거나, 직원들이 유권자에게 정치인의 이름으로 편지를 쓰는 상황을 상상해보라. 이는 이중적인 행태지만 정치인의 양심을 괴롭히지는 않는다. 그럴 필요도 없다. 이는 모두 정치 과정이 원할하게 돌아가게 하려는 업무의 일환일 뿐이다. 그렇다 해도 이런 공개적 기만의 사례가 정치인에게 부메랑이 되어 돌아올 수 있다. 이를테면 일부 유권자들은 그의 "열린 마음"에 정말로 분개할 수 있다. 또 그가 정답게 악수한 정치인을 실은 얼마나 경멸하는지 폭로하는 뉴스가 터지면 사기꾼처럼 보일 수 있고, 직원들이 편지를 대필하다 큰 실수를 저지를 수도 있다. 정치인들이 왜 기만적으로 행동하는지, 그렇게 하면서 어떤 위험을 감수하는지 새삼 알 수 있다.

정치인들이 거짓말을 하는 세 번째 이유는 여러분도 예상할 수 있듯이 진실을 감추기 위해서다. 정치인들은 **진실이 해로울 수 있다**는 것을 알기 때문에 "정보 조작"을 비롯한 여러 형태의 기만에 관여한다. 타인의 생명이나 생계가 진실로 인해 위험에 처하거나 망가질 수 있을 때처럼, 진실을 기만하거나 회피하는 것이 쉽게 정당화되는 경우도 있다. 정치인들은 공개되면 타인에게 피해를 줄 수 있는 정보에 접근하기 쉬운 지위에 있다. 베버가 주장한 대로 분명 그들은 그런 상황에서 거짓말을 할 책임이 있을 수도 있다. 그렇긴 해도 정치인들은 타인을 보호하기 위해서만이 아니라 자신의 정치적 생명을 지키기 위해서도 거짓말을 한다. 이럴 때 우리가 분노하는 것은 정당하다. 그러나 아렌트는 특히 정치인의 사생활이 문제가 될 때는 너무 성급하게 판단해선 안 된다고 경고할지도 모른다.

사적인 것과 공적인 것 사이에 엄밀한 경계는 없다 해도 분명 경계가 존재한다. 사적인 것으로 유지되는 것이 없다면, 진정으로 공적인 것도 있을 수 없기 때문이다. 공적인 것과 사적인 것의 경계는 어디에 놓이든 중요한 공적 기능을 수행한다. 어떤 것이 공적이지 **않다**고 주장함으로써 "공적인 것"의 온전함을 지키는 것이다. 역설적이게도, 모든 것을 공개하는 일은 모든 것을 사적인 것으로 만드는 일과 다르지 않다. 1990년대에 인터넷으로 큰돈을 번 백만장자 조시 해리스Josh Harris의 이야기를 살펴보자. 초기 인터넷 생방송으로 재산을 모은 해리스는 한 걸음 더 나아가 자신의 일상을 24시간 내내 인터넷으로 생중계하기로 했다. 그는 집에 30대의 카메라와 60개의 마이크를 설치하고 여자 친구와 함께 들어가서는 6개월 동안 문을 걸어 잠갔다. 대중의 눈앞에 숨겨진 것은 아무것도 없었다. 화장실 변기에 앉은 그의 엉덩이나 여자 친구의 여드름까지도. 해리스가 공표한 "실험"은 모든 것을 공개하는 것이었다. 하지만 모든 것을 사적인 것으로 만드는 실험이라 불러도 무방하다. 실험의 핵심은 사적인 것과 공적인 것의 경계를 허물어 두 개념을 똑같이 무의미하게 만드는 것이었기 때문이다.

무슨 일이 일어났을까? 해리스와 여자 친구의 사랑스러운 관계는 무기력해지다가 폭력적으로 변했다. 여자 친구는 결국 그를 떠났다. 해리스는 우울증에 빠졌다. 사람들은 시청을 멈추고 채팅을 멈추고 관심을 기울이지도 않았다. 해리스는 온라인에서 혼자가 되었다. 물론 해리스의 이야기는 나중에 인터넷 시대 사생활과 공공성의 복잡한 성격을 상징하는 살아 있는 우화가 되었다. 그러나 이 우화는 전적으로 불필요한 것이었다.

실리콘밸리의 부호들도 사생활이 필요하다. 정치인들도 마찬가지다. 그래서 자신의 사생활을 보호하기 위해 거짓말을 한다. 그들을 비난할 텐가? 모든 악덕이 모든 사람에게 보여질 만한 것일까?[14] 모든 결점이 방송될 가치가 있을까? 우리와 직접 관련이 없는 문제를 두고 우리가 진실을 요구할 권리가 있을까? 그것이 공개되면 우리의 평범한 일상이 타블로이드 신문의 폭로 소재가 되고, 우리의 신뢰를 얻으려는 이들의 사생활을 침해하고 잠재적으로 파괴함으로써, 누가 대중의 신뢰를 받을 만한 사람인지를 둘러싸고 온갖 혼란을 초래할 위험이 있는 것이 아닐까? 정치인이 공적 신뢰와 직접 관련 없는 사적인 문제—예를 들어 어렸을 때 학대를 당했다는 사실—를 지키려고 거짓말을 한다면, 그것은 이해할 만한 일일 뿐만 아니라 정치적으로 바람직한 일이다. 그 거짓말은 공인의 사적 영역을 보호함으로써 개인의 인격은 물론 공적 영역의 온전함을 보호한다.

그렇긴 하지만 정치인들이 거짓말을 하는 그다지 좋지 않은 이유가 많이 있다. 뇌물, 직장 내 불륜, 물밑 거래, 약물 남용, 기부자와 로비스트의 부당한 영향력, 중상모략, 기록 조작 등등. 이런 스캔들은 대중의 신뢰에 직접 영향을 미치기 때문에 정치인뿐만 아니라 그들이 섬기는 사람들에게도 걸림돌이 된다. 정치인이 항상 진실을 말해야 하는 것은 아니지만, 기본적으로 신뢰할 수 있는 사람이어야 한다. 그들이 우리와 관련 있는 문제에 대해 거짓말을 한다면 신뢰가 무너지게 된다.

그러나 이렇게 신뢰를 깨뜨리는 거짓말에도 나름의 장점이 있다. 자신에게 해가 되는 진실을 숨기거나 모호하게 하려고 거짓말을 하는 정치인은, 사실 진실은 강력하며 지켜보는 대중에게 **진실이 중요하다**는 사실을 암묵적으로 인정함으로써 진실에 대한 기이한 존중을 보여주고 있기 때문이다. 그는 진실이 자신을 해칠 수 있으므로 진실을 말하고 싶지 않은 것이다. 거짓말 속 진실에 대한 숭배는 정치인이 진실을 말하는 것처럼 **보이려고** 최대한 애쓸 때 한층 더 분명해진다. 예를 들어 빌 클린턴Bill Clinton 대통령이 백악관 인턴과 불륜을 저질렀다는 뉴스가 보도되었을 때(대통령 집무실에서 직원과의 사이에 일어난 일이기 때문에 분명 공적 신뢰와 관련 있는 사안이었다) 클린턴은 방송에 나와서 카메라를 손가락으로 가리키며 "나는 그 여자와 성관계를 맺지 않았다"고 단호하게 선언했다. 뻔뻔한 거짓말이었지만, 그는 이렇게 함으로써 그 사안의 진실이 너무나 강력해서 숨겨야 한다고 생각했음을 간접적으로나마 인정한 셈이었다. 클린턴은 그 정도로 진실을 존중했다. 아니, **두려워했다**고 말하는 것이 낫겠다. 그래서 그는 자신의 거짓말을 진실처럼 보이게 하려고 애썼다.

정치인들이 진실을 존중하는 방식이 아주 이상하게 보일 수 있고, 실제로 그렇다. 그러나 정치에서 진실은 너무도 강력한 힘을 가질 수 있기 때문에 정치는 진실에 대한 이런 기이한 경의로 가득 차 있다. 스캔들 폭로는 정치에서 "폭발적인" 결과를 낳을 수 있는데, 이는 정치에서 사실이 매우 중요하기 때문이다. "직업" 정치에서는 누가 누구와 어디서 무엇을 했는지에 대한 사실이 순식간에 정치의 흐름을 바꿀 수 있는 잠재력을 가지고 있다. 따라서 정치인들이 불편하거나 평판을 해치는 진실을 감추기 위해 거짓말을 하는 한, 우리는 그들이 거짓말을 하면서도 기이한 방식으로 진실에 경의를 표하고 있으며, 그들의 거짓말이 신랄하게 비판받을 만하지만 정치에서 진실의 힘과 자리를 직접 위협하지는 않는다는 사실에서 위안을 얻을 수 있다. 비록 차가운 위안이라 할지라도 말이다. 아렌트는 "이런 의미에서, 비록 진실이 공적 영역에서 승리하지 못하더라도 모든 허위에 대해 절대적인 우월성을 지닌다"[15]고 썼다. 다시 말해 보통의 정치적 거짓말은 언제나 진실의 토대 위에 세워지는 것이다.

그러나 정치에서 일어나는 또 다른 종류의 거짓말과 함께 상황은 점점 더 불길해진다. 바로 상습적인 거짓말이다. 특정 정치인은 습관적으로, 주기적으로 거짓말을 하면서 **진실을 전혀 존중하지 않는** 모습을 보인다. 이것은 심각한 문제다. 상습적인 거짓말쟁이가 공직을 맡고 있다면, 진실에는 거의 신경 쓰지 않는 사람에게 통치를 맡기고 있다는 뜻이기 때문이다. 신뢰성과 진실성도 중요하지만, 더 큰 문제는 상습적인 거짓말쟁이는 진실에 **반응하지** 않는다는 것이다. 따라서 진실을 제대로 **책임지지** 않을 가능성이 높으며, 이는 책임 있는 정치인이 될 가능성이 희박하다는 의미다.

따라서 상습적인 거짓말쟁이의 거짓말과 허위 진술은 선거구를 관리하거나 정치 절차를 운영하거나 체면을 지키려고 하는 거짓말과는 질적으로 다르다. 후자는 진실을 잘 인식하고 있는 상태에서 이루어지는 유형이지만, 상습적인 거짓말쟁이의 거짓말은 진실에 대한 뿌리 깊은 무시에서 나오며, 이는 특정 유형의 나르시시즘적인 권력 추구와 통한다. 보통의 거짓말쟁이와 상습적 거짓말쟁이의 차이는 본질적으로 전술적인 거짓말과 누군가의 야망과 태도를 보여주는 거짓말의 차이다.

통상적인 상황에서 정치인은 진실을 말했을 때 달라지는 정치적 이해관계를 고려해 거짓말을 할 수도 있다. 이런 정치인에게 대중 스캔들은 항상 위험하다고 느껴지고 진실은 해로울 수 있다. 하지만 거짓말을 하는 정치인은 자신의 거짓말이 **진실처럼** 보이기를 바라면서 진실에 대해 기이한 경의를 표한다. 그는 거짓말을 반복할 수 있지만 진실의 가치 아래 그렇게 한다. 그러나 두 번째 유형의 거짓말하는 정치인, 즉 상습적인 거짓말쟁이는 진실에 대한 감수성이 전혀 없다. 그는 자기 말의 이해관계를 충분히 의식하지만 그 말이 진실과 연관된 이해관계는 거의 의식하지 않는다. 말은 권력과 관련되어 평가될 뿐이다. 그래서 정치 영역에서 보통의 정치적 거짓말쟁이와 상습적 거짓말쟁이의 큰 차이점은 전자는 암묵적으로 진실을 존중하지만 후자는 그러지 않는다는 것이다. 전자는 거짓말을 하면서도 **진실은 강력하다**고 말하는 반면, 상습적 거짓말쟁이는 이렇게 말한다. **진실? 진실이 뭐지?**

그러나 상습적인 거짓말조차 가장 위험한 정치적 거짓말은 아니다. 더 위험한 형태를 보려면, 아렌트가 정부의 공식 거짓말에 대한 연구에서 놀랍도록 예리하게 파헤쳤던 "조직적인 거짓말"을 주목해야 한다. 조직적인 거짓말은 진실을 거의 또는 전혀 존중하지 않는다는 점에서 상습적인 거짓말과 비슷하다. 그러나 조직적인 거짓말이 속이기 위한 계획적이고 조직적이며 체계적으로 분산된 노력을 수반한다는 점에서는 후자와 다르다. 조직적인 거짓말은 바이러스성 질병처럼 시스템의 힘으로 파괴를 일으킨다. 이 시스템은 손잡이를 돌리면 상자에서 인형이 튀어나오는 것과 같은 단순한 인과관계 메커니즘을 넘어선다. 마치 전력망과도 같이 시스템은 무수히 많은 연결 지점과 지속적인 조정을 위한 피드백 메커니즘, 규모를 확장하거나 축소할 수 있는 능력을 제공한다. 가장 파괴적인 형태의 거짓말이 체계적인 탓에, 아렌트는 엄격한 도덕적 범주보다는 제도나 사회 구조의 측면에서 정치에서의 거짓말을 더 많이 논했다.

아렌트는 현대의 조직적 거짓말의 역사적 뿌리가 정부보다는 광고 산업, 특히 홍보PR의 등장에 있다고 보았다.[16] 홍보의 창시자이자 지그문트 프로이트Sigmund Freud의 조카인 에드워드 버네이스Edward Bernays (1891–1995)는 기업 고객들에게 소비자에게 자사 제품을 구매해야 하는 명확한 이유를 심어주려 하지 말고 제품을 이미지나 정체성, 느낌과 연관 지으라고 조언했다. 정치인들은 버네이스로부터 정치도 일종의 판매 기술이 될 수 있으며, 사람들에게 타당한 이유를 들어 설득하지 않고도 특정 프로그램이나 정강, 정책, 이데올로기를 받아들이도록 영향을 미치거나 "길들이는" 강력하지만 미묘한 방법이 있다는 것을 배웠다. 버네이스는 일부 정부 각료와 많은 정보 기관원에게 새로운 속임수 상자를 준 것이다.[17]

하지만 그것은 판도라의 상자였고, 여기서 아렌트가 말한 조직적 거짓말의 새로운 기술, 즉 프로파간다, 허위 정보, 이중 화법, 스펙터클, 희생양 만들기, 가스라이팅 기법 등이 튀어나왔다. 이런 기술들은 사람의 마음을 바꾸려는 것이 아니라 조직적인 거짓말쟁이들의 편협한 이익을 위해 사람들의 태도, 감정, 애정, 헌신 등을 조작하려 한다. 부패한 정부는 자기 이익만을 추구하는 상습적인 거짓말쟁이들로 구성될 수 있지만, 조직적인 거짓말은 부패한 정치인들보다 더 해로운 결과를 낳는다. 즉 부패하고 위험한 형태의 반정치적 조직을 반영한다. 상습적인 거짓말쟁이는 진실을 무시하지만 직접 진실을 공격하지는 않는다. 조직적인 거짓말은 진실뿐만 아니라 정치 자체를 직접 공격한다. "대안적 사실"과 거짓된 진실을 만들어내서 궁극적으로 정치 담론에서 진실을 확립하는 바로 그 조건들을 훼손하기 때문이다. 조직적인 거짓말은 우리가 학대 피해자처럼 앞뒤를 분간하지 못하게 만들 수 있다. 아렌트는 조직적인 거짓말의 궁극적 위험은 무엇이 진실인지 혼란스럽게 하는 것이 아니라, 무엇이 **현실**인지 혼란스럽게 하는 것이라고 통찰했다. 현실 자체가 조직적인 거짓말이 지배하려는 전쟁터이기 때문이다.

아렌트가 《전체주의의 기원》에서 상세히 탐구했듯이, 조직적인 거짓말은 나치 독일과 소련의 작동 논리였다. 아렌트는 두 국가 모두 기만을 조직적 과제로 삼았다고 주장했다. 그에 따르면, 여기서 목표는 사실을 조종하거나 진실을 무시하는 것이 아니라, 새로운 사실과 진실을 창조하는 것이었다. 전체주의는, 전체주의 체제에 속하지 않는 진실에 대한 충실함을 비범한 영웅적 행동으로 만드는 조직적인 기만의 미로 위에 구축되어 있다. 전체주의의 목표가 전체주의 체제 자체를 진실과 동일시해서 기만하는 것이기 때문이다. 다시 말해, 커다란 거짓말은 "총체적 진실total truth", 즉 전체주의적인 진실을 만들어내는 수단이었다.

모든 조직적인 거짓말이 그처럼 총체적인 것은 아니다. 아렌트는 《공화국의 위기Crises of the Republic》에서 민주주의 국가들, 특히 미국이 베트남 전쟁에 대한 진실을 날조하는 등 어떻게 살인적인 형태의 조직적 거짓말에 가담해왔는지를 탐구했다. 조직적인 거짓말은 전쟁, 비밀 준군사 작전, 핵무기 실험과 관련한 미국 정부의 수법 중 하나였다. 그리고 21세기 들어 한층 강력한 형태로 다시 우리에게 다가오고 있다.

선거를 치르거나 대중적으로 중요한 논란이 생길 때마다, 프로그래머와 홍보 전문가로 구성된 팀들은 소셜 미디어를 이용해 다양한 조직적 거짓말 작전에 착수하고 있는 것 같다. 이런 작전의 목표는 특정 후보를 당선시키거나 특정 국민투표를 부결시키는 것처럼 구체적일 수 있다. 그러나 보다 정교한 작전에서는 선거에서 승리하기 위해 단순히 진실을 회피하는 것이 목표가 아니다. 단순한 "여론 조작" 작전이 아닌 것이다. 진짜 목표는 가상현실과 대안적 정치 세계, 새로운 "진실"을 구축해서 시민들이 사실과 현실, 제도의 신뢰성에 의혹을 품고, 궁극적으로는 서로를 불신하게 하려는 것이다. 이는 민주주의 자체에 대한 신뢰를 심각하게 훼손한다. 2010년대에 이런 작전이 거둔 초기 성공을 감안할 때, 앞으로 몇십 년 동안 분명 모방과 확장이 일어날 것이다. 명심하라. 조직적인 거짓말의 새 시대가 시작되었다.

* * *

조직적인 거짓말은 조직적인 방어로 맞서야 한다. 헌법, 제도, 관료 체제는 조직적인 거짓말에 대한 가장 확실한 방어 수단이다. 아렌트가 정치란 자발적으로 "발생한다"고 주장하고 아나키즘의 방식으로 정치에 접근했음에도 불구하고(2장 참고) 공화주의적 성향을 지닌 이유가 이것이다. 그는 정부가 우리의 정치적 삶에서 정당하고 중요한 역할을 한다고 보았다. 공화주의(특히 연방공화주의, 즉 다층적이고 분화된 공화주의 통치 구조 시스템)는 그에게 기술, 경제, 군사, 행정 같은 다른 시스템을 견제할 수 있는 정치체제를 대표한다. 만약 견제 없이 방치된다면 이런 시스템들은 우리가 사는 세계를 지배하고, 심지어 지구에서 정치를 없애려 들 것이다.[18]

그러나 조직적인 거짓말에 대한 방어를 조직하기 전에 해야 할 더 기본적인 일이 있다. **정치에서의 모든 거짓말이 똑같이 만들어지지 않았다는 사실을 인식하는 것이다.** 정치에서 조직적인 거짓말이 득세하는 이유 중 하나는 많은 사람이 정치를 극도로 냉소하고, 그 의도나 성격에 상관없이 모든 거짓말을 뭉뚱그려서 결국 쓰레기통에 들어갈 정치라는 더미 속에 던져버리기 때문이다. 우리는 서로 다른 거짓말을 서로 다른 쓰레기통에 넣어야 한다. 20세기 거짓말 탐지기가 진실 또는 거짓 두 개의 기록부만 가지고 있다면, 21세기 거짓말 탐지기는 심각성에 따라 여러 단계로 구성되어야 한다. 이제 더는 모든 거짓말을 똑같이 취급해서는 안 된다.

여기서 평범한 정치인과 그의 평범한 거짓말로 돌아가 보자. 공적인 삶의 긴장과 변화에 철저히 적응한 평범한 정치인은, 공적 인격과 사적 인격의 괴리 탓에 모순덩어리가 되고 스캔들에 취약할 수 있다. 그러나 상습적인 거짓말쟁이는 더 나쁘다. 그는 사실이 전혀 중요하지 않은 세계를 스스로 만들어내기 때문에 스캔들에 면역이 될 것이다. 아렌트는 두 유형의 거짓말쟁이 모두 문제가 있지만, 후자가 더 문제라고 보았다. 나아가 두 유형의 거짓말쟁이 모두 결국 실체가 드러나리라고 생각했다. "정상적인 상황에서 거짓말쟁이는 현실에 패배한다. 그 무엇도 현실을 대체할 수 없기 때문이다. 노련한 거짓말쟁이가 내뱉는 거짓말이 제아무리 커도 광대한 사실성을 다 덮지 못할 것이다."[19] 아렌트는 자신 있게 결론 내렸다. 민주주의 정치에서는 사실이 승리한다.

그러나 항상 그렇지는 않다. 아렌트는 조직적인 거짓말이 특히 공포와 적의와 결합할 때 (적어도 한동안은) "광대한 사실성"을 성공적으로 덮어버린다고 지적했다.

> 거짓말의 대상이 되는 사람들이 살아남기 위해 진실과 거짓의 구분선을 완전히 무시할 **수밖에 없는** 시점이 올 수 있다. 만약 믿는 척 행동해야 목숨을 지킬 수 있다면, 진실이냐 거짓이냐는 중요하지 않다. 믿을 수 있는 진실이 공적인 삶에서 완전히 사라져버리고, 이와 더불어 끊임없이 변화하는 인간사에 안정성을 부여하는 주된 요소도 사라져버린다.[20]

아렌트에 따르면, 전체주의 조직은 단순히 **조직**일 뿐이다. 톱-다운 방식보다는 중심-주변 구조로 작동하는 전체주의 조직은 단순히 복종을 강요하는 것을 넘어 다양한 역할을 수행하기 위해 비밀경찰, 당 조직, 당원, 직능 단체, 전위 조직 같은 수많은 하위 집단에 의존한다.[21] 전체주의 조직들은 "현실"의 의미 자체를 지배하고 싶어 하며, 따라서 사람들의 삶, 즉 그들의 진실과 사실, 생각과 태도, 말과 행위를 지배하고 싶어 한다. 이런 총체적인 목표 때문에 전체주의는 필연적으로 조직적이고 계획적이며 조율된 기만행위를 넘어설 수밖에 없다. 전체주의의 궁극적 야망을 실현하기 위해서는 총, 군대, 탱크, 경찰, 강제수용소 역시 필요하다.

아렌트는 "진실성은 결코 정치적 덕목으로 여겨지지 않았고, 거짓말은 항상 정치적 거래에서 정당한 도구로 간주되어왔다"[22]고 썼다. 실제로 많은 사람이 정치를 좋아하지 않는 이유는 진실성이 정치에서 상대적으로 덜 존중받았기 때문이다. 우리는 처음부터 끝까지 정치가 음침하다고 생각한다. 다시 말하지만, 나는 정치가 진실만을, 전부 진실만을, 오직 진실만을 위한 일이라거나 그렇게 되어야 한다고 설득하려는 것이 아니다. 계몽주의 모델의 진실 말하기는 비현실적일 뿐만 아니라 현실을 다루기에 부적절하다. 칸트의 엄격한 격률, 즉 진실 말하기는 "어떤 편법도 허용하지 않는 신성하고 무조건적인 이성의 법칙"[23]이라는 명제를 따르기에는 정치 세계가 너무나 귀중하고 불안정하다. 칸트의 실수는 거짓말 사이에 질적인 차이가 있다는 것을 부인한 데 있다. 일반적인 거짓말은 진실하고 신뢰할 만하다는 미명 아래, 또는 부패와 스캔들을 감추기 위해 이루어진다. 상습적인 거짓말쟁이는 순전히 권력과 편법을 목적으로 거짓말을 한다. 그에게는 진실이 등록조차 되어 있지 않다. 조직적인 거짓말쟁이는 진실을 망각하는 것이 아니라, 권력이나 이익에 대한 의지에 걸맞게 "진실"과 "현실"을 만들어내려고 한다.

그러므로 분명 모든 거짓말은 똑같지 않다. 만약 똑같다고 가정한다면, 버섯은 다 똑같다고 생각하는 버섯 채집꾼처럼 독을 먹어 치우게 될 것이다. 그러나 대부분의 사람은 그렇게 하지 않는다. 모든 거짓말이 똑같이 만들어지지 않는다는 것을 직관적으로, 때로는 명확하게 인식하고 있다. 우리는 거짓말의 차이를 구별하고 어떤 거짓말이 어떤 것인지 판정하기 위해 분투한다. 이는 정치의 다른 영역과 마찬가지로 우리의 정치적 판단의 질에 달려 있다.

5장

왜 수사학이 필요한가

아마도 역사상 가장 유명한 정치 우화는 플라톤의 "동굴의 비유"일 것이다. 사슬에 묶여 동굴에 갇힌 사람들이, 뒤에 숨은 꼭두각시 조종자들이 벽에 비추는 그림자를 평생 밤낮으로 바라본다는 이야기다. 동굴에 갇힌 사람들은 그림자가 실재라고 생각하며 살아간다. 어느 날 한 죄수가 사슬에서 풀려나 드넓은 세계로 나와서는 처음으로 **진짜** 현실을 마주한다. 깨달음을 얻고 해방감을 맛본 사람은 동굴로 돌아와 동료들에게 실제 세계가 어떤지 알려준다. 그는 "저 밖에 밝은 세상이 있어!"라고 외친다. 동료들은 처음에는 약간 어리둥절해하다 곧 분노를 쏟아낸다. "너는 망상에 빠졌어." 그들은 비웃으며 비난한다. "어떻게 감히 그 따위 말을 해?" 그들은 항의한다. 플라톤이 쓴 대로, 그들은 해방된 사람을 죽이라고 외친다.

플라톤에게 동굴의 비유는 개인사와도 관련이 있다. 기원전 399년 사랑하는 스승 소크라테스가 아테네 시민들에 의해 "젊은이들을 타락시켰다"는 이유로 처형당했다. 소크라테스의 처형은 역사상 가장 악명 높은 민주주의의 과잉 사례 중 하나다. 플라톤이 들려준 이야기의 의미를 해독하기는 어렵지 않다. 동굴은 민주주의 정치 공동체(폴리스polis)

이다. 자유의 몸이 된 사람은 소크라테스처럼 폴리스의 그림자놀이와 허상에서 벗어나 진실을 본 사람들을 대표한다. 그리고 여전히 사슬에 묶여 있는 죄수들은 깨우친 전문가의 말을 듣기보다 흥미로운 수사에 솔깃해하는, 고집스럽고 무지하며 폭력적인, 민주주의 정치의 대중(데모스demos)을 상징한다.[1]

공감할 수 있는가? 무지한 사람들 때문에 괴로워해본 적이 있는가? 들은 것을 너무 쉽게 믿으려는 사람들로 인해 당황한 적이 있는가? 우리가 너무도 잘 속아 넘어가고 정보가 부족하기 때문에 민주주의가 그다지 좋은 발상이 아닐지 모른다고 느낀 적이 있는가? 민주주의가 실현 가능한지 의구심을 품게 하고, 더 나아가 우리를 냉소에 빠뜨리는 일들이 많다. 케이블 뉴스에서 히스테릭한 논쟁을 보거나, 가짜 정치 광고의 맹공에 시달리거나, 뻔히 꾸며낸 뉴스가 입소문 타는 것을 본 사람이라면, 자신이 본 것뿐만 아니라 수백만 명이 그런 꼭두각시극에 흥미를 느끼는 것 같다는 사실에 다소 혐오감을 느낄 것이다. 《워싱턴 포스트》의 제호 옆에 적힌 "민주주의는 무지darkness 속에서 죽는다"[2]라는 문구는 플라톤의 동굴의 비유에 대한 암시이다.

아렌트는 민주주의에 대한 이런 비판에 확실히 공감했다. 또 민주주의에서 위험한 속임수와 민중 선동, 심지어 전체주의의 가능성마저 보았다. 플라톤의 동굴의 비유에서 그려진 디스토피아는 20세기 아렌트의 시대에 등장한 프로파간다와 홍보 전략을 예견한 것이었다. 이는 강력한 권력을 가진 자들이 자신의 이익을 위해 이미지와 메시지를 조작함으로써 인간의 삶을 완전히 지배하는 결과로 이어질 수 있었고, 실제로 그런 일이 종종 일어났다. 아렌트는 《전체주의 기원》에서 전체주의의 부상을 설명하면서 대중의 무관심과 무지와 분노를 중요한 요소로 언급했다. 히틀러가 적어도 명목상으로는 민주주의를 이끌었다는 사실을 기억하는 것이 중요하다.

그러나 아렌트는 이러한 재앙에서 플라톤이 소크라테스의 부당한 죽음에서 얻은 것과 똑같은 교훈을 도출하지는 않았다. 플라톤에게 민주주의의 망상에 대한 해결책은 무지의 동굴을 탈출한 현자들, 즉 학생을 지도하는 교사나 자녀를 부드럽게 유도하는 부모처럼 다른 사람들을 올바른 방향으로 이끌—경우에 따라서는 넛지할nudge[3]—권한이 있는 전문가 집단이다. 플라톤은 《워싱턴 포스트》의 "팩트 체커" 사이트 슬로건, 즉 "수사학 뒤에 숨은 진실"[4]을 볼 수 있는 전문가들에게 의지해야 한다는 주장에 진심으로 동의했을 것이다. 반면 아렌트가 보기에는 전문가의 지배가 대중의 무지만큼이나 큰 위험이다. 더구나 전문가의 지배가 대중의 무지나 무관심과 결합하면 가장 심각한 정치적 위험 중 하나가 될 수 있다. "대중"을 전문가의 꼭두각시로 만들 수 있기 때문이다. 아렌트에게 민주주의의 재앙에 대한 해법은 더 많은 전문가가 아니라 더 나은 민주주의다. 그가 말한 "출현의 공간"을 벗어나려고 하기보다는 그 속에서 현상들 간의 차이를 구별하는 법을 배우는 민주주의, 수사학을 넘어 곧장 진실에 도달하려 하기보다는 진정한 수사학이 번성할 수 있는 민주주의.

진정한 수사학이라고?[5] 수사학은 나쁜 것, 그러니까 해결책이 아니라 문제가 아닌가? 오랫동안 전문가들은 "수사학"이란 단지 속임수, 연막에 불과하다고 말해왔다. 계몽주의 철학자 존 로크의 말을 빌리면 수사학은 "완벽한 사기"[6]다. **수사학**rhêtorikê이라는 단어를 모욕적인 의미로 처음 사용한 이는 플라톤이라고 알려져 있다. 이것은 단순히 "말"을 뜻하는 그리스어 **레마**rhema에서 유래했는데, 플라톤은 정치인과 장사꾼이 사람들에게 어두운 그림자를 드리우려고 말을 교묘하게 다루는 방식을 이 용어로 지칭했다.[7] 언어적 속임수는 우리가 수사학을 생각할 때 흔히 떠올리는 것이다. 그렇다면 수사학에서 얻을 수 있는 이점은 무엇인가? 플라톤과 같은 방식으로 수사학을 이해한다면 거의 없을 것이다. 그러나 관점을 바꾸어 다르게 이해한다면 좋은 점을 많이 찾을 수 있을 것이다.

수사학을 이해하는 다른 방식으로, 아렌트가 정치적 삶에서 설득의 중요한 역할에 대해 가르친 것, 그리고 아리스토텔레스가 민주주의에서 수사학의 역할에 대해 가르친 것을 살펴볼 수 있다. 아리스토텔레스는 수사학이라는 주제에서 스승 플라톤에게 도전했다. 그는 수사학이 그림자 드리우기가 아니라 시민이 함양해야 할 중요한 설득의 기술이라고, 나아가 "정치학의 **윤리적** 부문"[8]이라고 주장했다. 그에게 수사학은 시민의식의 핵심 기술이었다. 우리가 **시민으로서** 서로에게 말하는 **방식**과 관련되어 있기 때문이다. 여기서 "시민으로서"라는 수식어가 매우 중요하다. 아리스토텔레스에 따르면, 수사학에서 우리는 교사가 학생에게, 부모가 자녀에게, 의사가 환자에게, 성직자가 신도에게, 다 아는 체하는 사람이 바보에게 말하는 것이 아니라, 시민이 시민에게 말하듯이 서로에게 말한다. 그러니까 우리는 **동등하게** 말한다.

수사학은 남용될 수 있다. 일종의 그림자 드리우기가 될 수 있다. 그러나 고대 격언이 말하듯이, 남용이 적절한 사용을 부정하지는 않는다. 아리스토텔레스와 아렌트는 정치가 필요한 것과 똑같은 이유로 수사학이 필요하다고 주장했다. 살면서 겪는 여러 요구와 압박 속에서도 우리는 서로 자유롭고 동등하게 대화해야 한다. 이를 위해서 우리는 아렌트가 말한 "설득과 논쟁의 기술" 또는 아리스토텔레스가 말한 "수사학"을 사용한다.[9] 만약 내가 당신이 운전을 덜 하고 더 많이 걷게 하고 싶다면 적어도 세 가지 방법이 있다. 하나, 가혹한 입법자처럼 법적 규정을 내세워 **강요**할 수 있다. 둘, 수많은 광고에서처럼 거짓 약속과 죄책감을 이용해 **조종**할 수 있다. 셋, 예시와 논증, 나아가 감정적 호소까지 동원해서 더 걷고 덜 운전하는 것이 좋은 일이라 여기도록 **설득**할 수 있다. 아리스토텔레스는 진정한 수사학은 강요나 조종이 아니라 설득의 방법이라고 가르쳤다.

아렌트는 민주주의의 재앙은 거의 항상 설득보다는 강요나 조종에서 비롯된다고 말했다. 플라톤의 동굴 우화에 나오는 죄수들이 깨달은 사람에게 등을 돌리고, 아테네 시민들이 소크라테스에게 등을 돌리고, 우리가 서로에게 등을 돌리는 이유는 플라톤의 주장처럼 전문 지식이 부족해서가 아니다. 그보다는 서로 조종하고 적대시하며 대화하는 습관을 기르기 때문이다. 우리는 "법과 질서"를 동원하든 공포, 편집증, 증오, 원한 같은 감정을 조종하는 방식으로든 강제력에 의지한다. 더 많은 지식으로는 이런 문제를 해결할 수 없다. 더 많은 지식은 오히려 상황을 악화시킬 수 있다. 전문가들이 더딘 설득 작업에 좌절해서 강제력에 의지하고 싶은 유혹을 받을 수 있기 때문이다. 분명 플라톤은 민주정 치하의 사람들이 깨달음을 얻게 하려면 "고귀한 거짓말"[10]을 해서라도 그들을 이끌고 가는 것이 유일하게 믿을 만한 방법이라고 생각했다. 그러지 않으면 그들은 쇠사슬에 묶인 채 자족하며 안주할 것이다.

이 장에서 나는 수사학을 옹호할 것이다. 앞의 두 장에서는 진실과 거짓, 선과 악, 옳은 것과 그른 것, 신뢰할 수 있는 것과 신뢰할 수 없는 것을 구별할 때 판단이 수행하는 중추적인 역할을 살펴보았다. 3장에서는 정치적 판단을 일종의 감식안으로 보았는데, 이는 여러 관점에서 주제를 살펴 판단에 도달하는 기술이다. 이런 감식안은 대부분 우리 머릿속에서 생겨난다. 아렌트는 이와 관련해서 "상상의 나래를 펼치도록" 해야 한다고 말했다.[11] 4장에서는 정치에서 나타나는 다양한 유형의 거짓말을 구별하면서 정치적 판단을 실행해보았다. 이 장에서는 판단이 우리 머릿속뿐만 아니라 외부에서 일어나는 일에도 의존하는 양상을 살펴보려고 한다. 훌륭한 정치적 판단에 도달하기 위해서는 다른 사람의 주장을 들어야 하기 때문이다. 경청하고 나서 판단해야 한다. 우리도 다른 사람들에게 우리 말을 귀담아듣고 우리가 무엇을 어떻게 말하는지를 판단해달라고 요청하면서 주장을 펼쳐야 할 것이다. 말하고, 듣고, 판단하는 기술이 아리스토텔레스가 말한 수사학이다. 정치가 다른 사람들과 함께 공통 세계를 자유롭게 형성하고 재구성하는 기술이라면, 수사학은 이 공통의 모험에 다른 사람들을 끌어들이려 노력하고 우리 자신도 그 과정에 함께하게 하는 기술이다.

아는 것은 힘이 아니다

아렌트에게 플라톤의 동굴의 비유는 중요한 정치적 이야기다. 이는 대중의 완고함과 철학의 미덕에 대한 교훈 때문이 아니라, 엘리트와 전문가가 정치에 대해 지속적으로 제기해온 강력한 비판을 잘 표현하고 있기 때문이다. 그들은 이렇게 이야기한다. **사람들은 우리가 아는 것을 알지 못한다.**[12] 지구 온난화에 대해 과학 전문가들은 뭐라고 말하는가? "우리는 지구 온난화의 원인을 알고 있다. 지구 온난화가 불러올 피해와 그것을 늦추거나 멈추는 방법, 그 영향을 완화하는 방법도 알고 있다." 결혼과 가족 전문가들은 뭐라고 말하는가? "데이터에 따르면, 두 부모 가정이 한 부모 가정보다 경제 형편이 더 낫다. 과학은 부부가 함께 지낼 때 심리적으로 이롭다는 사실을 보여준다. 공감하는 부모의 자녀가 냉담한 부모의 자녀보다 웰빙 지수가 더 높다는 것을 여러 연구가 증명하고 있다." 거시 경제 전문가들은 뭐라고 말하는가? "규제가 시장의 효율성을 방해한다는 것은 명백한 사실이다. 자본 축적이 장기적으로 혁신을 촉진한다는 것도 입증된 사실이다. 우리는 노조가 임금을 올리되 기업 이윤을 줄여 혁신을 저해한다는 것을 알고 있다." 이렇게 전문가들은 모든 걸 다 **알고** 있으니 남들이 자기 말을 귀담아듣지 않을 때 당연히 놀라고 좌절한다. 그들의 좌절감은, 우리는 우리가 무슨 말을 하는지 알고 있는데 사람들이 우리 말을 듣지 않을 때 우리 모두가 느끼는 감정의 확대 버전이다.

전문성은 본래 자리에서 쓸모 있고 필요하다.[13] 우리는 당연히 아마추어 조종사가 우리가 탑승한 비행기를 조종하거나, 단순히 "직감"으로 수술하는 외과 의사가 메스를 잡는 것을 원하지 않을 것이다. 그러나 민주주의 정치에서는 전문성이 무조건 좋은 것은 아니다. 만약 그런 것처럼 보인다면 특별히 주의해야 한다. 과학자, 의사, 설교자, 경제학자, 엔지니어, 교수, 군 장성 등 전문가가 특정 주제에 숙달되었다고 자부할 때, 그들은 단순히 지식을 두고 말하는 것이 아니라 자신의 **권위**에 대해서도 주장하고 있다. 실제로 그들의 권위는 "정당"하다. 그들은 노력해서 그것을 얻었다. 그들은 과제를 수행하고 필요한 대가를 치렀으며, 우리보다 더 많이 알고 있다. 진료실이나 강의실, 실험실, 연단에서 우리는 자신의 전문 분야 내 문제에 대해 우리보다 더 많이 알고 있는 전문가들의 말에 당연히 귀 기울인다. 그 지식이 진짜라면, 전문가들은 진정한 권위를 가진다.

그러나 정치에서는 얘기가 다르다. 정치적 권위는 학위나 졸업장으로 얻어지는 게 아니다. 정치적 권위는 본질적으로 지식의 문제가 아니다. 그것은 지식의 구성물이 아니라, 정치 영역에서 권위를 행사하도록 정당성을 부여하는 법과 관습이라는 공식, 비공식 정치 메커니즘에 기반을 두고 있다. 무지한 사람을 대통령으로 선출하는 것은 문제일 수 있지만, 불법은 아니다. 의술에 무지하면 수술 자격을 박탈해야 한다. 그러나 정책에 무지하다고 해서 정치적 권위를 행사하는 사람의 자격을 박탈하지는 않으며, 그렇게 해서도 안 된다. 정치적 권위는 정치적으로 도출된다. 더 중요한 것은, **정치권력**은 전문 지식에서 직접 도출될 수 없으며, 신뢰를 쌓고 판단력을 발휘하며 협력, 타협, 토론, 대화에 능숙한 대인 관계의 정치적 기술에서만 얻을 수 있다는 점이다.

요컨대 전문가의 권위는 획득되고 인가되는 반면, 정치적 권위는 부여되고 구성된다. 전문가의 권력은 그들의 지식에 의존하는 반면 정치권력은 함께 일하는 사람들 사이에서 형성된다. 정치에서 전문가의 위험성은 우리에게 무엇을 하라고 지시하는 데 있는 것이 아니라, 정치적 권위와 권력을 지식의 권위와 권력으로 대체하려는 데 있다. "아는 것이 힘이다"라는 말은 공학에서는 진실이지만 정치에서는 아니다.[14] 정치 영역에 전문가가 나타나면 권위주의라는 위험이 상존한다. 아렌트는 이를 "전체주의적" 위험이라고까지 불렀다.[15]

불완전하지만 도움이 될 만한 예를 생각해보자. 당신은 대학 기숙사에 살고 있고 구내식당의 메뉴는 제한적이다. 단조로운 음식에 싫증이 난 당신과 친구들은 급식 책임자를 찾아가 더 다양한 음식을 제공해달라고 요청한다. 책임자는 두 가지 방식 중 하나를 선택할 수 있다. 우선 대화와 토론으로 문제에 접근하고 논의 결과에 따라 해결책을 마련할 수 있다. 또는 이 문제에 대한 "전문성"을 주장하면서 자신이 무엇을 하는지 잘 알고 있으니 당신들은 그저 따르면 된다고 말할 수도 있다. 그가 후자의 접근법을 취한다면 틀림없이 당신은 그가 "권위주의적"이라고 느낄 것이다. 실제로 그렇기 때문이다. 사실 전문 지식을 바탕으로 정치권에 진입하는 사람은 누구라도 권위주의자가 될 위험이 있다.

아렌트는 전문 지식에서 권위주의를 넘어서는 전체주의적 잠재력을 보았다. 그는 전문가들이 사람들의 동의를 얻는 데 그치지 않고, 정치 영역에서 자신의 권위를 유지하기 위해 거짓말을 퍼뜨리고 사실을 조작하려 들 수 있다고 우려했다. 특히 정부에서 막강한 지위를 가지고 있다면 더욱 그렇다. 아렌트에 따르면, 전문가들은 사실에 대한 숙달뿐만 아니라 자신의 이론이 가진 힘에 자부심을 느낀다. 특정 사실과 전문가의 이론 사이에 긴장이나 모순이 있을 때, 전문가는 불편한 사실을 무시하거나 더 나아가 거짓과 기만행위를 통해 사실을 이론에 끼워 맞추고 싶은 유혹에 빠질 수 있다.[16] 정치적 권위를 가진 전문가들이 자신의 지위가 이론의 힘에 달려 있다고 느낄 때 유혹의 가능성은 더욱 커질 것이다. 지식이나 과학, 이론에 정당성을 의탁하는 정치체제는 체제의 기반을 위협하는 사실들을 숨기고 파괴하고 조작하는 데 극단적인 노력을 기울일 수 있다. 아렌트가 《전체주의의 기원》에서 상세히 탐구한 것처럼, 나치와 볼셰비키 정권은 체제의 정당성을 위해 전자는 인종학, 후자는 역사·경제 과학이라는 수상쩍지만 확고한 "과학적" 근거를 주장했다. 아렌트는 두 정권 모두 끊임없이 선전 활동을 벌인 것은 단순한 보완책이 아니라 그들이 과학을 정당성의 근거로 삼은 결과라고 지적했다.[17]

냉전 기간 동안 미국 외교정책 전문가들은 공산주의 확장에 대한 이론, 즉 "도미노 이론"을 받아들였다. 이 이론은 공산주의가 세계의 외진 구석에서라도 자리를 잡게 되면 나머지 세계도 도미노처럼 빠르게 공산주의 이데올로기의 지배 아래 떨어질 수 있다고 보았다. 도미노 이론은 냉전 당시 미국의 다양한 외교정책을 주도했으며, 무엇보다 베트남 전쟁과 관련해 주요한 역할을 했다. 미국 정부는 베트남 전쟁에서 국민들에게 반복적이고 체계적으로 거짓말을 했다. 아렌트는 〈정치에서의 거짓말〉이라는 글에서 이런 조직적 거짓말의 원동력 중 하나가 미국 외교정책 전문가들의 도미노 이론에 대한 맹신이라고 주장했다. 명백히 이론에 반하는 사실 앞에서도 그들의 태도는 마찬가지였다.[18] 국방부와 백악관은 자신들의 신성한 전문가 이론을 수정하는 대신 사실을 계속해서 왜곡하고 거짓말을 일삼았다. 이런 거짓말의 먹구름 아래서 20만 명이 넘는 미군 병사가 베트남에서 목숨을 잃었다.

보다시피 정치에서 전문가의 문제는 근본적으로 지식의 문제가 아니다. 그들이 더 많이 알고 우리가 덜 알고 있다는 것이 문제가 아니다. 문제는 사람들이 지식과 전문성을 가지고 **무엇을 하는지**, 정치 공동체의 다른 구성원들에게 **어떻게 말하거나** 말하지 않는지에 있다. 만약 내가 어떤 문제에 대해 전문성을 주장하면서 내가 무엇을 하는지 잘 알고 있으니 당신은 그저 협조하는 법을 배우라고 말한다면, 나는 권위주의적인 태도로 말하고 있는 것이다. 만약 불편한 사실을 내 전문 이론에 끼워 맞추기 위해 거짓말을 하고 속인다면, 당신뿐만 아니라 우리가 살아가는 세계를 조작하려 드는 것이다. 더 일반적으로, 만약 내가 당신보다 어떤 주제에 대해 훨씬 더 많이 알고 있거나 적어도 더 많이 아는 척한다면, 그 주제를 두고 이야기할 때 나는 당신을 동등한 사람으로 대하고 싶어 하지 않을 것이다. 내가 당신에게 지시하거나 훈계하거나 명령할 수는 있겠지만, 우리가 동등한 관계라고 생각하며 대화할 가능성은 작다. 말할 필요도 없이, **동등하게** 문제를 토론하고 논의하는 것이 바로 정치, 특히 민주주의 정치가 요구하는 것이다.

동등하게 말하기

지난 수백 년 동안 인간의 평등을 철학적으로 옹호한 가장 영향력 있는 사람들은 우리가 "자연적으로" 평등하다고 주장해왔다. 토머스 홉스는 1600년대에 "자연 상태"에서 모든 사람은 평등하다고 주장함으로써 이러한 사유 계열에 합류했다. 그는 비록 사람마다 적성과 역량이 다를 수 있지만, 모두가 똑같이 서로를 죽일 능력이 있다는 점에서 모두가 평등하다고 주장했다.[19] 홉스 다음 세대인 존 로크도 자연 상태에서 모든 인간은 평등하다고 주장했다("인간men"이 중요한 조건이다). 그러나 로크는 서로 죽일 수 있는 능력이 아니라 생명, 자유, 재산에 대한 동등한 "자연권natural rights"에 초점을 맞췄다.[20] 미국 독립선언서 작성자들은 로크를 이어받아 이렇게 썼다. "우리는 다음을 자명한 진리라 여긴다. 모든 인간은 평등하게 태어났고, 창조주로부터 양도할 수 없는 권리를 부여받았다. 이 권리에는 생명, 자유, 행복 추구가 포함된다." 모든 선언의 내용을 종합하여 장 자크 루소Jean-Jacques Rousseau는 1700년대에 "인류는 평등하게 태어났으나 사회적 규범, 관습, 구조를 통해 불평등하게 된다"[21]고 말했다. 우리가 삶에서 경험하는 모든 불평등은 사회적, 정치적 강제력의 산물이라는 것이다. 즉 평등은 **자연적**이고 불평등은 **인위적**이다.

아렌트는 지치지도 않고 이런 주장이 명백하게 틀렸다고 거듭 지적했다. 인간은 분명 자연적으로 동등하지 않으며, 설령 홉스의 접근법을 취해서 (실제 그렇지 않지만) 우리 모두 "동등하게" 서로를 죽일 수 있는 능력이 있다고 말한다 해도 마찬가지다.[22] 우리는 로크의 주장대로 "동일한 공통의 본성, 능력, 힘을 공유"할 수 있지만, 본질적으로 엄밀하게 동등하려면 완전히 동일해야 한다.[23] 동위원소의 원자는 자연적으로 동일하기 때문에 자연적으로 동등하다. 이와 달리 인간은 개별적이고 유일무이하게 태어난다. 우리는 피부색, 언어, 성별이 동일하더라도 저마다 지구상의 다른 모든 인간과 동일하지 않기 때문에 자연적으로 모든 면에서 균등하지 않다. 우리의 비동일성은 아렌트가 "복수성"이라는 표현으로 찬양한 인간 조건의 핵심이다. 우리는 단수가 아니라 복수다. 원자가 아니라 사람이다.

그럼 평등은 뭐지? 쓸모없는 개념인가? 절대 그렇지 않다고 아렌트는 주장했다. 평등은 자유와 함께 가장 결정적이고 중요한 정치 개념 중 하나다. 정치 공동체, 오로지 정치 공동체 안에서만 우리는 평등해지기 때문이다. 즉 평등은 **정치적으로 쟁취하는 것**이다.[24] 그래서 사람들이 행진하고, 청원하고, 백인 전용 간이식당 의자를 점거하고, 희생하고, 민주적 정치 공동체를 구성하고 재구성해온 것이다. 민주주의에서는—"자연적으로" 다른 모든 개인과 동등하지 않은—많은 개인이 동등해진다. 심지어 지배자도 법 앞에서는 피지배자와 동등해진다.

아렌트가 지적했듯이, 그러므로 고대 그리스인들은 "자연적 평등"을 말하지 않았다. 그들이 보기에 자연은 분명 인간을 동등하게 만들지 않았다. 대신 그리스인들은 **이소노미**Isonomy를 이야기했는데, 이것은 평등을 뜻하는 그리스어 **이소테스**isotês와 법을 뜻하는 **노모스**nomos에서 유래한 단어이다. 이소노미는 아렌트의 용어로는 "법의 범위 내 평등"을, 또는 우리가 흔히 말하는 "법 앞의 평등"을 의미한다.[25] 아렌트가 설명했듯이, "이소노미는 이소테스(평등)를 보장하지만, 이는 모든 사람이 동등하게 태어났기 때문이 아니라, 인간men은 천성적으로(physei) 동등하지 않으므로 노모스로 그들을 평등하게 만들어줄 **폴리스**polis라는 인위적 제도가 필요했기 때문"이다.[26] 우리가 합심해서 집이나 다른 형태의 피난처를 지어 자연의 가혹한 조건으로부터 우리를 지켜줄 인위적인 안식처를 만드는 것처럼, 우리는 민주적 정치 결사체에 참여함으로써 스스로를 평등하게 만들고, 따라서 있는 그대로의 자연이 우리를 위험에 노출시키고 불평등하게 만드는 부정적 요소들로부터 우리를 지켜줄 피난처를 만드는 것이다.

법 앞의 평등이 "인위적" 현상이라는 사실이 건축, 농업, 교육이 모두 기술의 문제라는 사실보다 더 놀라운 일은 아닐 것이다. 인간의 삶은 무수히 많은 면에서 인위적이다. 우리는 제작자다. 레모네이드부터 법, 닭살 돋는 사랑 표현에 이르기까지 온갖 것을 만든다. 이 사실은 우리 존재를 덜 진지하게 받아들이도록 이끌기보다 더욱 진지하게 받아들이도록 이끌어야 한다. 우리는 이렇게 물어야 한다. 어떤 문화를 가꾸고 싶은가? 어떤 세계를 만들고 싶은가? 어떤 권력의 지배를 받고 싶은가? 누구를 어떤 기준에서 평등한 존재로 여기고 싶은가? 이는 중대한 정치적 질문이며, 그중 어느 것도 "자연"이 자동으로 해결해주지 않는다.[27]

민주주의 헌법은 우리를 평등하게 **만든다**. 흔히 인위적인 것이 자연적인 것보다 열등하다고 추정하지만, 헌법과 평등의 시스템이 인위적으로 작동한다는 사실이 그 힘이나 중요성을 약화시키지 않는다. 인공지능, 사이보그, 포스트휴먼의 미래를 둘러싸고 하늘 높이 떠다니는 듯한 주장이 많은데, 인류가 본래 인위적 삶을 영위했다는 사실을 기억한다면 이런 주장들은 다시 땅으로 내려앉을 것이다. 우리는 태곳적부터 불을 피우고 도구를 만들고 상징을 사용했다. 새로운 기술과 다양한 의학적 인공 강화 수단이 제기하는 본질적인 질문들은 우리를 정치적이고 헌법적인 근본 질문으로 다시 돌아오게 한다. 우리는 어떻게 공존의 윤곽을 그려가고 싶은가?

그러나 1장에서 보았듯이 정치는 헌법에 국한되지 않고 통치와 시민권의 기술을 포함하는 3차원 기술이다. 말하기는 인간이 관계를 두고 협상하는 필수적인 수단이므로 수사학의 기술은 통치와 시민권에 모두 유용하다. 다른 유형의 말하기는 다른 유형의 인간관계와 연관될 수 있다. 명령은 권위가 불평등한 사람들 사이의 인간관계와 관련 있다. 강의는 어떤 주제에 대한 지식이 불평등한 인간관계와 관련 있다. 광고는 어떤 사람은 구매자이고 어떤 사람은 판매자인 인간관계와 관련 있다. 아리스토텔레스는 수사학을 정치적으로 평등한 관계와 관련 있는 말하기의 한 형태로 제시했다. 그에 따르면, 우리는 수사학의 기술을 통해 서로 동등하게 대화하는 법을 배운다.

따라서 아리스토텔레스는 우리가 더 민주적이거나 덜 민주적으로, 더 좋거나 더 나쁜 방식으로 수사학을 훈련할 수 있다고 주장했다. 그에게 양자의 차이는 즉각적인 효과가 아니라 주로 윤리적 문제였다.[28] 결과도 중요하지만 정말 중요한 결과는 장기적으로 측정해야 한다. 이는 듣는 사람의 관점에서 보면 쉽게 알 수 있다. 아리스토텔레스는 설득을 위한 대화에서 청자聽者가 궁극적으로 판단을 내린다고 보았고, 그래서 청자에게 (물론 유일한 것은 아니지만) 주요한 자리를 부여했다. 청자로서, 나는 세 가지 기본적인 질문을 할 수 있다. 하나, 설득력이 있는가? 둘, 누가 신뢰할 만한 사람으로 보이는가? 즉 누구 말을 다시 듣고 싶은가? 셋, 상대가 나를 동등하게 존중하는 것 같은가? 만약 어떤 사람의 말이 다른 사람의 말보다 더 설득력 있다고 생각되면 나는 그의 조언에 귀 기울이고 싶을 것이다. 그러나 신뢰할 수 없는 사람이라고 생각되면 그렇게 하기 꺼려질 수 있다. 말하는 사람이 나를 열등한 존재로 여긴다고 의심되면 더더욱 꺼려질 것이다. 민주주의에서 수사학은 우리가 그것을 신뢰 구축의 기술로 보고 동등하게 대화하는 법을 배울 때 잘 작동한다.[29]

수사학의 규칙들

수사학의 첫째 규칙은 **타인을 동등하면서도 서로 다른 존재로 대해야** 한다는 것이다. 민주주의에서 우리는 정치적으로 평등하지만, 저마다 고유하고 서로 다른 사람들이기 때문이다.[30] 아리스토텔레스는 자신의 수사학 저서 두 번째 부분에서 다양한 유형의 사람들을 상세히 설명했다. 나이 든 사람, 젊은 사람, 부유한 사람, 가난한 사람, 좌절한 사람, 행복한 사람 등등.[31] 그는 정치 공동체의 모든 구성원 개개인이 본성과 환경적 요인에서 유일무이하다고 가정했다. 우리는 사회에서 서로 다른 역할을 수행하며, 모든 사람에게 똑같은 방식으로 말을 해서는 안 된다(어떤 이들은 정치적 평등의 원칙이 이것을 요구한다고 말하지만). 우리는 서로 다른 청중의 특정한 관심사와 역량에 맞추어 서로 다른 "설득의 수단"을 조정하고 적응시키고 채택해야 한다. 그렇지만 우리는 두 가지 매우 중요한 방식에서 평등하다. 즉 (모두가 역량이 동일한 것은 아니지만) 우리는 모두 동등하게 대화에 참여할 **자격**이 있으며, 동등하게 **자유롭게** 판단할 수 있다.

따라서 수사학의 둘째 규칙은 **설득하는** 것이다. 앞에서 보았듯이, 정치에 대한 책무는 행위에 대한 책무를 의미한다. 그러나 설명과 설득이 없는 행위는 폭압적일 수 있다. 그러므로 민주주의에 대한 책무는 수사학에 대한 책무를 의미하며, 수사학에 대한 책무는 우리의 의견, 판단, 이유, 그리고 우리가 매우 소중하게 여기는 시각을 다른 사람들에게 설득하는 책무를 수반한다. 설득은 명령하거나 가르치는 수단이 아니며(가르침은 다소 수사학적일 수 있기는 하다), 교묘한 그림자놀이 같은 기만의 수단도 아니다. 설득은 우리가 이유를 제시하고 감정을 동요시키고 이미지와 상상력에 호소함으로써, 다른 사람들로 하여금 우리가 보는 방식대로 또는 우리가 그들에게 원하는 방식으로 사물을 보게 하는 일종의 말하기 방식이다.

우리는 다음 세 가지 기본적인 수단으로 설득한다. 우리의 공적인 성품(**에토스**ethos), 우리의 공적인 추론(**로고스**logos), 사람들의 감정과 정서를 공적으로 조심스럽게 다루는 우리의 능력(**파토스**pathos). 수사학 기술은 상황에 따라—수사학은 본질적으로 상황에 좌우된다—이런 수단 중 하나를 우선시하거나, 세 가지 수단을 모두 균형 있게 사용하는 것을 의미할 수 있다. 여하튼 우리의 목표는 청자를 설득하고 신뢰를 쌓고 존중을 유지하는 것이다. 아리스토텔레스는 수사학을 잘 구사하려면 설득하는 법뿐만 아니라 설득당하는 법도 배워야 하며 다른 사람을 따를 줄도 알아야 한다고 말했다. 설득에 열려 있지 않으면, 다른 사람을 잘 설득하는 것이 무엇을 의미하는지 알기 어렵기 때문이다.

수사학의 셋째 규칙은 가능한 한 **수사학적으로 다스리는** 것이다. 설득의 수단으로서 수사학은 정치적 지배의 잠재적 수단이며 시민권과 통치의 필수적인 기술이다. 현대의 수사학 옹호자인 브라이언 가스텐Bryan Garsten은 이렇게 말한다. "청중이 원래는 채택하지 않았을지도 모르는 생각이나 의도를 갖게 하려고 노력하면서, 수사학은 그들에게 영향력을 행사하려고 한다. 이런 의미에서 수사학은 일종의 지배이다."[32] 수사학은 사람들의 현재 상황에서 출발한다. 즉 그들의 지식, 경험, 의견, 감정을 바탕으로 청중이 자유롭게 판단할 수 있는 정책이나 강령, 해결책을 위한 논거를 제시한다. 말하는 사람이 다른 사람들에게 말할 때 원하는 목표가 있다고 해서 반드시 청중을 조종하거나 강압하는 것은 아니다. 청중에게 판단할 자유를 주는 한, 아무리 열정적으로 연설하더라도 화자는 청중을 동등한 존재로 대하고 수사학적으로 지배하려고 할 뿐이다.

민주주의에서 또 다른 주요 지배 형태는 법의 지배이다. 수사학과 법은 서로 다른 방식으로 지배한다. 법은 의견과 판단이 입법과 법 집행을 통해 강제력으로 전환됨으로써 지배하는 반면, 수사학은 공유된 의견과 판단을 구축함으로써 지배한다.[33] 물론 민주주의에서 법이 동의와 정당성을 얻으려면 입법자들도 수사학을 사용해야 한다. 법의 강제력이 정당하다고 동의하는 지점까지 우리를 이끌어야 한다. 가령 미국의 마약법이나 의료 정책의 경우처럼 우리가 법의 정당성을 의심하기 시작하면 법은 약해지고 불공정하게 보일 수 있다. 그러면 우리는 법의 강제력이 부당하고 심지어 불법적이라고 느끼기 시작할 것이다.

여기서 우리는 전문성과 권위의 문제로 돌아온다. 지식, 지위, 재산, 명성을 비롯한 많은 요인으로 인해 사람들의 전문성과 권위에 차이가 있을 때도, 민주주의는 법과 제도가 강력한 사회라면 항상 존재하는 위험인 권위주의적 통치 방식으로 나아가지 않기 위해 수사학의 기술이 필요하다. 만약 우리가 명령하거나 가르치거나 양육하거나 단기 이익을 극대화하려는 것이 아니라 정치를 하고 있다면, 때로는 불편할 정도로 "인위적으로" 느껴지더라도, 동등하게 대화해야 한다.

예를 들어 "정치적 올바름political correctness"에 대한 논쟁을 생각해보자. 2018년 한 조사에 따르면 미국인의 80퍼센트가 정치적 올바름을 부정적으로 본다고 응답했다.[34] 정치적 올바름의 문제점은 무엇인가?

이 조사에서 인용한 28세 여성은 이렇게 말한다. "나는 진보에 속하지만, 정치적 올바름이 지나치다고 생각해요. 우리는 정말 사소한 일에도 모두가 불쾌감을 느끼는 지경에 이르렀어요."[35] 43세의 보수주의자는 이렇게 말한다. "나는 정치적 올바름을 거짓말이라고 정의합니다. 실제 생각하는 바를 말하지 않는 거죠. 결국 모두가 상처를 입게 됩니다."[36] 물론 또 다른 사람들은 (아마도 그렇게 부르지 않을 테지만) 정치적 올바름을 옹호할 테고, 우리는 타인을 불쾌하게 하거나 인간성을 파괴하는 방식으로 표현할 권리가 없다고 주장할 것이다.

이런 논쟁을 보면, 신뢰와 존중을 유지하고 쌓아가면서 "사람들의 공감을 이끌어내는" 방법에 대해 질문하는 사람은 어느 편이든 찾기 어렵다. 대신 많은 사람이 "다른 사람을 배려해야 하는 것에 지쳤다"고 말한다. 다른 사람들의 편협하고 인종차별적인 언어나 "과민함", 나 자신의 언어를 검열하라는 다른 사람들의 요구 등에 염증이 난 것이다. 어떤 사람들은 더 위험한 말을 할지도 모른다. "나는 공적으로 대화하는 데 지쳤다. 다른 시민들에게 '인위적으로' 말해야 하는 게 피곤하다. 나는 그저 진솔한 사람이 되고 싶다. 나 자신과 내 신념에 충실하고 싶다."[37] 논쟁의 양극단에 있는 사람들은 심지어 "지옥에나 가라지! 멍청하고 미친 인간들, 꺼져버려!"라고 말할지도 모른다. 사실 이것은 너무나 흔한 정서이고 권위주의에 꽤 잘 들어맞는 감정이다.

수사학이라는 겸손한 기술

수사학은 겸손한 행위다. 자연스럽고 자동적으로 일어나기를 바라는 무언가가 실은 열심히 노력해야 이루어지는 인위적인 일이라는 점을 느끼게 해주기 때문이다. "왜 사람들은 이걸 이해하지 못하는 거야?"라는 짜증 섞인 질문은 "내가 중요하게 생각하는 문제를 어떻게 하면 다른 사람에게 잘 말할 수 있을까"라는 겸허한 질문으로 바뀌어야 한다. 논쟁을 벌일 때는 이기는 방법뿐만 아니라 신뢰를 얻기 위해 어떻게 말해야 하는지도 고민해야 한다.[38] 수사학은 정치적 겸손을 요구한다. 복수성이라는 인간의 조건을 특징짓는 수많은 차이를 마주할 때마다 우리는 어떻게 하면 차이를 수용하면서도 상대와 동등하게 말할 수 있을지, 스스로에게 물어야 한다. 어려운 일이다. 수사학은 기술이자 윤리다.

수사학은 또한 지식, 능숙함, 전문성의 문제에도 겸손한 접근을 요구한다. 수사학은 항상 다음과 같은 가정으로 시작하고 끝나기 때문이다. 우리 자신과 타인, 우리가 논의하는 주제와 관련해 무엇이 진실이든 간에, 우리가 시민**으로서** 동료 시민들과 대화를 시작하는 순간 우리의 지식은 "의견"으로 나타나거나, 적어도 어떤 사람들에 의해 증명되고 다른 사람들에게 인정받아야 하는 "주장"으로 나타난다. 아렌트는 의견과 주장이 민주주의 정치의 일상적인 요소라고 강조했다.[39] 민주주의 정치 공동체에서, 모든 시민의 모든 언설은 자동으로 주장의 지위를 갖는다. 민주주의에서는 어떤 언설도 다른 모든 사람의 입을 틀어막을 수 없기 때문이다. "이것이 진실이다!"라고 선언할 수는 있지만 그렇다고 해서 다른 사람이 그것을 진실로 받아들여야 한다는 뜻은 아니다. "난 사실을 알고 있어!"라고 말할 수는 있지만 그렇다고 해서 다른 사람이 그 사실을 인정해야 한다는 뜻은 아니다. 그렇게 가정하는 것은 권위주의적인 방식일 뿐 아니라 순진함과 어리석음의 본질일 수 있다. 이것은 우리를 정치적 발언의 판단자라기보다 수용자로 전락시켜 조작, 속임수, 권력 놀음에 취약하게 만든다.

민주주의에서 의견과 주장의 역할을 강조하면 어떤 이들은 상대주의와 주관주의의 위험을 우려한다. 의견은 마치 모래 위에 쌓은 성 같아서, 우리가 정치를 벗어나 더 확실한 기반을 찾고 싶게 만들 수 있다. 실제로 일부 기술자, 설교자, 종교 지도자, 경제학자, 정치인이 우리에게 정치의 대안으로 제시하는 것이 바로 이 확고한 영역, 즉 의견이 아닌 확실성에 기초한 권위 있는 의사 결정 수단이다. 인정하건대 수사학이 제공하는 기반은 그다지 확실하지 않다.[40]

그러나 길게 보면 두 가지 중요한 이유에서 수사학의 기반이 더 확실하다. 첫째, 설득의 기술을 우선시함으로써 우리를 자유롭고 평등하게 하는 역할을 한다. 겉보기에 단단해 보이는 일방적인 주입이나 세뇌의 확실성에 비해 민주적 자유와 평등은 흐물흐물하게 느껴질 수 있지만, 이런 특성이 폭력적인 충돌을 막아 정치적 연착륙을 가능하게 한다.

둘째, 모든 진술을 의견이나 주장으로 전환함으로써 민주적 수사학은 우리가 가진 진실과 우리가 내린 결정이 재논의되고 수정될 가능성을 열어둔다. 이렇게 해서 우리는 편안하게 간직해온 확실성의 이름으로 새로운 목소리와 아직 알려지지 않은 사실들을 무시하려는 위험한 유혹에서 벗어날 수 있다. 민주적 수사학의 이 두 가지 특징은 신뢰를 지키면서 변화를 이루어낸다.

수사학이 어떻게 우리를 상대주의와 주관주의의 늪에 빠뜨리지 않는지를 이해하기 위해, 수사학과 **사실**의 관계를 살펴보자. 아렌트는 너무나 자명해 보이는 사실들이 우리에게 나타나서 의미 있는 것이 되려면 증인이 필요하다는 역설적인 사실을 강조했다. 조지 워싱턴George Washington은 1732년 2월 22일에 태어났다. 이는 믿을 수 있게 증명되었기 때문에 **우리에게** 사실이다. 아렌트는 2+2=4와 달리 "사실에 기반을 둔 진실은 결코 강제적으로 참이 되는 것이 아니다"라고 말한다.[41] 조지 워싱턴의 생일에 논리적으로 필연적인 것은 없다. 그는 다른 날에 태어날 수도 있었다. "사실이 인간사의 영역에서 안전한 거처를 찾으려면 기억을 뒷받침할 증언과 신뢰할 만한 증인이 필요하다."[42] 수사학의 역할은 무엇보다도 사건과 상황을 필요할 때 의미 있는 사실로 전환하는 것이다.

수사학은 또 "한낱 의견"을 받아들일 만한 의견, 설득력 있는 시각, 궁극적으로는 효과적인 판단으로 전환하는 역할을 한다. 우리가 단순한 의견을 발전시켜 하나의 시각을 **형성**하도록 돕는 것이다. 이때 우리는 타당성과 신뢰성을 인정받기 위해 다른 사람들을 설득하려고 노력하며, 다른 사람들이 우리를 설득하려고 노력하는 과정도 마찬가지다. 이 과정의 정점에 있는 것이 정치의 요동치는 심장, 바로 판단이다. 민주주의에서 우리는 수사학에 기대어 판단을 내리며 이렇게 형성된 판단은 결국 우리가 수사학을 통해 증명하는 새로운 사실이 된다.

그러나 혼란스럽고 복잡한 수사학의 세계에 몸을 던짐으로써 우리는 다수의 독재, 여론 조작자의 횡포, 집단 이데올로기와 환상의 압제 같은 새로운 유형의 폭정에 노출되는 것이 아닐까? 민주주의 정치가 진리와 확실성에 근본적인 자리를 내줄 수 없다면, 플라톤의 주장대로 우리는 모두 "한낱 의견"의 동굴에 갇히게 되지 않을까? 실제로 정치에 진리가 설 자리가 전혀 없다면 우리는 바로 그런 상황에 처할 것이다. 하지만 내가 여기서 주장하는 바는 그것이 아니다. 그리고 내가 생각하기에 아렌트가 주장하는 바도 아니다. 대신 나는 민주주의에서 진리는 우리가 생각해온 그런 자리를 차지하고 있지 않다고 주장한다. 사실 정치는 항상 진리의 "기호sign" 아래서 작동한다. 진리는 언제나 **거기에** 있지만, 아무런 매개 없이 **직접** 거기에 존재하는 것은 아니다. 이것이 무엇을 의미하는지 알기 위해 정치에서 의견이 차지하는 자리를 더 살펴보자.

의견에 관한 진리

아리스토텔레스는 설득이 의견에서 시작된다고 보았다. 아렌트는 더 나아가 어떤 의미에서는 정치 영역에서 **우리가 가진 것은 의견뿐**이라고 주장했다. 엄밀히 말해 진리가 수사학이나 정치에서 의견으로 나타나는 것은, 그것이 더는 진리가 아니기 때문이 아니라, 시민들이 모든 주장을 증명하고 논의하고 중재하고 판단할 필요가 있는 의견으로 다루는 것 외에는, 참과 거짓을 구별할 다른 방법이 없기 때문이다.[43] 이 점은 사실도 마찬가지다. 다른 방식은 사실상 불가능하다. 만약 그렇지 않다고, 즉 시민들이 어떤 질문도 하지 않고 진리를 진리 자체로만 받아들여야 한다고 주장한다면, 진리를 말하는 사람들이 강제력을 행사할 위험이 있다. 그들은 진리를 대면하고도 받아들이지 않는 사람들의 완고함 때문에 좌절해서는 법의 폭력을 동원한 권력이나 세뇌, 진리를

강요하는 다른 강압 수단에 의지하게 될 것이다.[44]

법의 폭력을 동원한 권력에 의존하는 것은 현대 자유주의 사회(개인주의적인, 로크적 의미의 "권리 기반" 사회)의 기초가 되어왔기 때문에, 막스 베버 같은 자유주의 사상가조차 "정치의 결정적 수단은 폭력"이며 그 귀결로서 국가는 "주어진 영토 내에서 물리적 힘의 합법적 사용"[45]을 독점하는 인류의 제도일 뿐이라고 서슴없이 말할 수 있었다. (오늘날 좌우를 막론하고 너무나 흔한) 이런 정치관에서는 합법적인 선거 과정이 대중에게 자신의 진리, 의지, 의제를 강요하기 위해 국가 권력을 획득하는 수단이 된다. 설득을 위한 보다 폭넓은 노력은 아예 시도되지도 않으며, 오히려 사람들은 이렇게 묻는다. 바보 같은 이들에게 무엇이 참되고 옳은지 설득할 필요가 있는가?

아렌트는 도덕적인 문제든 과학적인 문제든 진리가 존재하지 않는다거나 진리를 추구할 가치가 없다고 주장하지 않았다. 오히려 진리의 힘을 상당히 존중했고, 그래서 그 힘이 정치 영역에서 견제되어야 한다고 생각했다. 수학적인 논리를 움켜쥔 주먹으로, 수사학을 펼친 손바닥으로 비유하는 것은 여러 세기를 거슬러 올라가는 상투적인 표현이다. 진리는 참으로 힘이 세서 반反정치적인 유혹을 낳을 수 있다. "진리를 말하라, 인간들이 지옥에 떨어질지라도"라는 말이 통하는 무리는 정치 공동체가 아니라 광신도 집단이다. 더구나 아렌트가 "이성적 진리"라고 부른 "2+2=4" 같은 유형의 진리는 논리적으로 **필연적이기** 때문에 정치 영역의 맥락에서 강제력을 띨 수 있다.[46] 당신이나 내가, 당신의 이웃이나 외딴 마을에 사는 사람들이 2+2=4라고 생각하든 아니든 전혀 중요하지 않다. 그것은 진실이며, 그에 반하는 엉뚱한 의견 따위는 무시된다. 그러나 아렌트는 이런 이성적 진리의 입장에서 **지배**하려는 시도는 재앙일 뿐이라고 주장했다. 그런 진리가 마치 움켜쥔 주먹처럼 우리를 강요하고 억압하기 때문이다.

지구가 평평하다고 믿는 마이크 휴스Mike Hughes의 이야기를 생각해 보자. 그는 둥근 지구를 찍은 NASA의 "가짜" 사진과 달리 지구가 평평하다는 것을 증명할 사진을 찍기 위해 2017년에 약 550미터 상공으로 자신을 올려 보내줄 로켓을 직접 만들었다. 과학자라면 미친 짓이라고 할 행동이다. 어떤 지리학자, 천문학자, 물리학자라도 세계가 평평하지 않다는 것을 NASA 사진과는 별개로 분명히 입증할 수 있다. 그러나 아렌트 같은 정치사상가는 휴스의 모험에서 다소 위안을 얻을 것이다. 이 모험이 정치 영역에서는 과학적 발견조차 단지 의견일 뿐이라는 사실을 드러내기 때문이다. 왜 그럴까? 과학적 발견의 본질 자체나 증거의 질 때문이 아니다. 그런 것들과는 아무 상관이 없다. 그보다는, 정치에 참여한다는 것은 사람들이 자유롭게 다른 의견을 낼 수 있는 세계로 들어가는 것이기 때문이다. 반대로, 지구의 모양을 두고 자유롭게 의견을 달리할 수 **없다**고 말하는 것은 사람들에게 확고한 진리의 시각만을 취하도록 **강요**하는 것을 의미한다. 사람들에게 특정 시각을 강요하는 것은 정치적 자유에 위배된다. 의견이 정치의 본질인 이유는 강제력이 아닌 자유가 정치의 출발점이며 폭력이 아닌 말하기가 정치의 결정적 수단이기 때문이다.[47]

따라서 아렌트는 정치 영역에서 제기되는 모든 주장이 의견의 지위를 가진다고 말했다. 주장이 논리적, 과학적, 경험적 의미에서 지지를 받거나 증명될 수 없기 때문이 아니라, 정치 영역에서는 어떤 주장이라도 반박하거나 이의를 제기할 수 있도록 열려 있어야 하기 때문이다. 이는 **살인**이라는 단어의 의미처럼 아주 중대한 도덕적 문제에도 적용된다. 찰스 맨슨Charles Manson이 살인자라고 주장하는 것은 "한낱" 의견이 아니지만, 그래도 이 주장은 맨슨의 행동뿐만 아니라 살인의 본질과 의미에 관한 판단의 문제이다. 살인이라는 단어의 의미 자체가 우리 공통의 정치적 삶에서 판단의 문제이기에 의견과 공통의 신념을 포함한다. 이런 사실은 그 의미를 두고 치열하게 논쟁하는 영역에서 더 분명히 드러난다. 예를 들어 전쟁 중의 살인이나 정당방위로서의 살인, 낙태와 관련된 논제에서 그렇다.[48]

아렌트가 보기에, 정치 영역에서 모든 주장이 의견의 지위를 가진다고 주장하는 것은 정치에서의 모든 말하기가 "표현의 자유"를 가진다고 말하는 또 하나의 방식이다. 표현의 자유란 단순히 표현에 열려 있다는 의미뿐만 아니라 반박이나 검증, 그 밖의 도전을 자유롭게 할 수 있다는 의미를 포함한다. 자기 견해가 진리이며 따라서 정당화나 설득이 필요 없고 누구도 여기에 합법적으로 도전할 수 없다고 주장하는 것은 권위주의적 지도자의 행태이다. 그는 강압에 의한 수단 말고는 타인과 함께하는 법을 모른다. 권위주의 사회와 전체주의 사회가 표현의 자유를 억압하는 가장 근본적인 이유는, 그런 표현이 정권에 직접 도전하기 때문이 아니라, 표현의 자유—사람들이 자신의 의견을 공개적으로 표명할 권리—를 용인하는 것이 모든 공적 발언이 명백한 진리가 아니라 의견과 판단의 지위에 있을 뿐임을 더 근본적인 수준에서 인정하는 것이기 때문이다. 공적 발언이 폭력에 의지해 반박 불가능한 진리의 가면을 쓸 수 없는 곳에서 권위주의 독재자는 오래 살아남을 수 없다.

예를 들어 마이크 휴스가 한바탕 모험을 벌인 후에도 지구가 평평하다는 것을 설득하지 못해 좌절했다고 가정해보자. 그러나 휴스에게는 로켓 제작 외에도 다른 선택지가 있다. 그는 카리스마 있고, 부자다! 강한 개성과 재력을 기반으로 캘리포니아 주지사 선거에 나가 당선되고, 그다음에는 미국 대선에 출마해 어느새 휴스는 백악관에 앉아 있다. 그는 사람들에게 "선거에는 결과가 따르며" 국민이 자신에게 "권한"을 위임했다고 말하면서 평평한 지구 학설은 이제 학설이 아니라 진리라고 선포한다. 그와 그의 전문가 팀(평평한 지구론자들)이 그렇게 말하기 때문이다. 이제 항공기 비행경로를 재설계하고, 기상 예보를 수정하고, GPS 좌표를 조정해야 한다. 연방정부 내의 반대자는 모두 해고될 것이다. 백악관은 선거에는 결과가 따른다면서 "국민의 뜻에 저항하는 연방 공무원을 용납하지 않을 것"이라고 선언한다. 이것이 권위주의적인 상황이다.

하지만 숙청이 진행되고 새로운 정책이 시행되면서 비행기 사고가 급증하고, 국가 기상 예보는 한심하게 빗나가고, GPS 내비게이션은 들어본 적도 없는 곳으로 안내하기 시작한다. 무슨 일이 일어난 걸까? **현실**이 대통령의 권위주의적 선언에 저항하고, **사실**이 권위주의 체제에 도전했다. 아렌트가 보기에, 그리고 《1984》에서 조지 오웰George Orwell이 그렸듯이, 이 시점에 권위주의가 무너지기 시작하거나, 아니면 사람들이 배우고 듣고 생각하는 것까지 무자비하게 통제되는 훨씬 더 무서운 전체주의적 상태로 변모할 수 있다.[49]

사실과 행위의 공화국

그러므로 아렌트의 세계는 플라톤의 동굴 밖 세계와는 정반대 성격을 띤다. 플라톤이 인간은 덧없는 그림자의 어두운 세계에 갇혀 있기에 진리라는 영원불변의 이성적인 빛 속으로 필사적으로 탈출해야 한다고 본 반면, 아렌트는 동굴 밖으로의 등정을 우발적 사실과 행위의 세계 **안으로의** 등정으로 묘사했다. 아렌트는 실재에 대한 플라톤주의적 지각과 달리 "사실과 사건—사람들이 함께 살아가고 행위한다는 불변의 결과—이 바로 정치 영역의 구조를 구성한다"[50]고 주장했다. 플라톤은 정치에 대해 글을 쓸 때에도 영원하고 불변하며 영구적인 형이상학적 실재에서 출발한 반면, 아렌트는 **정치적** 현실에 기반해 정치를 사유하기 시작했다. 이런 일상적인 현실에서

> 사실과 사건은 인간의 정신이 만들어낸 공리, 발견, 이론보다, 심지어 가장 철저하게 사변적인 차원보다도 훨씬 더 연약하다. 그것은 변화무쌍한 인간사의 영역에서 발생하며, 이 흐름에서 인간 정신 구조의 명백히 상대적인 영속성보다 더 영구적인 것은 없다. 사실과 사건을 일단 잃어버리면, 어떤 이성적 노력을 기울여도 다시 되돌릴 수 없을 것이다.[51]

사실과 행위, 의견은 동일하게 "우발적"이며 동일하게 특수하고 동일하게 강력하거나 무력할 수 있다.[52] 그래서 사실과 의견이 서로 혼동되곤 한다. 아렌트는 "사실적 진리는 의견보다 더 자명하지 않다. 이것이 의견을 가진 사람들이 사실적 진리를 그저 다른 의견으로 치부해 비교

적 쉽게 깎아내리는 이유 중 하나일 것이다"[53]라고 썼다.

그러나 아렌트는 사실과 의견의 큰 차이에도 주목했다. 의견은 사실보다 훨씬 유연하고 변하기 쉬우며 조작될 수 있다는 것이다. 그렇다고 사실이 조작 불가능하다는 의미는 아니다. 사실도 다양한 방법으로 해석될 수 있으며 행위의 사실성도 다음과 같이 논쟁적일 수 있다. 휴스가 실제로 로켓을 쏘았나? 내가 정말 길을 건너는 사람을 배려해서 브레이크를 밟았나? 그 정치인이 실제로 그런 말을 했나? 우리는 이런 행위들의 사실 여부를 두고 논쟁할 수 있다. 그러나 또 한편으로는 합리적인 의심을 넘어 사실로서 입증될 수 있는 행위이기도 하다. **만약** 통치 권력 구조가 허용한다면 말이다.

이 **만약**은 절대적으로 중요하며, 아렌트가 정치체제의 형태로서 공화주의를 제시하는 핵심에 자리하고 있다. 아렌트의 공화주의는 전면에 두드러지기보다 글 전반에 스며들어 있다고 할 수 있다. 그래도 아렌트가 쓴 글의 기본 논지는 모두 공화주의와 공명한다. 아렌트에게 공화주의는 정치의 세계, 즉 진리, 의견, 판단, 수사학, 현실이라는 복잡하고 종종 어지러운 세계를 항해하는 비교적 안정되고 신뢰할 수 있는 수단을 대표한다. 말하자면 공화주의는 아렌트가 건강한 정치적 삶에 필수라고 했던 두 가지 현상, 즉 공공성과 복수성을 실행에 옮기는(혹은 제도화하는) 것이다.[54]

공공성publicity은 **공화국**republic과 마찬가지로 "인민의"라는 뜻의 라틴어 형용사 **푸블리쿠스**publicus에서 유래했다. 여기서 인민은 정치 공동체의 구성 요소로 간주된다. 공공성은 "인민에게 보이는 것"이라는 의미와 "인민에게 속하는 것"이라는 의미 모두에서 공적인 것을 수반한다.

공화주의자들이 이해하는 공공성은 사실과 행위, 의견을 마치 인민 전체에 "속하는" 것처럼 공개해서 인민의 평가와 판단을 받도록 하는 것이다. 공화주의자들은 오래전부터 우발적이고 변화무쌍한 정치 세계를 안정적으로 정돈하는 유일한 방법은 그것을 최대한 인민의 판단에 맡기는 것이라고 주장해왔다. 여기서 "인민"은 끊임없이 변화하는 정치 세계에서 유일한 상수가 되고, 공공성은 인민이 끊임없이 변화하는 정치 세계를 접하는 지속적인 수단이 된다.

공공성을 옹호하는 주장은 부정적인 상황을 상정해서 방어적 논리를 펼칠 때가 많다. 사실은 쉽게 유실되고 잊히고 간과되며 조작될 수 있다는 취약성 때문에 치안, 홍보, 프로파간다 같은 형태로 나타나는 권력의 영향을 받기 쉽다. 아렌트가 썼듯이, "사실적 진리가 권력의 맹공을 견뎌낼 가능성은 매우 희박하다. 그것은 일시적으로뿐만 아니라 어쩌면 영원히 세상에서 사라질 위험에 언제나 처해 있다".[55] 정치 공동체에서 사실적 진리가 자리 잡을 가능성이 사라질 때 우리는 무엇을 잃어버리게 될까? 바로 정치적 자유의 가능성이다. 정치적으로 정립된 우리의 자유는, 우리가 공유하는 세계에서 사건의 흐름을 크고 작은 방식으로 변화시키기 위해 강압 없이 행동할 수 있는 가능성을 의미하기 때문이다. 만약 권력자들이 투사하는 "사실" 외에는 어떤 사실도 중요하지 않고 의미가 없다면, 자유는 단지 권력에 불과하게 되며 권력이 "정치"의 전부가 될 것이다.

여기에는 정치적 모순이 있다. 정치권력이 권위주의적인 방식으로 분출된다면 사실의 세계를 지배하고 싶어 할 테고, 사실의 의미 자체를 제거하려 할 것이다. 일상적인 정치 생활에서 의미와 중요성에 대한 우리의 감각을 형성하고 우발적 사건의 진로를 결정하는 데 사실이 수학적 공리나 철학적 진리보다 훨씬 더 중요한 역할을 하기 때문이다. 그러나 정치권력은 그 자체로 사실적이다. 철학자들과 전문가들은 누가 권력을 **가져야 하는지**, 누가 발언권을 **가져야 하는지**, 누가 알 수 **있어야 하는지**, 누가 판단**해야 하는지**를 두고 논쟁하고 싶을지 모르지만, 누가 권력을 **가지는지**, 누가 발언권을 **가지는지**, 누가 알 **수 있는지**, 누가 판단**하는지**에 대한 답은 **사실**이다. 따라서 다음과 같은 역설이 생긴다. 사실을 공격할 때 권력자는 자신이 가진 권력의 사실적 본성을 훼손한다. 이 권력은 하나의 사실일 뿐만 아니라, "다르게 존재할 수도 있었던" 사실과 행위를 통해서만 작동할 수 있다.[56] 전체주의라는 가장 역겨운 발상에도 불구하고 이 사실, 즉 정치권력의 사실성은 아렌트에게 일종의 정치적 위안이 된다.

앞에서 보았듯이, 아렌트는 정치 현실의 토대로서 복수성을 거듭 강조했다. "정치는 인간의 복수성이라는 사실에 바탕을 두고 있다."[57] 그리고 "단수의 인간man이 아니라 복수의 인간men이 지구상에 살고 세계에 거주"한다. 이 사실이 바로 "모든 정치적 삶의 조건"[58]인 것이다. 복수성이라는 사실은 정치에서 심오한 의미를 지닌다. 아렌트는 특히 "행위"에 대한 영향을 강조했다. 내가 개인으로서 세계에서 행위할 때 나는 내 행위의 결과와 해석에 대해 어느 정도 통제력을 잃는다. 내 행위는 "무수히 많은, 상충하는 의지와 의도"를 가진 복수의 사람들 앞에서 이루어지고, 그들은 반응하거나 경우에 따라서는 반응하지 않는다.[59] 복수성은 또한 정치적 판단에 영향을 미친다. 아렌트는 진정한 "대의적representative" 판단은 사람들의 다양한 관점과 시각을 고려한다고 주장했다. 마지막으로 복수성은 제도적 함의를 지닌다. 특정한 사람이나 집단이 아니라 모든 사람이 정치적 삶의 조건이라는 사실은 정치권력 구조에 따라 수용되거나 부정된다. 즉 공화민주주의 국가는 우리의 복수성이라는 사실을 반영하려 하고, 권위주의 국가는 이에 저항하려고 하며, 전체주의 국가는 그것을 말살하려고 한다.

* * *

아렌트는 고대 그리스 문화에서 본 강제력과 자유의 근본적인 대립에 기반해 정치를 옹호한다. 그는 이렇게 썼다. "정치적이 된다는 것, 폴리스에서 산다는 것은 모든 일이 강제력과 폭력이 아니라 **말과 설득**에 의해 결정된다는 것을 의미했다. 그리스인이 이해하기에, 설득하기보다 명령하고 폭력으로 강제하는 것은 폴리스 바깥에서 살아가는 사람들을 대하는 전前 정치적인 방법이었다."[60] 아렌트는 강제력과 자유의 차이를 말하기 형태의 차이로 생각할 수 있다고 보았다. 즉 수사학을 실천하지 않고 명령하는 것은 자유가 아니라 강제력의 논리에 따라 작동하는 것이다.

그리스인들에게 설득은 페이토Peitho 여신으로 형상화되었다. 기원전 700년경에 쓰인 헤시오도스Hesiodos의 《노동과 나날》에서 페이토는 사랑과 유혹의 여신 아프로디테를 수행하는 존재다.[61] 설득은 에로틱한 사랑의 힘을 지닌 것으로 상상되었을 것이다. 소크라테스와 동시대인인 고대 그리스의 수사학자 고르기아스Gorgias는 말하기(**로고스**)의 힘을 에로틱한 사랑에 비유했다. 한 걸음 더 나아가 마약, 폭력, 폭정에 비유하기도 하고, "말은 강력한 영주"[62]라고도 했다. 여기서 말하기는 설득과는 다르다. 오히려 일종의 강제력으로 나타나며, 이 경우 말하기나 에로틱한 사랑이 특별한 것이 아니라는 의미다. 마약이나 총, 위협도 같은 역할을 할 수 있다.

실제로 그리스인들은 모든 사랑이 자유롭지 않으며 모든 말이 자유롭지 않다는 사실을 잘 알고 있었다. 고대 그리스의 우화를 하나 더 살펴보자. 고르기아스의 시대인 기원전 410년경 작품으로 추정되는 꽃병에 페이토와 아프로디테의 모습이 그려져 있다. 두 여신은 신부 양옆에 자리하고 있다. 아프로디테는 신부의 어깨에 손을 얹고 몸을 밀착시킨다. 사랑의 여신의 매혹적인 힘을 드러내고 결혼의 완성을 예고하는 몸짓이다. 이와 달리 페이토는 신부와 어느 정도 거리를 두고 앉아 결혼하라고 말로 설득한다. 한 신은 신부의 등 뒤에서 감싸 안고, 다른 신은 얼굴을 마주 보며 말과 몸짓으로 주장하고 있다.

우화적인 형식으로 좀 더 상상해보자. 고대 그리스의 두 젊은이가 **에로스**의 손에 이끌려 사랑에 빠진다. 사랑의 완성을 위해 결혼이 필요한데, 결혼은 모든 면에서 가정의 권력자인 아버지들의 합의에 전적으로 의존한다(1장의 **키리오스**에 대한 논의를 떠올려 보라). 결혼에 대한 합의는 어떻게 이루어질까? 에로스의 힘을 통해서는 아니다. 아버지들이 두 집안의 결속을 바라는 것은 자식들의 성적 욕망 때문이 아닐 것이다. 여기서 아프로디테는 속수무책이다. 아버지들이 사랑에 빠진 자식들의 요청으로 결혼 조건을 협상하는 동안, 페이토가 말과 몸짓으로 설득하는 역할을 한다.

이런 가문 간 만남에서 그리스인들이 정치를 발견하기 시작했을까? 아리스토텔레스는 그럴지도 모른다고 말했다.[63] 에로틱한 힘이 아버지들이 만나는 계기가 되었지만, 그들은 비교적 자유롭게 만나서 만족스러운 합의에 도달하기 위해 말하기와 판단력에 의존했다. 아버지들 사이의 공간은 페이토의 공간, 즉 설득의 공간이다. 누구도 강요하지 않는다. 정치뿐만 아니라 사랑에서도 마땅히 그래야 한다.

아프로디테와 페이토를 함께 그린 5세기 후반의 그리스 꽃병이 하나 더 있다. 여기서 둘은 극명하게 대립한다. 그림은 쌍둥이 형제 카스토르와 폴리데우케스가 레우키포스의 딸들을 납치하는 장면을 묘사하고 있다. 아프로디테의 성소에서 벌어진 일인데, 아프로디테는 차분하게 받침대 위에 서서 자신이 냉담한 무관심으로 축복해온 에로틱한 잔인함을 지켜보는 반면, 페이토는 겁에 질려서 몸을 돌려 도망친다. 민주주의 아테네의 공적 공간에서 신성한 업적으로 찬양받던 설득은 폭력을 싫어할 뿐만 아니라 폭력으로부터 달아나고 있다.

핵심은 이것이다. 물이 산소에 의존하듯 설득은 사람과 집단, 관점, 견해 사이의 자유로운 공기에 의존한다. 이것이 설득과 자유가 복잡하게 얽혀 있는 이유다. 자유의 공간은 설득의 공간이며, 설득이 폭력과 강요를 배제하기 위해 마련하는 공간이다. 정치적 자유를 죽이는 확실한 방법은 설득이 번성할 수 있는 조건을 없애는 것이다. 설득이여, 영원하라!

6장

정치적 상상력 (또는 자유!)

자유! 그토록 많은 사람의 정치적 포부와 노력을 이보다 더 잘 표현하는 말은 없다. 자유는 베토벤의 주제이고, 미국의 국가國歌이며, 로큰롤의 소재다. 범퍼 스티커는 자유를 뽐낸다. 사회운동은 자유를 위해 투쟁한다. 광고는 자유를 판다. 사람들은 자유를 위해 목숨을 바친다. 매일 수백만 명이 자유를 갈망한다. 정치적 스펙트럼의 어디에 서 있든 자유가 좌우명이다. 보수주의자는 자유를 보호하기 위해 싸우고, 자유주의자는 자유를 확장하려 하며, 종족민족주의자는 자신들의 자유를 다른 사람들의 자유보다 우선시한다. 우리 삶에서 권력을 놓고 다투는 거대한 비인격적 힘들—기술, 경제, 역사, 정부, 사회—은 각각 "자유로운 기술", "자유로운 경제", "자유의 역사적 발전", "자유로운 정부", "자유로운 사회"의 형태로 저마다 자신이 자유를 향한 길이라고 주장한다.

우리의 언어생활에서 자유가 차지하는 중요한 역할을 고려할 때, 우리가 자유를 **위해서**for 싸울 뿐만 아니라 자유에 **대해서**about 싸운다는 것은 놀라운 일이 아니다. 자유란 무엇인가? 우리가 모두 자유로워야 하는가? 자유의 한계는 무엇이며, 그 한계는 어떻게 정해지는가? 당신의 자유가 나의 자유를 침해하는가? 우리의 일상적인 대화에서 자유라는 단어는 대개 의문문이나 평서문으로 등장한다. 당혹스럽거나 깊이 파고드는 질문일 때도 있고, 자신감과 확신에 찬 대답일 때도 있다. 자유의 의미는 철학적 질문일 뿐 아니라 실천적이고 일상적인 질문이기도 하다. 최상의 경우, 자유는 우리에게 무언가를 하도록 강요하는 모든 방식으로부터 우리 삶을 구별하는 것이다. 그러나 최악의 경우에는, 구직자에게 이사를 강요하는 강압적인 "자유 시장" 세력, 주먹이나 총으로 자기네 방식을 강요하는 "자유" 민병대, 결국 우리를 노예로 만드는 신용카드 슬로건처럼, 자유 자체가 강제력이 되기도 한다. 그래서 우리는 자유에 **대해서** 싸울 뿐만 아니라 자유**와**with 싸운다.

아렌트의 정치 어휘에서 자유보다 더 중요한 단어는 없었다. 그는 "폴리스에 사는 사람들의 공동생활을 다른 모든 형태의 공동생활과 구별하는 것은 자유"[1]라고 썼다. 그러나 정치에서 자유가 중심이 되어야 한다고 보면서도 자유에만 너무 배타적으로 집중해서는 안 된다고 경계했다. 아렌트는 자유가 "정치의 최종 목적"[2]이 **아니라고** 경고했다. 만약 자유가 정치의 최종 목적이라면, 정치는 단지 우리의 자유를 위한 **수단**이자 우리를 더 높은 자유의 삶으로 인도하는 매개체가 될 것이다. 그런데 목적지까지 가는 더 좋은 직행 차량이 있을지도 모른다. 실제로 많은 사람이 그렇다고 생각하는 것 같다. 실리콘밸리의 구루들은 자신들의 디지털 기계가 개인적인 자유로 가는 직항 편을 제공할 수 있다고 말한다. 광고주들은 새로운 로션 향기가 우리에게 자유를 느끼게 해줄 것이라고 말한다. 정치인들은 자신의 경제 정책이 더 큰 자유를 줄 것이라고 말한다. 군인들은 자신이 자유를 "쟁취"할 수 있다고 장담한다. 그리고 "포스트휴먼" 예언자들은 (전체주의 지도자들이 그랬던 것처럼) 과학이 우리를 약속의 땅으로 데려다줄 것이라고 말한다.

실제로 세상에는 어떻게 해서든 우리의 자유를 조작하거나 강제할 위험이 있는 권력자들이 많다. 아렌트는 이 사실을 매우 걱정했다. 정치가 단순히 자유를 위한 "수단"이 아니라고 보았기 때문이다. 그는 "정치와 자유는 **동일하다**"[3]고 생각했다. 인간 공동체에서 인간의 자유는 언제나 **정치적** 자유다. 아렌트에 따르면, "자유는 **오직** 정치의 독특한 매개 공간에서만 존재"한다.[4] "정치의 **존재** 자체"의 핵심에 "자유 대 폭정"[5]이라는 구도가 있다. 아렌트에게 정치라는 꿈을 빼놓고 자유를 꿈꾸는 것은 기술, 시장, 역사, 국가, 개인, 과학의 폭정 등 어떤 형태로든 폭정에 이르는 방식이다. 인간의 자유는 오직 정치적으로 그리고 궁극적으로는 민주적으로 실현될 수 있다. 이는 우리가 강제력이나 폭력 없이 서로 평등한 관계를 맺음으로써 가능하다. 그러므로 자유는 정치에 의존하고, 정치는 자유에 대한 우리의 이해, 실제로는 자유에 대한 상상력에 의존한다.[6]

이 장에서는 우리의 정치적 상상력(따라서 자유에 대한 상상력)을 자극하기 위해, 같은 시대 같은 상황을 살았던 가장 상상력이 풍부한 두 정치 저술가를 살펴본다. 바로 토머스 홉스(1588-1679)와 존 밀턴(1608-1674)이다. 여러분은 아마도 밀턴의 《실낙원Paradise Lost》과 홉스의 《리바이어던Leviathan》에 대해 들어본 적이 있을 것이다. 홉스와 밀턴은 1640년대에 영국 왕과 의회가 벌인 장대한 내전에서 서로 반대편에 있었다. 홉스는 국왕을 지지하는 왕당파였고 밀턴은 의회를 지지하는 공화주의자였다. 두 사람 모두 **자유**가 좌우명이었지만, 그들의 자유 개념은 대립했다. 이 차이는 자유를 상상하는 방식에서 비롯되었다. 홉스와 밀턴의 이야기는 우리 자신의 정치적 상상력과 자유에 대한 상상력을 생각해볼 기회를 준다.

정치적 상상력이란 무엇인가

아렌트는 정치에서 상상력에 주연을 맡겼다. 정치란 무엇보다도 새롭게, 다시 새롭게 시작하는 기술이라고 주장했다.[7] 우리는 공적으로 말하고 행위할 때마다 무언가를 새롭게 시작할 수 있는 잠재력이 있고, 나아가 완전히 새로운 것을 세계에 도입할 수도 있다. 그러나 아렌트는 새롭게 행위하기 위해서는 "우리가 물리적으로 존재하는 곳에서 정신적으로 벗어나, 현실이 지금과 다를 수도 있다고 **상상**할 수 있어야 한다"[8]고 지적했다. 아렌트에 따르면, 상상력은 "우리가 세계를 변화시키고 그 안에서 새로운 것을 시작할 **자유**가 있다"[9]는 사실을 알게 해준다. 그는 이렇게 썼다.

> 오직 상상력만이 우리가 사물을 적절한 관점에서 보게 하고, 너무 가까이에 있는 것을 일정한 거리를 두어 편견과 선입견 없이 보고 이해할 수 있는 강인함을 주며, 너무 멀리 있는 것을 마치 우리 자신의 일처럼 보고 이해할 수 있게 고립의 심연을 메울 수 있을 정도로 관대하게 만들어준다.[10]

이것이 정치적 상상력의 본질이다. 여기에는 노력, 연습, 끈기가 필요하다. 그래서 아렌트에게 상상력은 사유와 밀접하게 연결되어 있다.

그의 주장대로 20세기에 벌어진 인류에 대한 끔찍한 범죄 중 너무나 많은 사건이 아돌프 아이히만처럼 사유하지 않는 자들의 협력에 의존했다. 아렌트는 그들의 무사유가 "상상력의 결핍"에서 비롯되었다고 말한다. 그들은 자신도 일부였던 살인 기계의 스크린 너머 희생자들을 고려하려는 노력을 기울이지 않았다.[11] 정치적 상상력의 결여는 단순히 당파적 정치에 관한 관심 부족(이는 분명 용서받을 수 있는 것이다)을 의미하는 것이 아니다. 그것은 지구에서 다른 사람들과 함께 인간으로 존재하는 것이 무엇을 의미하는지 창의적으로 생각하지 못하는, 근본적이면서 때로는 치명적인 실패이다.

이런 창의적 사고는 특별한 자격이 필요하지 않으며 우리의 일상 너머 있는 것이 아니다. 삶의 여러 영역에서 상상력이 피어나는 순간을 떠올려 보라. 예를 들어 우리는 어떤 문제를 해결할 수 있는 장치를 상상하곤 한다. 자동차가 길에서 갑자기 고장이 났다. 작은 배터리로 작동하는 소형 예비 모터를 차에 장착하면 가까운 정비소까지 갈 만한 동력을 공급할 수 있지 않을까? 체온을 이용해 휴대전화를 충전할 수는 없을까? 학창 시절에 방사능 폐기물에 대해 고심하던 과학 선생님이 입버릇처럼 했던 얘기인데, 왜 강화 용기에 독성 물질을 넣고 밀봉해서 우주로 쏘아 올리지 않을까? 우리의 아이디어 중 어떤 것은 실용적이고 어떤 것은 공상에 가깝다. 어떤 경우든 이런 생각들은 **기술적** 상상력의 발현이다. 우리는 영화와 광고를 보면서, 또 일상에서 온갖 기기를 사용하면서 무수히 많은 방식으로 이런 상상력을 기른다. 기술이 어떻게 우리 삶을 더 좋게 만들 수 있는지 생각하는 데 어려움을 겪는 사람은 거의 없다.

우리의 경제적 상상력도 그에 못지않게 발달해 있다. 우리는 이윤 창출, 경쟁적 개인주의, 재산권, 수요와 공급의 법칙을 폭넓게 이해하고 광범위하게 수용한다. 가장 불가사의한 전 지구적 힘이라고 할 수 있는 “시장”은 수백만 명, 아니 어쩌면 수십억 명의 사람들에게 우리의 직업 전망, 우유 가격, 짝을 찾을 기회, 집세 등을 강력하면서도 교묘하게 조정하는 하나의 실체로서 당연하게 받아들여지고 있다. 우리는 시장을 살아 있는 존재처럼 상상한다. 시장이 원하고, 생각하고, 점검하고, 반응하고, 소망한다는 등의 표현을 늘 듣는다. 사람만이 할 수 있다고 여겨지던 일들이 자연스럽게 시장에 적용되는 것이다. 우리는 분명 경제에 대해 생생한 상상력을 가지고 있다.

폭력도 마찬가지다. 많은 사람에게 전쟁은 상상할 필요조차 없는, 기억에서나 일상에서나 살아 있는 현실이다. 반면 또 다른 많은 사람에게 전쟁은 멀리 떨어진 현실이지만, 그래도 상상 속에서는 매우 활발하게 존재하는 것이다. 영화, 책, 넷플릭스, 비디오 게임, 신문 같은 콘텐츠가 전쟁에 대한 상상력을 끊임없이 자극한다. 그리고 폭력에 대한 우리의 상상력을 차지하는 것은 전쟁만이 아니다. 우리는 전쟁 영웅뿐만 아니라 슈퍼 히어로의 이미지와 함께 살아간다. 전투 장면뿐만 아니라 길거리 싸움과 함께, 학살뿐만 아니라 강간과 가정 폭력의 이미지와 함께 살고 있다. 널리 퍼진 미국 총기 문화, 인기 높은 미식축구, 수십억 달러 상금이 걸린 격투기 시합이 증명하듯, 우리는 폭력을 상상하는 데 아무런 문제가 없다. 우리는 원하는 것을 얻기 위해 강제력을 사용하거나 그 힘이 우리에게 사용되는 것이 무엇을 의미하는지 알 수 있다.

그러나 우리 대부분은 정치에 관해서는 그다지 상상력이 풍부하지 않다. 우리는 다양한 문제 앞에서 실용적이거나 공상적인 정치적 접근법을 마련하는 데 더디고 또 더디다. 기술이나 경제, 폭력과 비교할 때 우리 대부분은 정치를 창조적이고 역동적으로 사고하는 데 어려움을 겪는다. 우리는 정치에 대한 적극적 상상력이 부족하다. 여기에는 좋은 이유와 나쁜 이유 둘 다 있다. 좋은 이유는 우리가 무의식적으로라도 정치가 불확실하다는 것을 감지하기 때문이다. 우리는 아렌트와 마찬가지로 20세기의 자식인데, 21세기에 태어난 이들도 마찬가지다. 가까운 과거의 전쟁, 혁명, 집단 학살, 독재는 세계의 지배자들이 얼마나 끔찍하고 악랄할 수 있는지를 보여주었다. 당연하게도 사람들은 이런 공포에 대응하여 세계의 문제를 해결하기 위해 정치 외부에서, 또는 정치를 초월한 방식으로 해결책을 찾기 시작했다. 우리의 운명을 개척하고 더 나은 세상을 만들기 위해 정치 너머를 보기 시작한 것이다.

정치 너머의 세계가 가능한가?[12] 가능하다면 더 나은 세상이 될까? 기술, 경제, 폭력에 기대어 자유로 가는 지름길이 과연 있을까? 우리를 함정에 빠뜨리는 역사적 증오의 상처를 치유할 장치가 있는가? 시장이 사람들 사이의 무너진 신뢰를 회복할 수 있을까? 더 많은 강제력과 폭력이 우리 세계를 더 살기 좋게 만들 수 있을까? 함께 살아가는 문제를 해결하기 위해 공학이나 시장, 강제력에 의존할 때, 우리는 그것들이 결코 제공할 수 없는 것을 요구한다. 정치에 대해서도 똑같이 반박할 수 있다. 정치가 우리의 모든 문제를 해결할 수 있을까? 물론, 그렇지 않다. 그러나 우리가 보았듯이 정치는 기술, 경제, 폭력이 할 수 없는 방식으로 우리 삶의 질을 향상시킬 수 있다. 진정한 정치는 오직 자유를 영위할 때만 가능하며, 자유는 오직 정치적 관계 안에서만 실현된다. 내 생각에, 아렌트가 정치와 자유가 동일하다고 말한 것은 바로 이런 의미다. 모든 정치적 문제는 어떤 식으로든 자유의 문제이자 자유에 관한 문제다.

그러나 아렌트는 또 이렇게 선언했다. "인간은, 자유로울 수 있는 능력을 가지고 있는 것과는 별개로, 행위하는 한 **자유롭다**. 이전도 이후도 아닌 행위하는 동안에만. **자유로워진다**는 것과 행위한다는 것은 동일하기 때문이다."[13] 아렌트는 정치와 자유가 동일할 뿐만 아니라 자유와 행위도 동일하다고 생각한 듯하다. 정치, 자유, 행위. 아렌트의 정치적 상상력에서 가장 중요한 세 가지 요소다. 이들은 서로 생기를 불어넣으며 사실상 구별할 수 없을 정도로 상호 의존한다.

여기서 아렌트는 자유를 존재, 특히 고립된 자아의 상태나 조건으로 보는 사람들과, 타인과 함께 존재하는 특성이나 방식으로 보는 사람들 사이의 역사적 논쟁에서 분명 한쪽 편을 들고 있다.[14] 홉스와 밀턴은 현대의 두 가지 위대한 상상력의 흐름을 형성하게 될 관점을 명확히 제시했다. 바로 행위로서의 자유에 대한 상상력(밀턴)과 경계 안에서의 운동으로서의 자유에 대한 상상력(홉스)이다. 이 논쟁의 커다란 동력 중 하나는 두 사람이 자유를 둘러싼 중대한 분쟁이었던 영국 내전에 직접 관여했다는 사실이다. 영국 내전은 국왕 찰스 1세와 의회, 그리고 그들의 군대가 오랜 기간 벌인 유혈 전투였다. 이 충돌은 10여 년 동안 지속되었고, 1649년 찰스 1세의 참수라는 영국 역사상 가장 중요한 사건 중 하나로 절정에 이르렀다. 일부 사람들은 영국 내전을 최초의 근대 정치 혁명으로, 즉 이후 미국, 프랑스, 아이티 같은 곳에서 일어난 혁명의 토대를 마련한 사건으로 본다.[15] 영국 내전은 분명 "자유"라는 대의를 놓고 명시적으로 싸운 최초의 대규모 내전이었다.

영국 내전은 또한 보기 드문 정치적 포부와 근심을 불러일으켰다. 밀턴은 포부를 표명했다. 그는 사람들이 자유롭게 행위하고 말하고 쓰고 판단할 수 있는 공화국을 원했다. 반면 홉스는 근심을 표명했다. 그는 안정된 정치 질서, 즉 사람들이 자기 자리를 지키는 한 "자유로운" 국가를 원했다. 결과적으로 홉스는 위대한 정치철학자로 여겨지지만, 그는 사실 정치에 진절머리를 내고 새로운 사회공학적 체제를 준비하고 있었다. 홉스의 상상력은 때로는 뒤죽박죽이 되는 정치의 세계보다 물리학 실험실이나 당구장에 더 적합했다. 반면 밀턴은 정치이론가라기보다는 문학적 인물로 여겨지지만 생생한 정치적 상상력을 지니고 있었고, 이는 《실낙원》 같은 그의 가장 유명한 문학 작품에도 스며 있다. 밀턴이 자유를 **정치적으로** 상상할 수 있었던 반면, 동료 시민 홉스는 자유를 **물리적으로**만 상상할 수 있었다.

홉스와 상태로서의 자유

홉스는 지난 500년 동안 자유에 관한 가장 중요한 철학자일 것이다. 그는 당구에도 조예가 깊었다(홉스는 정치적 망명 기간에 프랑스 궁정에서 시간을 보냈는데, 당시 프랑스 군주 루이 14세가 즐긴 취미가 당구였다). 홉스에게 자유는 움직이는 당구공과 같은 물리적 조건이나 상태였다. 그는 《리바이어던》 21장 첫머리에 "자유liberty/freedom란 본래 저항의 부재를 의미한다"고 썼다. 그리고 "저항이란 운동의 외부 장애물을 의미한다"

고 명확히 했다. "자유인FREE-MAN이란 자신의 힘과 지력으로 할 수 있는 일에 대하여 하고자 하는 바를 방해받지 않는 사람이다."[16] 홉스가 제시하고 싶었던 것은 고립된 물리적 물체에 속하는 것으로서의 자유 개념이다. "자유인"은 자유로운 입자나 자유로운 당구공처럼 움직이는 힘에 대한 저항이 없어서 자유롭다. 홉스가 보기에 세상에는 두 종류의 물체가 있다. 생물과 무생물, 이성적 존재와 비이성적 존재, 인간과 비인간의 대비가 아니라, 주어진 공간에서 자유롭게 움직일 수 있는 물체와 그렇지 않은 물체로 나뉜다. 따라서 자유는—홉스는 freedom과 liberty 두 단어를 바꿔가면서 같은 의미로 사용했다—단지 운동하는 물질일 뿐이다.

홉스의 시대에 자유에 대한 이런 정의는 새로운 것이었지만, 이후 상당히 설득력을 얻게 된다. 실제로 오늘날 우리 대부분은 자유롭다는 것은 본질적으로 무엇인가**로부터**from/of 자유로운 것이라고 생각한다(예를 들어 회의로부터의 자유, 정부의 간섭으로부터의 자유, 불평하는 아이들로부터의 자유). 자유에 대한 이런 관점은 "소극적 자유negative freedom"라고도 불린다. 자유를 ~하지 **않는**—구속되거나 방해받거나 의무를 지지 않는—것으로 보기 때문이다. 소극적 자유는 존 로크와 그 해석자들이 정립한 권리와 규칙 기반 정치적 자유주의의 핵심이다. 하지만 이것을 처음 설계한 이는 절대주의자 홉스였다.

20세기의 가장 영향력 있는 자유주의 철학자 중 한 명인 이사야 벌린Isaiah Berlin은 소극적 자유란 "어떤 사람이나 집단도 나의 활동을 간섭하지 않는 정도"이며 "단지 어떤 사람이 다른 사람에게 방해받지 않고 행동할 수 있는 영역"[17]이라고 썼다. 자유를 본질적으로 **물리적** 현상으로 본다는 점에서 마치 홉스의 말처럼 들린다. 홉스의 설명을 계속 따라가면, **자유**라는 단어는 "이성적 존재뿐만 아니라 비이성적이고 무생물인 존재에도 똑같이 적용될" 수 있다.[18] 즉 자유로워지기 위해 꼭 인간이 될 필요는 없으며, 동물이 될 필요도 없다. 물이면 된다.

> 어떤 것이든 특정한 공간에서만 움직일 수 있게 묶여 있거나 둘러싸여 있으면 (…) 더 나아갈 "자유liberty"가 없다. 그러므로 [우리는] 모든 생명체가 감금되거나 벽이나 쇠사슬로 구속되어 있을 때 [더 나아갈 "자유"가 없다고] 말한다. **그리고 물은** 둑이나 그릇에 갇혀 있을 때는 자유롭지 않으며, 그렇지 않다면 더 넓은 공간으로 퍼져 나갔을 것이다.[19]

그러므로 감옥에 갇힌 죄수와 수조에 갇힌 물은 모두 자유가 결여되어 있다. 홉스에게는 자유의 개념과 관련해 인간과 물 사이에 중요한 정의상 차이나 질적 구분이 없다. 운동의 외부 장애물에 직면한다면 둘 다 똑같이 자유롭지 못하다.

또는 어쩌면 둘 다 똑같이 자유롭다고 말해야 할 것이다. 오늘날 자유에 대한 상식적인 개념은 그것을 하나의 상태, 즉 경계 지어진 조건으로 보기 때문이다. 홉스에게 자유에 대한 체계화된 은유는 항상 한정된 공간에 있는 구체적인 물체의 운동이다. 정치 사회보다는 물리학 실험실이나 당구대에 더 적합할 법한 개념이지만, 홉스는 정치 사회를 설명하기 위해 바로 이 개념을 표방하고 있다. 홉스의 논리에 따르면, 교외 지역을 걷는 은퇴자가 공공 보도의 경계 안에서 자유로운 것처럼, 교도소 마당에서 걷는 재소자도 적어도 마당의 경계 안에서는 자유롭다. 자유에 관해서라면, 재소자와 은퇴자 사이에는 정량적 차이가 있을 뿐 질적인 차이는 없다. 은퇴자는 배회할 수 있는 공간이 더 넓을 뿐이다. 그게 전부다. 그러나 재소자도 은퇴자도 움직일 수 있는 공간이 무한하지는 않다. 따라서 두 사람 모두 갇혀 있으면서 동시에 자유롭다.

또 재소자와 은퇴자 모두 이렇게 한정된 공간 안에서 일정한 권리를 가질 수 있다는 점에 유의하라. 다시 말해, 일정한 권리 보호와 감금은 충분히 양립할 수 있다. 홉스는 철저하게 장벽과 경계를 설정한 정치철학자다. 자유의 기준을 낮게 세워놔서, 돌아다닐 공간만 있으면 된다. 그 공간 안에서 당신은 자유롭고, 일정한 권리를 부여받을 수도 있다. 홉스의 정치적 과제는 **누가 어디에서** 자유롭게 돌아다닐 수 있는지를 결정하는 것이다. 이 문제는 현대의 법률 및 법 집행의 개념을 선점했다. 사실 재산법은 근대의 권리 기반 정치적 자유주의의 기원에 자리하고 있다. 홉스 바로 다음 세대에 로크가 주장했듯이, 우리의 첫째이자 가장 근본적인 권리는 우리 자신을 "소유"할 권리다. 나머지는 그것에 뒤따라 나온다고 할 수 있다. 그러므로 법은 타인의 자유에 맞서 우리 개인의 자유를 위한 공간을 만드는 경계를 설정하고 방어하는 것으로 귀결된다.[20]

오늘날 정치적 맥락에서 자유를 이야기할 때, 홉스가 제시한 영토적 은유, 즉 장벽 쌓기, 경계 짓기, 포위하기, 울타리 치기, 구속하기, 방어하기, 보호하기 등을 거부하기는 어렵다. 자유가 저항의 부재라면, 나의 자유를 지키기 위해서 역설적으로 저항에 저항하는 장벽을 쌓아야 한다. 여기에는 타인에 대한 저항도 포함된다. 이런 식으로 자유를 상상할 때 **사람들**은 단지 부차적인 방해물이 아니라 일차적으로 내 자유를 방해하는 사람들(특히 내가 알지 못하는 사람들, 내게 낯선 사람들, 힘이 있거나 위협적으로 보이는 사람들)로 나타난다. 그래서 홉스가 무법의 "자연 상태", 즉 내 자유를 보호하기 위한 공식적인 법적 장벽이 전혀 없는 상태를 상상할 때 마음속에 그릴 수 있는 것은 거대한 당구공 무리처럼 서로 부딪치는 사람들의 거대한 집단이다. 여기서 사람들은 서로 자유를 방해하는 장애물로서 만난다. 이런 자연 상태에 갇힌 이들은 홉스의 관점에서 자연스럽고 논리적인 일, 현대인들이 그 후 수백만 번 했던 일, 즉 서로를 죽이는 일을 할 것이다. 그 결과가 홉스가 말한 악명 높은 "만인의 만인에 대한 전쟁war of every man, against every man"[21]이다.

주권국가와 주권적 자아

이런 상상 속의 재앙을 감안해서 홉스는 경계에 의한 자유의 정치를 구상했다. 그러나 경계에 의한 자유의 정치는 난관에 봉착하고 만다. 이는 또한 지배에 의한 자유의 정치이기도 하다는 점이다. 홉스가 자유를 경계 내에서 움직이는 자유로 축소해서 얻은 역설적인 결론은, 모든 정치가 "주권자", 즉 경계를 설정할 수 있는 무제한의 자유를 가진 사람이나 기관에 절대적으로 의존한다는 것이다. 정치가 본질적으로 누가 어디로 어떤 방식으로 갈 수 있는지 결정하는 일을 목표로 삼는 경계 짓기 프로젝트라면, 이 논리에 따라서 누군가가 이를 운영하기 위해 시스템 바깥과 시스템 위에 서 있어야 한다. 홉스에게는 이런 존재가 주권자다.

주권sovereignty은 자유만큼이나 현대 정치에서 중요한 개념이다. 이것은 우연이 아니다. 이 단어 자체가 "초월적 지배super-reign"를 의미하는 오래된 두 단어가 결합한 데서 유래했다. 이 현대적 개념 뒤에는 역사적, 철학적, 신학적 요인이 복합적으로 얽혀 있지만, 그 핵심은 어떤 의지든지 절대적으로 관철할 수 있는 권력과 권위를 수반한다는 점이다. 홉스는 주권 권력과 분리된 자유는 필연적으로 전쟁과 혼란을 초래한다고 주장했다. 그러므로 주권 권력은 홉스의 정치적 환상에서 데우스 엑스 마키나deus ex machina*이자 그의 정치 논리에서 유일한 거대한 예외이다. 홉스의 해석에 따르면 주권 권력은 그 자체로 한계가 없어야 한다. 제한된 것이 어떻게 다른 모든 사람에 대해 효과적으로 경계를 설정할 수 있겠는가? 제한된 권력은 결코 주권 권력이 될 수 없다. 주권 권력은 절대적으로 자유로워야 하며, 또는 그야말로 단순히 절대적이어야 한다.

아렌트는 자유와 주권을 동일시하는 것에서 정치에 "가장 치명적이고 위험한" 생각을 보았다. 이런 동일시가 "한 사람, 한 집단 또는 한 정치체의 자유는 다른 모든 사람의 자유, 즉 주권을 대가로 치러야만 얻어질 수 있다"[22]는 논리를 만들어내기 때문이다. 홉스는 소위 "만인의 만인에 대한 전쟁"을 극복하려고 노력했지만, 절대 주권자의 자유 대 다른 모든 사람의 자유라는 형태로 전쟁을 재편성하고 방향을 바꾸었을 뿐, 실제로는 전쟁을 극복하지 못했다. 홉스에 따르면, 우리는 항상

* 극이나 소설에서 가망 없어 보이는 상황을 해결하기 위해 동원되는 힘이나 사건. '기계 장치의 신'이라는 뜻으로, 고대 그리스 연극에서 갑자기 신이 기중기를 타고 나타나 모든 문제를 단번에 해결하던 연출 기법에서 유래했다.

전쟁 상태에 있다.[23] 홉스의 질문은 결국 다음과 같다. 누가 누구를 상대로 어떤 방식으로 싸우고 있는가? 그는 이것이 "정치"의 전부라고 생각했다.

홉스가 《리바이어던》을 출판한 지 약 3세기 후, 아렌트와 동시대 인물인 독일의 정치철학자 카를 슈미트는 《토머스 홉스 국가론에서의 리바이어던Der Leviathan in der Staatslehre des Thomas Hobbes》(1938)이라는 소책자를 출판했다. 슈미트는 아렌트와 달리 홉스에게 매우 호의적이었다. 그는 강력한 주권자와 강력한 주권국가를 옹호했다. 유럽의 나약한 정부에 필요한 해독제라는 논리로 나치의 명분을 받아들였다. 홉스의 프로젝트가 비극적으로 갑작스레 끝나버렸다고 생각했다. 홉스가 강력한 주권 통치자가 있는 주권국가를 세우려 했지만, 사실은 "주권적 자아"가 "자유주의"라는 미명 아래 대신 승리했다고 슈미트는 주장했다. 노골적인 반유대주의 논변에서 슈미트는 유럽 정치 사회의 이런 "나약함"이 국가의 권위로부터 자신들의 종교적 신념을 보호하려는 유대인들의 계략에서 비롯되었다고 비난했다.[24] 그 결과, 개인의 자아는 강해진 반면 국가는 나약해져서, 서구 세계 국가 대부분이 국가의 적에 맞서 국가 이익을 위해 행동하도록 국민—예컨대 독일 국민—을 일깨울 능력을 상실했다고 주장했다.

슈미트의 견해가 불편하게 느껴질 수도 있지만, 그는 정치에 대한 우리의 많은 가정을 분명히 밝혀주었다. 슈미트가 자유주의를 비판했음에도 불구하고 정치적 자유주의자들과 마찬가지로 홉스의 틀 안에서 작업했기 때문이다. 이런 자유주의적 시각에서 정치의 결정적인 문제는 주권의 문제로 귀결된다. 누가 책임자인가? 누가 권력을 가지는가?

누가 결정할 자유가 있는가?[25] 많은 사람에게 이 질문에 대한 답은 등식의 형태를 띤다. **정치권력=선택할 권리+선택을 집행할 권력**. 즉 정치권력은 바로 주권 권력이다. 이 논리에 따라, 정치권력의 본질은 자신의 결정을 집행하기 위해 강제력을 사용할 수 있는 자유다. 강제력이 없으면 결정을 집행할 수 없기 때문이다. 이런 생각은 자유주의 국가든 권위주의 국가든 현대 국가에서 기본이 되었고, 이를 토대로 정치적 자유주의자인 베버도 국가를 "특정 영토 내에서 **물리적 강제력의 합법적 사용의 독점**을 (성공적으로) 주장하는 인간 공동체"[26]라고 정의할 수 있었다. 그렇다면 베버의 시각에서 정치란 무엇인가? 그것은 "행위에서의 어떤 종류의 **독립적인** 지도력"이다. **현대** 정치는 "**국가**의 [독립적인] 지도력"[27]이다. 베버는 현대 정치의 본질이 주권 통치자와 주권국가에 있다고 주장했다.

그러나 좀 더 개인적인 차원으로 내려가 보자. 내가 정치 공동체의 일원으로서 나 개인이나 내가 속한 집단의 정치적 입지가 강하다고 느낀다면, 그것은 나 또는 내 집단의 결정, 선택, 의지가 국가(또는 정부)에 의해 **반영되고 집행된다고** 느끼기 때문일 것이다. 나는 나나 내 집단의 이익이 국가의 주권 권력에 반영되는 것을 "본다". 반면에 내가 무력하거나 대표되지 않거나 권리를 박탈당했다고 느낀다면, 그것은 주권자에게서 "나 자신"을 보지 못하거나 국가에 내 의지를 집행하도록 호소할 수 없을 것 같기 때문이다. 권리를 가진 사람과 빼앗긴 사람이 공유하는 것은 국가를 이익을 집행하고 보호하는 수단으로 본다는 점이다. "정치"는 세계에 자신의 의지를 펼치는 수단이자 권력의 도구이기도 하다. 또 우리의 정치적 대의권이나 참정권을 행사하는 유일한 수단으로서 주권 권력과 떼려야 뗄 수 없이 묶이게 된다. 따라서 우리는 모두 홉스가 주장한 대로 주권자의 신민이다.

이런 생각을 공유하지 않았던 아렌트가 주권이 정치에 치명적인 위협이라고 생각한 것도 이 때문이다. 주권은 정치를 의지를 집행하는 논리로 축소하고 권력을 정치의 전부로 만든다. 또 정치를 인간 공동체의 목적이자 수단이 아니라 단순한 수단으로, 사회공학적 성과나 치안 유지 활동으로 만든다. 더욱이 아렌트는 주권이 폭력을 더욱 합리화하는 조건을 만드는 교묘한 순환 논리에 사로잡혀 있기 때문에, 홉스가 추구했던 바로 그 평화에 위협이 된다고 말했다.[28] 생각해보라. 주권은—주권국가든 주권적 자아든—원하는 것은 무엇이든 할 수 있다는 완전한 자유라는 환상을 수반한다.[29] 이것은 자신을 주권자라고 생각하는 다른 존재들—국가든 자아든—과 평화롭게 사는 것과 양립할 수 없다. 둘 이상의 "주권자"가 저마다 완전한 자유에 대한 환상을 믿는다면, 이들이 서로 상대가 자신의 자유를 가로막고 있는 것을 발견한다면 어떻게 되겠는가? 만약 그들이 특별히 이성적이고 통찰력이 뛰어나다면 원만한 관계를 위해 자신들의 자유를 타협하거나 제한하는 선택을 할 수도 있다. 그러나 주권이 곧 자유라면, 그런 타협을 언제까지 용인할 수 있을까? 그러므로 주권은 주권적 의지들 사이 폭력적 충돌의 조건을 완화하기보다는 만들어낸다.[30]

슈미트는 이런 폭력적인 결말을 충분히 알고 받아들였다. 그는 "정치적인 것"은 "친구와 적 사이의" 실존적 구분으로 귀결된다고 보았다.[31] 자신을 주권자로 보는 개인은 자신의 주권 행사를 반대하거나 도전하거나 어렵게 만드는 이들이 그저 경쟁자가 아니라 적이라는 사실을 발견할 것이다. 비타협적 주권을 추구하는 국가들 역시 마찬가지다. 따라서 홉스와 마찬가지로 슈미트에게 정치는 실제로 다른 수단에 의한 전쟁이다. 정치의 논리적 귀결은 "물리적 살인"[32]이라고 슈미트는 노골적으로 말했다.

그런데 왜 정치의 존엄성에 기대어 전투라는 개념을 고상하게 만드는가? 홉스와 슈미트는 어차피 전쟁 상태에서 벗어날 수 없고 다만 그 성격과 범위만 달라질 뿐이라고 결론 내렸음에도 왜 굳이 "정치"를 붙들고 있었을까? 두 사람이 전쟁의 세계에서도 정치의 자리를 보존하려 했던 것은 논리적 필연성 때문이라기보다는, 전쟁과 오직 전쟁만 있는 세계를 옹호하는 것은 의미가 없으며 자기 존엄성을 해친다는 상식을 따랐기 때문일 것이다. 군국주의는 그들이 철학적으로 관심 있다고 주장하는 정치의 개념을 훼손할 수 있다. 홉스와 슈미트 역시 이런 관점에서 잠깐 멈춰 서서 **생각**해보지 않았을까?

아렌트는 우리 모두에게 잠시 멈춰서 주권 개념을 생각해보라고 요청한다. 홉스의 주권 개념은 전쟁과 갈등의 해결책으로 떠올랐지만, 임시방편일 뿐이었다. 사실 주권은 홉스가 바라던 대로 갈등을 해소하는 데 아무런 도움이 되지 않았다. 오히려 권리, 권력, 의지의 절대적 논리로 이어져서 우리를 전쟁 상태에 빠뜨림으로써 그가 추구했던 평화를 이루기 어렵게 만들었다. 이런 논리는 오늘날의 정치 문화에서 무수히 많은 방식으로 여전히 살아 있다. 주권은 우리가 국가를 강제력의 도구로 여기게 만들고, 타인을 잠재적 전투원으로 끊임없이 경계하게 만든다. 그런데도 우리는 슈미트처럼 여전히 "정치"를 이야기한다. 아마 우리도 더 나은 방법을 찾고 싶은 것인지도 모른다. 만약 그렇다면 아렌트는 **자유**의 의미를 더 깊이 탐구해야 한다고 말할 것이다.

특성으로서의 자유

아렌트는 언어의 정확한 기술적 의미보다는 우리가 언어를 사용해 서술하려고 하는 현상이나 경험에 관심이 있었다. "인간들 사이에서 새로운 현상이 나타날 때마다 각각 새로운 언어가 필요하다. 새로운 경험을 담아낼 새로운 언어를 만들든지, 기존 언어에 완전히 새로운 의미를 부여해야 한다. 말하기가 최고의 지위를 차지하는 정치적 삶의 영역에서는 더더욱 그렇다."[33] 그러나 아렌트는 자유라는 단어를 이해하는 것이 "가망 없는 기획인 것 같다"[34]고 인정했다. 그리고 과학은 우리가 스스로 생각하는 것만큼 자유롭지 않다는 사실을 알려준다고도 말했다. "심리학과 사회학 같은 현대의 폭로적 '과학'들의 일치된 공격 아래 자유의 개념보다 더 철저하게 매장된 것은 없는 것 같다."[35] 이는 심리학과 사회학, 그리고 최근의 신경과학과 인지과학의 몇몇 연구는 우리가 결코 진정으로 자유롭지 못하며, 우리의 환경이나 유전자, 신경 경로가 우리의 삶을 결정하는 것까지는 아니더라도 강하게 조건 짓는다고 말해주기 때문이다. 동시에 우리는 **자유**라는 단어가 지배와 폭력의 가장 극단적인 형태를 정당화하고 가장 사소한 소비재를 팔기 위해 사용되고 남용되는 것을 봐왔다. 그럼에도 불구하고 자유가 우리의 정치적 어휘에서 핵심 개념일 뿐만 아니라 "자유롭기에 책임질 수 있는"[36] 우리 내면의 자아의식과도 직결된다면, 어떻게 자유를 이해하려는 노력을 포기할 수 있겠는가?

아렌트는 자유에 깃든 의미의 실마리를 쥐고 있는 것이 정치라고 주장했다. 정치에서 우리는 자유를 과학적이거나 이념적이거나 철학적인 개념이 아니라 "세속적이고 구체적인 현실로서" 경험하기 때문이다.[37] 아렌트는 〈자유란 무엇인가〉라는 에세이에서 우리가 자유라는 수수께끼를 풀려면 정치적 존재라는 사실로 돌아가야 한다고 주장했다. 철학이나 과학, 이념, 심지어 변화무쌍한 우리의 자아의식과는 달리 정치에서는 자유롭게 **행위**할 수 있는 정도에 따라 자유롭거나 자유롭지 못한 인간들을 발견하게 된다. 자유가 존재한다고 가정하지 않는다면, 우리 자신을 단순히 문화, 역사, 생명 작용의 흐름에 휩쓸려 다니는 존재가 아니라 이 세계에서 다른 사람들과 함께 행위하는 존재로 결코 상상할 수 없을 것이다.

비유하자면, 운동 경기나 콘서트가 끝난 후 지하도에서 인파에 휩쓸려 가는 느낌이 어떨지 생각해보라. 우리는 마치 공이나 바퀴처럼 문자 그대로 사람들의 덩어리에 떠밀려 그저 움직이고 있다고 느낄 것이다. 우리는 행위하지 않고 단지 움직일 뿐이다. 당연히 우리는 자유롭지 못하다. 주변 사람들의 힘에 강제되고 있다. 이제 "조용히 합시다! 모두 함께 움직여요!"라고 소리치는 자신을 상상해보라. 지하도에서의 몸의 움직임과 달리, 이 말은 강요된 것이 아니라 자유롭게 선택된 것이다. 따라서 우리는 떠밀려 갈 때조차 말을 통해 **행위**한다. 아렌트에게 정치란, 우리의 통제를 벗어난 것처럼 보이는 수많은 사회적, 역사적 상황에 대응하기 위해 우리가 "소리치기"를 선택하거나 다른 사람들과 함께 행위할 때 우리 존재의 핵심이다. 그리고 **자유**는 우리가 그렇게 말하거나 행위할 수 있는 경험을 설명하려고 사용하는 단어이다.

고대 그리스어와 라틴어뿐 아니라 서게르만 방언, 고대 노르드어, 고대 프랑스어, 중세 영어에서도 자유와 관련된 단어들이 상태를 나타내는 것에서 신분을 나타내는 것으로, 그리고 결국에는 **특성**을 의미하는 방향으로 변화하는 경향이 있다. C. S. 루이스C. S. Lewis는 《단어 연구Studies in Words》라는 저서에서 **자유**라는 단어에 대해 길게 논한다. 그는 자유와 관련된 단어들은 대개 처음에는 누군가의 신분, 즉 "자유인" 대 "노예"처럼 법적이거나 사회적인 지위를 의미하는 단어로 시작하지만, 시간이 지나면서 "이차적, 사회-윤리적 의미"를 띠게 되어 사람, 행위 또는 심지어 사물의 **특성**을 묘사하게 된다고 주장한다.[38] 예를 들어 그리스어 **엘레우테로스**eleutheros는 "노예가 아닌"이라는 의미의 "자유로운"을 뜻한다.[39] 또 자율적이거나 다른 국가에 예속되지 않는 **폴리스** 또는 다른 한정된 지역을 의미할 수도 있다. 아리스토텔레스는 《정치학》에서 "자유 광장"(혹은 자유 아고라agora)과 상업 공간을 대비시킨다. 전자는 느긋한 활동에 종사하는 "자유인" 신분을 가진 사람들로 가득 차 있으므로 자유롭다. 후자는 대부분 노예와 하인이 상업 활동이나 필수적인 일을 수행하는 곳이므로 자유롭지 못하다.[40]

그러나 고대 그리스 문화에서 엘레우테로스는 존재의 성질이나 어떤 사람 또는 사물의 성격을 의미하기도 하는데, 이는 자유인이 가지고 있거나 가져야 하는 특성과 관련이 있다. 예를 들어 메난드로스Menandros의 단편에는 "자유인(엘레우테로스eleutherôs)의 정신으로 노예 생활을 하면 더 이상 노예가 아닐 것이다"[41]라고 쓰여 있다. 라틴어에서 **리베르**liber는 노예가 아닌 자유인을 가리키는 말이기도 하고, 자유로운 사물을 의미하기도 한다. 가령 오비디우스Publius Naso Ovidius는 (훗날 홉스를 기쁘게 했을 법한 한 구절에서) 바닷물을 강물보다 더 자유롭다liberioris고 묘사했다. 바닷물이 비교적 개방적이고 제한되지 않기 때문이다.[42] 그러나 라틴어에서 리베르는 또한 정신이나 성격, 행위의 특성을 가리키기도 한다. 키케로Marcus Tullius Cicero는 몸값을 치르고 전쟁 포로를 풀어주는 관대한 사람을 **리베랄리스**liberalis라고 칭한다.[43] 실제로 18세기 말까지 영어와 프랑스어에서 liberal/libéral(둘 다 라틴어 리베르liber에서 유래했다)은 압도적인 비율로 인물이나 행동의 특성을 가리키는 형용사로 쓰였다.[44]

옛 북유럽 언어와 방언에서도 같은 경향이 보인다. 예를 들어 frank(솔직한)라는 단어는 프랑크족Franks이라는 부족 이름에서 비롯되었다. 프랑크족은 정복자였다. 6세기에 그들은 갈리아Gallia*를 정복하고 로마의 장원villa들을 장악했다. 그래서 자유인 프랑크족은 frank하게 되었다. 반면에 로마의 장원 거주자villain들은 하인과 노예, 즉 악당villain이 되었다. 물론 시간이 흐르고 프랑크족이 쇠락한 뒤에 frank는 오로지 말하기의 특성을 의미하게 되었다. 개방적이고 정직하고 직설적인 것. 그리고 장원 거주자, 즉 villain은 사악한 존재를 뜻하게 되었다.[45]

이런 단어들이 들려주는 이야기는 다음과 같다. 각각의 경우에, 해당 단어들은 존재의 상태, 신분(일반적으로 법적인)에서 특성이나 속성(대부분 윤리적인)으로 변화한다. 다시 말해 이들 단어의 의미는 상태나 신분에서 사람이나 사물의 **특성**으로 이동한다. 다만 한 가지 예외가 있다. 영어 단어 free에는 다른 모든 단어에 있는 강한 윤리적, 질적 의미가 없다.[46] 내가 사용하는 《뉴 옥스퍼드 영어사전》에는 free에 대한 여덟 가지 뜻풀이가 실려 있는데, 그중 어떤 것에도 윤리적인 의미가 명시되어 있지 않다. 그리고 여덟 항목 중 일곱 개는 "~ 아닌not" 또는 "~ 없이

* 고대에 켈트인이 거주했던 지역. 지금의 프랑스, 벨기에, 이탈리아 북부 등을 포함한다.

without"라는 부정적인 의미를 중심으로 정의된다. 예를 들어 "신체적으로 구속되지 않는", "비용이 없는" 등이 있다.

물론 이처럼 비교적 협소한 어원 연구와 사전 정의의 예시만으로 자유라는 사상, 개념 또는 언어의 역사에 대해 우리가 알아야 할 것을 다 설명할 수는 없다. 그러나 제한적이긴 하지만 여기서 살펴본 증거들은 현대 세계에서 자유의 개념과 이상에 상당한 압박이 가해졌다는 아렌트의 주장에 부합한다. 홉스와 함께 "자유"는 단순히 하나의 상태가 되었다. 소위 "자유 애호가"인 우리는 오직 당구공처럼 경계 안에서, 그리고 대립하는 힘에 맞서 자유로워지는 법만을 알고 있는 것 같다. 우리는 오직 특정한 "신분status"을 가진 "상태state" 안에서 자유로워지는 법을 알고 있을 뿐이다. 우리는 자유롭다. 교도소 마당에 있는 재소자가 자유로운 방식으로.

그러므로 우리는 아렌트와 함께 상상력을 발휘하여 자유에 대한 생각을 밀고 나가야 한다. 이 장의 나머지 부분에서는 뛰어난 시인이자 정치인이었던 존 밀턴에게 의지해서 우리의 정치적 상상력을 자극하려 한다. 밀턴은 영국 내전과 이를 둘러싼 각종 논쟁 및 권력 다툼에서 홉스의 반대편에 있었다. 홉스가 군주제와 동맹을 맺은 반면 밀턴은 계속 왕과 대립하면서 의회와 동맹을 맺었다. 그러나 한편으로는 검열 문제에 기꺼이 맞서면서 의회의 활동에도 이의를 제기했다. 무엇보다 그는 인민의 권력, 특히 공통 관심사에 대해 말하고 행위하는 이들의 권력에 헌신한 공화주의자였다. 밀턴은 "자유로운"과 "자유"라는 개념을 아렌트가 인식했을 법한 정치적-윤리적 의미 영역으로 끌어들였다.[47] 아렌트와 마찬가지로 자유를 **행위의 특성**으로 만들었다.[48]

정치적 낙원

밀턴의 《실낙원》은 역사상 가장 유명한 시 작품 중 하나다. 한 편의 시를 넘어 당대 영국인의 상황과 인간의 조건을 탐구한 서사시적 우화이자 논평이라고 할 수 있다. 또 지배자와 반역자, 법과 범법자, 주권자와 신민, 질서와 무질서에 대한 정치적 신화이며, 자유와 그 반대편에 대한 이야기이기도 하다. 제목을 고려하면 정치적 지옥과 전쟁 중인 정치적 낙원의 이야기로도 읽을 수 있는데, 이것이 밀턴의 시대에 많은 사람에게 영국 내전에서 벌어진 권력 다툼의 본질이었다.

정치적 낙원은 어떤 모습일까? 밀턴에게 이는 정치적 질문이면서 시적이고 신학적인 질문이다. 또 어떤 의미에서는 홉스의 지옥 같은 "만인의 만인에 대한 전쟁" 뒤에 숨어 있는 질문이며, 홉스와 그의 많은 자유주의 계승자들이 선동적이고 "유토피아적인" 정치적 상상력에 불을 지필까 봐 두려워 감히 묻지 못한 질문이다. 그러나 밀턴에게는 낙원도 지옥도 완전히 실현되지 않은 지상에서 사람들에게 정치적 노력을 조직할 수 있는 이정표를 제시하고 홉스의 공포와는 다른 행위의 동기를 제공한다는 점에서 본질적인 질문이다.

《실낙원》에서 낙원은 자유의 장소 또는 아렌트가 일컬은 "공적 자유"가 실현되는 영역이다.[49] 물론 이것은 아렌트뿐만 아니라 우리의 정치적 욕망과도 공명한다. 그렇지 않은가? 여기서 "자유"는 **선택할 수 있는** 자유다. 이것도 우리의 욕망이다. 그렇지 않은가? 밀턴은 운명론자나 결정론자가 아니다. 어떤 정치사상가도 그럴 수 없고, 그래서도 안 된다. 미래를 운명이나 역사적, 시장적, 기술적, 사회적 힘에 맡기는 것은 반反정치적 사상가가 되는 길이다. 반면 모든 정치사상가는 기본적으로 휴머니스트이며, 사람들이 역사의 흐름을 바꿀 수 있다고 믿고 그 힘에 헌신한다. 따라서 의지—특히 "자유의지"—는 아렌트의 저작에서처럼 밀턴의 작품에서도 중요한 개념이다.[50] 밀턴에게 의지는 단순한 관념이라기보다 하나의 힘—우리가 생각할 수 있는 **그** 힘—이다. 이 힘을 통해 우리는 세계를 향해 자기 존재를 드러내고, 관점을 취하고 입지를 확립하며 독립을 선언한다. 자유의지를 발휘함으로써 우리는 정치적 낙원에 아주 가까이 다가간다.

그러나 밀턴의 경우는 그렇지 않다. 아직은 아니다. 밀턴에게 의지는 충분하지 않으며 선택은 절대적이지 않다. 의지는 "담론"이나 말 같은 외부의 영향을 받아 쉽게 변한다. 의지는 자유로울 수 있지만 자족적이지 않으며 결코 그럴 수도 없다. 혼자만의 의지는 길을 잃고 고립된 인간처럼 벌거벗고 취약하며 위험에 노출되어 있다. 이것은 타인을 필요로 한다. 또 일종의 통치, 그 자체의 작은 정치 사회, 말과 지혜로 구성된 의회가 필요하다.[51] 이것이 밀턴의 정치적 낙원의 중심에 있는 정치적 공화국이다. 의지, 언어, 지혜라는 독립적이지만 평등한 권력들.

이 정치적 공화국 안에서 밀턴은 《실낙원》에서 자신이 말한 "합리적 자유Rational Libertie"라는 정치적 낙원의 시적 그림을 제시했다. freedom과 대비할 때 이 문구는 구식에다 엄격하게 들린다. 그러나 17세기 영국에서 **합리적**이라는 말은 후대 계몽주의 유럽에서와 달리 엄격한 명시적 의미를 띠지 않았다. 그것은 "제거된"*이라는 의미도 아니었으며,

* '참된 지식을 방해하는 불확실한 모든 인상, 의견, 판단이 제거된'이라는 의미를 담고 있다.

그보다는 질서 정연한 자유를 함의했을 것이다. 달리 말하면 밀턴에게 "합리적인" 것은 추상적인 컴퓨터 같은 계산의 자리가 아니라 지혜의 자리다. 또는 더 나아가 사리 분별, 즉 다양한 우선순위, 정책, 가능성 중에서 특히 미래에 대한 판단과 관련해 무엇이 가장 적합한지를 판단하는 능력이다.[52] 그러므로 밀턴의 정치적 낙원에서 인류는 신의 대리자로서 **무엇이 적합한지**를 판단하는 능력으로 이 세계를 관장한다. 이보다 더 정치적인 것이 있을 수 있을까? 없다. 앞에서 보았듯이 판단은 일차적인 정치 행위일 뿐만 아니라 가장 흔한 정치 행위이기 때문이다. 혁명부터 결의안 표결에 이르기까지 크고 작은 모든 정치 행위는 판단에서 시작해 판단에서 끝난다.[53]

판단은 밀턴이 어렸을 때 출간된 다른 사람의 책에서 어느 정도 깊이 있게 고찰된 주제다. 바로 후고 그로티우스Hugo Grotius의 1625년 저작 《전쟁과 평화의 법De Jure Belli ac Pacis》으로, 밀턴을 비롯해 많은 사람에게 엄청난 영향을 준 책이다.[54] 이 책의 뚜렷한 기여 중 하나는 **귀속적**attributive 정의에 대한 주장이다. 그로티우스에게 귀속적 정의란 (아리스토텔레스의 "분배적" 정의 개념을 수정한 것으로) 각자에게 받아 마땅한 것 또는 **빚진** 것을 주는 것이 아니라 **적합하거나 적절한** 것을 제공하는 일이다. 이를 설명하기 위해 그로티우스는 그리스 역사가 크세노폰Xenophon이 처음 기록한 페르시아 왕 키루스 대제의 이야기를 다시 들려주었다. 키루스는 코트 두 벌을 두 소년에게 주면서 (문자 그대로) 적합하거나 잘 어울린다는 이유로, 작은 코트는 작은 소년에게 주고 큰 코트는 큰 소년에게 주기로 한다. 그런데 이 결정을 두고 키루스의 스승은 옷이 어울리는지와 관계없이 각 코트의 정당한 소유권이 누구에게 있는지 묻지 않았다며 비난한다. 어느 소년에게 그 옷이 마땅히 주어져야 했거나 빚진 것이었을까?[55]

그로티우스는 키루스의 스승이 과민 반응을 보였다고 말하면서 "무엇이 빚진 것인가"라는 질문이 올바른 아주 중요한 사례들도 있지만, "무엇이 적합한가"라는 판단에 더 가까운 질문들의 영역도 있다고 주장했다. 즉 정치적 문제 중에서 상당수는 중심 질문이 "무엇이 빚지거나 마땅히 주어져야 하는 것인가"—우리가 종종 묻듯이 "어떤 **권리**가 걸려 있는가"—가 아니라, "무엇이 적합하거나 적절한가"인 경우가 많다. 이는 귀속적 정의가 보상적 정의를 대체하는 것이 아니라 후자의 한계를 보완하는 것이다. 예를 들어 전쟁의 정의를 생각할 때, 그로티우스는 어떤 왕이 불의에 대한 엄격한 응징 수단으로 다른 왕에게 전쟁을 일으킬 마땅한 "권리"를 주장할 수는 있지만, 이는 전쟁을 할 것인가 말 것인가를 판단하는 근거로는 빈약하다고 보았다. "처벌을 만류할 수 있는 논거가 많이 있으며", 특히 다른 사람들의 "복지"가 중요하다.[56] 그로티우스는 단순한 권리보다는 특정한 상황이 행위의 향방을 결정해야 한다고 주장한다.

밀턴의 낙원은 이런 귀속적 정의가 중재되고 관련된 판단이 내려지는 곳이다. 그로티우스와 밀턴 모두에게 귀속적 정의의 패러다임은, 로크가 말한 것처럼 마땅히 주어지거나 빚진 바에 따라 교환하는 상업적 시장과 무관하다는 점에 주목해야 한다. 오히려 그것은 담론, 또는 더 나아가 수사학(5장 참조)과 관련이 있다. 여기서 말하는 이는 외부의 "주권적" 규칙이나 기준을 찾기보다 상황이나 진술에 적합한 답변을 모색한다.[57] 예를 들어 그로티우스는 "사리 분별"을 결정권자에게 올바른 행동 방침을 명령하거나 지시하는 것이 아니라 그들을 “설득하거나 만류하는” 것이라고 설명했다.[58] 그래서 밀턴에게도 인간의 가장 높은 능력인 이성은 수사학과 밀접하게 결부되어 있다. 《실낙원》에서 위대한 천사 라파엘Raphael은 이성을 “추론적”이며 “담론”에 나타나는 것으로 설명한다.[59]

자유의지를 지혜와 말, 궁극적으로는 상황에 맞는 신중한 판단 행위와 연결하면서 밀턴은 자유가 경계에 의해 제한되지 않고 행위 속에서 실현되는 모습을 보여준다. 누구든지 말과 행위를 통해 정치적으로 자유로울 수 있다. 아리엘라 아줄레Ariella Azoulay가 이 문제에 대한 아렌트의 생각을 요약하며 말했듯이 “행위가 어디에서 끝날지 결코 알 수 없다”.[60] 행위에는 어떤 결과든 나올 수 있는 묘한 자유의 힘이 있다.[61]

밀턴의 정치적 낙원 이야기는 이쯤 해두자. 그렇다면 그의 정치적 지옥은 무엇인가? 사탄이 거하는 밀턴의 지옥에서 자유는 오로지 상태나 신분의 관점에서 이해된다. 슈미트가 나중에 “정치적인 것”은 친구와 적의 구분에 달려 있다고 주장했듯이, 《실낙원》의 사탄은 주권과 예속의 절대적 구분이라는 관점에서만 자신의 정치적 존재에 접근할 수 있다. “천국에서 섬기느니 지옥에서 다스리는 것이 낫다.”[62] 천사 라파엘은 사탄이 대반란을 일으킨 이야기를 아담에게 반복하면서 사탄의 말을 인용한다.

그대들은 머리를 숙이고 굴복의 무릎을 꿇으려 하는가.
내가 그대들을 올바로 안다고 믿는다면,
또는 그대들이 스스로를 알고 있다면 굴복하지 않으리라.

천국의 주민이자 아들인 그대들은 이전에는
누구에게도 속하지 않았으며, 모두 똑같진 않아도 자유롭다면,
동등하게 자유롭도다.[63]

여기서 자유는 굴복하지 않는 것이다. 그 이상도 이하도 아니다.[64] 따라서 자유는 맘몬Mammon*이 반역 천사들 가운데서 말한 바와 같이 "가혹한" 것이지만, "가혹한 자유"가 맘몬이 "비굴한 명예"[65]로 표현한 것보다 더 바람직하다. 자유는 단지 ~**로부터의**from 자유일 뿐이다. 자유는 상태에 불과하다.

그래서 밀턴의 《실낙원》에는 두 가지 자유 개념이 존재하는데, 이것은 역사적으로 자유와 솔직함 같은 의미의 두 가지 축인 신분과 특성과 맞닿아 있다. 또 이는 밀턴의 서사적 상상력이 그려낸 지옥과 낙원이라는 두 정치 영역과도 일치한다. 지옥은 하나의 상태이며(밀턴의 "상태state"를 존재의 상태이자 정치적 상태로 상상해보자), 자유가 단지 상태나 신분에 불과한 곳이다. 이는 홉스의 물웅덩이와 유사하며 그 경계 안에서 "자유롭다". 반면 낙원에서는 자유가 사상, 행위, 말의 뚜렷한 특성으로 발현된다. 자유는 말 속에서 경계 지어지는 것이 아니라 실현된다. 따라서 밀턴은 진정한 자유를 특정한 상황에서 실현되기를 기다리는 잠재적 자유라는 의미에서 "내재적인inward" 것으로 규정한다.[66] 밀턴의 "내재적 자유"는 (아리스토텔레스의 정치적 자유[67]와 달리) 일부 인간에

* 탐욕을 상징하는 악마. 검은 몸에 새의 머리가 두 개 달려 있고 손발톱이 길다. 밀턴의 《실낙원》에 따르면, 하늘에서 떨어진 천사 중 가장 치사한 근성의 소유자로, 천계의 천사였다고는 하지만 항상 고개를 숙이고 황금이 깔린 보도만을 쳐다보고 있었다고 한다.

게만 부여된 자연 상태가 아니며, (밀턴 시대 마키아벨리주의자들의 자유와 달리) 운명의 산물도 아니다. 밀턴에게 자유는 의지, 이성, 말의 협력을 수반하는 행위의 특성에서 실현되는 일반적인 인간 **역량**에 뿌리를 두고 있기 때문에 "내재적"이다. 달리 말하면 선택의 힘, 사려 깊은 지혜의 통치, 수사학의 발휘라는 정치적 삼위일체를 통해 실현된다. 《실낙원》에서 아담의 몰락은 바로 이 질서가 흐트러지면서 인간의 불화가 분출한 것이다.[68] 이런 관점에서 보면 예속 자체가 윤리적 용어로 변모한다. 밀턴의 고귀한 천사 아브디엘Abdiel은 이렇게 선언한다. "지혜롭지 못한 자를 섬기는 것이야말로 예속이다."[69]

수사학적 자유

의지, 이성, 말의 협력 또는 선택, 지혜, 담론의 협력 외에 자유의 특성에 대해 무엇을 더 말할 수 있을까? 밀턴의 초기 저작인 《아레오파기티카Areopagitica》(1644)에서도 자유는 아렌트의 "공적 자유"와 매우 유사한 공화국의 **공동체적** 특성을 수반한다. 《아레오파기티카》는 흔히 "언론 자유"를 처음 옹호한 걸작으로 평가받지만, 그보다 더 깊은 의미를 담고 있다. 이 책은 **자유롭고 충실하게 말하기**를 옹호한다. 밀턴은 1643년 의회가 제정한 출판허가법, 즉 검열위원회 사전 승인을 받아야만 출판할 수 있게 한 조치에 항의해 이 책을 썼다. 그는 의회의 명령을 무시하고 허가 없이 출판했다. 그리고 첫 페이지에서 의회를 비난하면서 자신의 취지를 분명히 밝힌다. 그런데 밀턴은 "자유롭게" 행해진 이 비난과 저항의 행위가 한편으로는 의회에 대한 충실함의 행위라고 주장했다. “고귀하게 행해진 일을 자유롭게 칭송하고 더 나아질 수 있는 일을 두려움 없이 자유롭게 선언하는 이는 자신의 충실함에 대해 최상의 **서약**을 하는 것입니다.”[70] 밀턴에게 어떤 유화적인 목적이 있었든지 간에, 이 진술의 정치적 논리는 많은 “서약”이 파기되었던 1640년대 영국에서 특히 의미심장하다. 밀턴은 정치적 충실성의 척도는 문자로 적힌 서약의 준수가 아니라 공적 영역에서 벌이는 정치적 행위의 질이라고 말했다.

영국 내전 중에 서약을 지키고 파기하는 것이 얼마나 중요한 문제였는지는 아무리 강조해도 지나치지 않다. 이는 끊임없이 논쟁을 불러일으켰을 뿐만 아니라 왕, 의회, 의회 군대가 영국의 미래를 두고 논의한 핵심 문제였다.[71] 영국의 정치적 위기 국면에서 서약을 지키고 파기하는 것이 얼마나 중요했는지 이해하기 위해, 1647년의 푸트니 논쟁Putney Debates(또는 “군대 논쟁”)에서 헨리 아이어턴Henry Ireton이 한 말을 생각해 보자. 이 논쟁의 상당 부분은 서약이나 헌법의 근본적인 역할 없이도 어떤 사회적, 정치적 질서가 존재할 수 있는지에 집중되어 있었다. “내 생각에 정의의 큰 토대는 [우리가 서로 **서약**을 지켜야 한다는 것]이다. 이것 없이 가능한 인간과 인간 사이의 [정의]에 대해 나는 아는 바가 없다. (…) 우리가 서로 서약을 지켜야 한다는 것 외에 다른 권리의 근거를 나는 알지 못한다. 자유롭게 맺어지고 자유롭게 체결된 **서약**을 서로 지켜야 한다. 이것을 없애버린다면, 어떤 사람의 권리라고 부를 수 있는 근거가 무엇인지 모르겠다.”[72] 아이어턴은 법이 곧 왕인 국가를 원했다. 훌륭한 생각이다. 하지만 그에게 이는 아주 나쁜 법이라 해도 마치 왕에게 그러듯 복종해야 한다는 의미인 것 같다. 반면 밀턴은 정치적 충실성이란 자유롭게 말하는 데서, "더 나아질 수 있는 일"을 자유롭게 선언하는 데서 가장 잘 표현된다고 주장했다. 이것이 법의 문자에 대한 불복종을 의미할지라도 말이다. 이와 같이 밀턴은 정치적 질서가 자유와 그로티우스의 귀속적 정의 같은 것에 뿌리를 내릴 수 있다고 보았다. 밀턴에게 무엇이 **적합한지** 자유롭게 말하는 것은 정치적 충실성의 가장 좋은 표식일 뿐만 아니라 정치적 질서의 가장 확실한 기반이기도 하다.

《실낙원》과 마찬가지로 《아레오파기티카》도 자유롭게 말하는 것과 정치 질서의 관계에 대한 기본 관심에서 출발했다. 이 책은 무정부주의자의 글도, 자유지상주의자의 글도 아니다. 오히려 《실낙원》처럼 무질서보다는 질서를, 더 구체적으로는 공적 영역에서 행해지는 분별 있는 판단 행위에 기초한 질서를 주장한다. 《아레오파기티카》는 국가 검열에 대항해 "언론 자유"를 처음 옹호한 위대한 저작으로 유명하지만, 그의 주장은 권리의 언어에 뿌리를 두고 있는 것이 아니다. 그보다는 특히 덕망 있는 지도자의 인도 아래, 사전 검열을 받지는 않되 사람들이 경우마다 주어진 텍스트에 적합한 반응이 무엇인지 사려 깊게 판단해야 한다는 생각에 근거를 두고 있다. 그러므로 《아레오파기티카》는 원하는 바를 무엇이든 말할 수 있는 "권리"보다는 자유의 질과 그 연장선인 공동체의 질에 더 중점을 둔다.

아렌트는 말년에 쓴 시민 불복종에 관한 에세이에서 비슷한 주장을 펼쳤다. "범죄자가 공공의 눈을 피하려는 것과 시민 불복종 행위자가 공개적인 저항 차원에서 법을 무시하는 것은 전적으로 다른 일이다."[73] 하나는 무언가에서 벗어나기 위해 법을 어기고, 다른 하나는 타인을 위해 무언가를 하고 법이 부당할 때 그에 도전함으로써 법의 온전함을 수호하기 위해 법을 어긴다. 아렌트는 "시민 불복종 행위자는 보통 다수와 의견이 다르지만, 집단의 이름으로 집단을 위해 행위한다"[74]고 썼다. 이 점에서 그는 공식적인 정치 대표자가 그러듯이 공적 영역에서 대표자로서 행위한다. 아렌트 시대의 시민 불복종의 예로 다이앤 내시Diane Nash의 행위를 들 수 있다. 1960년대에 프리덤 라이더스Freedom Riders*에 참여한 내시는 미국 남부 지역에서 시행되던 인종분리법의 엄청난 부당성에 항의해 이 법의 준수를 거부했다. 그는 불복종을 실천하면서 자신도 말하고 행위할 자유뿐만 아니라 다른 사람들을 대신해 정치 공동체에 참여할 자유가 있다고 말했다. 밀턴이 《아레오파기티카》를 출판하면서 그랬듯이 내시가 공개적으로 한 저항 행위는 범죄와는 거리가 멀다. 이는 밀턴이 주장하고 아렌트가 단언했듯이, 정치적 충실성의 한 예이다.

* * *

홉스는 《리바이어던》에서 "자유란 본래 저항의 부재를 의미한다"고 썼다. 따라서 자유는 "이성적인" 존재와 마찬가지로 "비이성적이고 무생물인" 존재에도 똑같이 적용될 수 있는 용어다. "특정 공간 내에서만 움

* 1961년 5월, 미국 남부 지역의 인종 분리 정책에 항의해 일어난 흑인 민권운동. 흑인과 백인 청년들이 함께 워싱턴 DC에서 뉴올리언스까지 버스를 타고 이동하면서 백인 전용 좌석을 이용하는 등의 활동을 벌였다.

직일 수 있게 묶여 있거나 경계 지어져 있고, 이 공간이 외부 장애물에 의해 제한되어 있다면, 우리는 그것이 더 나아갈 자유가 없다고 말한다." 그러므로 앞에서 보았듯이, 감옥에 갇힌 재소자와 수영장에 갇힌 물은 모두 어느 정도까지는 자유를 누리되, 그 경계를 넘어서면 완전히 자유를 결여하게 된다.[75]

이 장을 마무리하면서 나는 홉스가 자유를 물리적 저항의 부재로 표현한 것을 조금 더 살펴보고 싶다. 그의 생각은 오늘날 널리 퍼져 있는 자유에 대한 속설과 매우 유사하다. 강제력이라는 관점에서 자유를 정의하는 것이다. 내가 원하는 대로 할 수 있으면, 내 의지가 승리하면, 권력자들이 내 이익이나 권리를 보장하면 자유롭다고 생각한다. 그런데 홉스의 접근법은 오늘날 신경과학, "뇌 물질" 또는 물질적 인과 메커니즘으로 인간 행동을 설명하려고 하는 과학적 접근법과도 많이 닮았다. 두 경우 모두, 말하자면 자유의 물리학은 강제력이 최종 결정권을 가지는 곳으로 우리를 데려간다. 다른 사람들과 마찬가지로 홉스도 그런 세계는 "정치"를 또 다른 강제력의 체제로 만들 뿐이라는 사실을 깨달았다.

아렌트는 밀턴과 마찬가지로 모든 종류의 법에 반대하는 아나키스트가 아니었다. 또 폭력과 강제력이 절대적으로 잘못이라고 믿는 평화주의자도 아니었다. 국경을 부인하지도 않았으며 오히려 국경을 정치적 권리 구성의 중요한 요소로 보았다. 그러나 정치 경험을 포함한 모든 범위의 인간 경험을 규제하고 설명하기 위해 기본적으로 강제력에 의존하는, 겉보기에 압도적인 **현대의** 관습에는 매우 회의적이었다. 그의 회의론은 상식에 근거하고 있었다. 우리는 때때로 세상만사 힘으로 귀결된다고 공언하고 종종 그렇게 믿지만, 대부분은 그런 식으로 살지 않는다는 것이다. 이 점은 무엇보다 정치 영역에서 두드러진다. 특히 정치에서 우리는 "인간의 자유를 자명한 진리로 여긴다".[76] 아렌트는 자유에 대한 신념을 망상이나 이데올로기로 설명하려 하기보다는, 우리의 상식을 인간 존재의 진실을 찾아가는 단서로 진지하게 받아들였다. 아렌트의 해석에서 자유는 단순히 단어나 개념, 구호가 아니다. 그것은 **사실**, 무엇보다 정치적 사실이다.[77] 다시 말해 자유는 실현된다.

실제로 아렌트는 홉스를 이데올로그로 보았다. 물리학적인 "자유" 개념과 무력을 전제로 하는 주권국가를 논증하기 위해, 홉스는 자유가 행위의 **특성**일 가능성을 완전히 배제하고, 자유를 경계 지어진 공간이라는 관점에서 계량화할 수 있는 것으로 엄격하게 제한해야 했다. 홉스가 보기에, 집에 편히 앉아서 노예들이 일하는 모습을 지켜보며 위압적으로 명령을 내리는 농장주는 자기 농장의 경계 안에서는 완전히 자유로울 것이다. 그러나 아렌트가 보기에는 자유롭다고 하기 어렵다. 육체적 욕구와 필요에서는 해방되었을지 모르지만, 노예 주인으로서 그는 농장의 동료들과 정치적이거나 자유로운 관계를 맺지 못한 탓에 자유를 경험할 기회가 거의 없기 때문이다. 마거릿 캐노번Margaret Canovan이 아렌트의 주장을 요약했듯이, 자유는 단지 사적인 영역을 마음대로 돌아다니거나 타인에게 군림하는 권리에 불과한 것이 아니라, 항상 "동료들과 함께하는 행위"의 특성이다.[78]

경기장을 떠나는 관중의 예로 돌아가 보자. 경기 후에 많은 사람이 한꺼번에 지하도를 통해 빠져나온다면, 군중의 흐름에 떠밀려 갈 수밖에 없으므로 당신의 움직임은 **질적으로** 자유롭다고 보기 힘들다. 그러나 앞서 살펴본 대로 당신이 "조용히 합시다! 모두 함께 움직여요!"라고 소리친다면 이는 질적으로 자유로운 행위로 볼 수 있다. 만약 누군가가 당신 등에 권총을 들이대고는 "조용히 합시다! 모두 함께 움직여요!"라고 소리치라고 강요한다면, 그 명령에 따르는 당신은 분명 질적으로 자유롭지 **않다**. 대본은 동일하지만 질적인 차이가 있는 것이다. 아렌트와 밀턴 같은 사상가들이 이해한 자유 개념은 무엇보다 인간 행위의 특성이며, 여기서 대본은 부차적인 역할을 할 뿐이다. 물론 자유를 위해서는 말할 수 있는 공간, 대화할 동료, 강요의 부재 같은 일정한 조건이 필요하지만, 단지 물체와 한정된 공간의 문제인 양 그런 외적 조건들로 자유를 축소할 수는 없다. 이것이 아렌트가 정치, 자유, 행위가 사실상 동일할 정도로 상호 의존적이라고 주장한 이유다.

자유에 대한 이런 접근법을 보여주는 적절한 비유를 즉흥극의 세계에서도 찾을 수 있다. 즉흥극에서는 무대에 오른 여러 배우가 힘을 합쳐 공통의 이야기를 만들어낸다. 배우들은 저마다 어떤 방식으로든 자유롭게 연기할 수 있지만 전개되는 서사에 기여해야 한다는 책임감을 강하게 느낀다. 성공적인 즉흥극 공연에 필요한 조건은 진정한 정치적 자유를 위한 조건과 유사하다. 무대나 배경, 공통된 이야기의 개요, 능숙한 배우나 시민, 그리고 무엇보다 행위의 자유가 요구된다. 원하는 대로 말하거나 행할 수 있는 자유, 그리고 진행 중인 공연에서 다른 이들이 각자의 방식으로 응답하도록 맡기는 자유가 필요하다. 여기서는 누구도 자기 방식을 강요하지 않으며, 더욱이 폭력을 사용해 강제하는 일은 있을 수 없다. 즉흥극 무대에 배우가 없다면 그것은 공연이 아니다. 무대에 배우가 있어도 그들이 말하지 않거나 반응하지 않는다면 역시 공연이 아니다. 즉흥극은 물질적 요소들의 조합을 뛰어넘는 질적 현상이다. 이는 무대 배경이나 구상을 통해서가 아니라 실제로 펼쳐지는 공연에서 실현된다.

정치적 자유도 마찬가지다. 이는 행위와 상호작용의 질로 나타난다.[79] 아렌트는 이런 자유가 우리 시대에 긍정적인 정치의 가능성이며 우리의 정치 문화에서 널리 길러질 수 있는 능력이라고 보았다. 홉스와 그의 계승자 중 많은 이들은, 자유주의자 비자유주의자 할 것 없이, 자유를 단지 상태, 물체들 사이의 관계, 신분, 강제력 또는 강제력의 조합에 불과하다고 주장하거나 당연한 전제로 삼음으로써, 아렌트가 말하는 자유의 가능성을 암묵적으로 또는 명시적으로 부정해왔다. 따라서 우리 앞에 놓인 궁극적인 질문은 다음과 같다. 홉스가 주장했듯이 정치란 결국 다른 수단에 의한 전쟁이라고 믿을 것인가—이 경우 우리는 세상에서 우리가 행사하는 강제력의 범위 딱 그만큼만 자유롭다—, 아니면 "정치와 자유는 동일하다"[80]는 아렌트의 견해에 동의할 것인가? 이 질문에 답하려면 학문적 분석만으로는 부족하다. 우리의 상상력, 특히 정치적 상상력이 필요하다.

결론

다시 태어나는 정치

몇 년 전 다른 책을 집필하던 중에 미국 남서부 산악 지대에 위치한 거대한 인공 동굴을 방문할 기회가 있었다. 1950년대에 연방정부가 수백만 달러를 들여 지은 건축물로 미로 같은 터널과 크고 작은 방들로 구성되어 있었다. 핵전쟁 시 대통령과 고위 공무원들을 수용하기 위한 시설이었다. 단순한 지하 은신처라기보다 안전, 생존, 생명 유지, 충분한 수면이 가능하도록 설계된 지하 도시였다(방 하나는 "아이젠하워 침실"이라고 불렸다).

20세기 중반의 정교한 공학을 총동원했음에도 불구하고, 현재 이 시설은 특정한 무기 실험이나 저장고 용도로만 사용될 뿐이다. 사실 건축 당시에도 이 복합 건축물에는 뭔가 원초적인 면이 있었다. 물론 핵 재앙이 실제로 일어났다면 허허벌판보다는 이곳이 살기에 나았겠지만, 여기서 보호받는 삶은 어둡고 단조롭고 우울했을 것이다. 교도소 생활처럼 좁고 사방이 막힌 공간 안에서 움직일 수 있는 단순한 홉스식 자유를 누렸을 테니 말이다. 이곳의 삶은 플라톤의 동굴에 갇힌 죄수들의 삶과 더 비슷했을 것이다. 어둡고 망상에 휩싸이기 쉬운 삶. 미국이 "자유"를 위해 싸운다는 미명 아래 이런 시설들을 지었다는 사실은, 어쩌면 우리가 자유에 대해 얼마나 잘못 알고 있었는지 말해주는 게 아닐까? 이것이 자유라면, 속박이란 정확히 무엇인가?

자유란 무엇인가? 이는 아렌트 정치 옹호론의 근본적인 질문이다. 그는 자유가 정치의 근본 이유, 즉 존재 이유raison d'etre[1]라고 날카롭게 주장했다. 자유를 빼놓고는 정치는 거의 의미가 없다. 기계와 시장이 더 효율적이고, 강제력이 더 곧바로 효과적이기 때문이다. 만약 단지 "물질적인 것"에 만족하고 싶다면, 외부인 출입 제한 주택단지를 만들고, 관리비를 내고, 차폐물을 설치하고, 국기를 꽂고 그것을 "애국심"이라고 부르는 편이 더 나을 것이다. 그리고 가까이서든 멀리서든 사람들이 "우리 삶의 방식"을 위협하기 시작한다면, 총과 미사일을 사용해서 그들을 막아내고 효과가 있기를 바라면 된다. 얼마나 자유로운가! 이것은 바로 군사 벙커나 고립된 서라운드 음향 "남성 동굴"*처럼 문자 그대로의, 그리고 은유적인 동굴로 이끄는 "자유"다.

아렌트는 우리가 동굴에서 나와 정치적 자유를 쟁취하기를 바랐다. 싸움이 아니라 정치 활동을 통해서, 서로를 평등하게 대하며 말하고 행위함으로써. 아렌트에게 자유와 행위와 정치는 동일한 것이다. 그는 이렇게 썼다.

> 자유가 (…) 일상적 사실로 항상 인식되어온 장은 정치 영역이다. 오늘날에도 우리가 알고 있든 그렇지 않든, 자유의 문제를 논할 때면 정치의 문제, 그리고 인간이 행위 능력을 부여받은 존재라는 사실을 항상 생각해야 한다. 인

* 남성들이 취미 생활이나 휴식을 위해 주로 지하실, 차고 등에 만드는 개인 공간.

간의 삶에 내재하는 모든 능력과 잠재력 가운데서 오직 정치와 행위만이 자유가 존재한다는 가정 없이는 상상할 수조차 없는 것들이며, 암묵적으로든 명시적으로든 인간의 자유라는 문제를 언급하지 않고는 어떤 정치적 논점도 다룰 수 없기 때문이다.[2]

말하자면, 정치를 논하는 것은 자유에 대해 이야기하는 것이다. 정치는 우리가 모든 사람과 자유롭게 행위하고 상호작용하는 유일한 수단이기 때문이다. 인간의 행동을 조정하고 질서를 강제하며 권력과 권위를 행사하는 방법은 수없이 많지만, 이 중 어느 것도, 즉 기계도 시장도 기관총도 미사일도 모두를 자유롭게 하지는 못한다. 물론 기술자, 경제학자, 장군, 기업인 들처럼 **몇몇 집단**은 비교적 자유로울 수 있다. 그러나 이는 그들은 정치적으로 살 수 있고 우리는 그렇지 못하다는 사실을 말해주지만, 그들도 넓은 세계에서 정치적 삶을 누리는 것이 아니라, 단지 안전시설의 좁은 범위 안에서 살아갈 뿐이다.

정치는 넓은 세계에서 구사하는 자유의 기술이다. 이것이 아렌트 평생의 작업에서 첫 번째로 중요한 메시지다.

정치는 너와 나, 타인, 그리고 우리가 공유하는 공통 세계의 일이므로 우리가 어떤 세계에서 살지를 둘러싸고 끝없이 판단을 내리는 기술이다. 정치권력과 권위의 본질과 범위는 그런 판단을 하는 사람들의 범위에 달려 있다. 군주제, 전제정체, 독재정체에서는 권위가 한 사람에게 제한된다. 과두제, 귀족제, 금권정치에서는 소수의 엘리트에게까지 확대된다. 민주주의와 공화정에서는 인민들에게 달려 있다. 이렇게 다양한 유형의 정부를 사유하는 한 가지 방법은 "누가 정치적으로 살 수 있는가"라는 근본 질문에 대한 답으로 보는 것이다(이제 우리가 알고 있듯이, "누가 자유롭게 살 수 있는가"라는 질문과 사실상 동일하다). 그리고 또 다른 방법은 "누가 판단을 내릴 책임이 있는가"라는 질문에 대한 답으로 사유하는 것이다. 즉 정치적으로 산다는 것은 자유롭게 사는 것이며, **동시에** 말과 행위와 판단에 책임감을 갖고 사는 것이다.

물론 책임감을 갖고with responsibilities 사는 것과 책임감 있게responsibly 사는 것은 다르다. 이는 인간의 삶 전체에 걸쳐 진실이다. 아이를 방치하는 부모, 학생을 등한시하는 교사, 환자를 소홀히 하는 의사 등 책임감을 갖고 있지만 책임감 있게 처신하지 않는 사람들이 많다. 정치 영역도 이 점에서 다르지 않다. 그런데도 시민이나 정치인, 공무원이 무책임하게 행동할 때 우리는 정치 자체를 성급하게 비난하는 경향이 있다. 부모가 소홀하다고 가족 자체를 공격하거나, 교사가 무책임하다고 교육을, 의사가 무모하다고 의학을 공격하지는 않는다. 그런데 정치는 왜 이렇게 쉽게 비판받는가? 우리는 왜 이렇게 성급하게 정치를 판단하는가?

1장에서 보았듯이, 정치는 오락, 궁정 음모, 당파적 책략, 다른 수단에 의한 전쟁 등 정치가 아닌 다른 것으로 쉽게 왜곡되므로 우리의 표적이 된다. 그리고 2장에서 보았듯이, 우리가 사회를 규제하고 조직하는 데 정치보다 더 좋은 방법(시장, 기계, 역사의 힘 또는 정체성과 이데올로기 같은 사회적 힘 등)이 있다고 거듭 들어왔기 때문에 정치는 비난받기 쉽다. 그러나 무엇보다 중요한 이유는 정치적 책임의 본질 자체에 있을 것이다. 생각해보라. 시장 상황이 악화할 때 우리는 온갖 방법으로 시장의 비인격적 메커니즘에 책임을 떠넘기려 한다. 마치 시장이 자동 수정 프로그램인 것처럼 "시장이 조정 중이다"라고 말하는 식이다. 마찬가지로, 기술이 잘못 작동할 때(실제로 자주 일어나는 일이다) 우리는 기계 설계자와 운영자가 수학 시간에 실수한 아이 만큼이나 책임이 없다는 듯 "오류"라는 언어를 사용한다. 그리고 만약 역사나 사회가 문제라면, 누구도 실제로 비난받지 않는다.

반면에 정치에서는 무언가 잘못되면 항상 손가락질할 사람들이 있다. 정치는 사람으로 시작해서 사람으로 끝나기 때문이다. 정치는 인간의 기술이다. 정치에서는 사람을 숨길 수 없으며, 이것이 정치의 위대한 자산이다. 정치에서 우리는 우리 집단적 존재의 근본 진리를 만난다. 즉 사람은 책임이 있다. 기술, 경제, 역사, 사회 같은 소위 "비인격적" 힘에 대해서도 마찬가지로 사람에게 책임이 있다. 그래서 소위 정치를 "대체하는" 것조차도 근본적으로 정치적 성격을 띤다. 은행가도 **정치적** 책임이 있고 기술자도 **정치적** 책임이 있다. **우리 모두**는 정치적 책임이 있다.

정치의 위대한 점은 책임과 자유가 서로 모순되지 않는다는 것이다. 책임이 자유의 열쇠다. 무언가에 책임이 있다는 것은, 무슨 일을 하고 무슨 말을 하든, 강제력이나 기계적인 인과관계를 따르는 것이 아니라 **자유롭게 행위할** 수 있다는 의미다. 물론 모두가 똑같이 자유로운 것은 아니다. 외부 상황과 내면적, 신체적 역학에 따라 자유의 정도가 달라진다. 그러나 우리가 어떤 일에 책임을 질 수 있는 한, 그 일을 하는 데 자유로웠다고 말할 수 있다. 책임은 때때로 부담으로 느껴질 수 있지만, 책임을 진다는 것은 해방감을 느끼는 일이어야 한다. 이는 당면한 상황에서 자유롭게 행위할 수 있다는 것을 의미하기 때문이다.

광범위한 교육, 건강, 기회 접근성, 생활임금 보장 등을 지원하는 정책은 책임과 자유의 범위를 넓힐 수 있다. 때때로 비용이 너무 많이 든다는 비판을 받지만, 공화민주주의의 관점에서 이런 정책들은 매우 중요하다. 공공 서비스를 비판하는 이들은 행위의 자유가 신체적, 정신적 안녕에 의해 때로 제한될 수 있다는 사실을, 그리고 인간이라는 동물도 다른 동물과 마찬가지로 신체적, 정신적 안녕을 환경적, 사회적, 경제적 요인에 부분적으로 의존한다는 점을 과소평가한다. 더 나은 공교육, 더 건실한 의료 서비스, 그리고 기본소득을 추구하는 정책 입안자들도 보수적인 비판자들만큼이나 민주주의적인 최종 목표, 즉 시민들의 광범위한 행위의 자유라는 목표를 쉽게 잊곤 한다. 이런 정치적 목적을 무시함으로써 우리는 결과적으로 사회공학자들의 연구 대상으로 전락하게 된다.[3]

정치는 수단이자 목적이다. 이것이 아렌트의 저작에서 두 번째로 중요한 메시지다.

어떻게 정치를 제거하거나 피하느냐가 아니라 어떻게 정치를 더 잘할 것인가, 이것이 우리 앞에 놓인 근본 질문이다. 어떤 이들은 정치를 더 잘하려면 지도자들에게 맡기면 된다고 말할 것이다. 또 어떤 이들은 정치적 결정을 내리고 조정하고 유도하는 일을 전문가들에게 맡기는 것이 더 좋은 방법이라고 말할 것이다. 또 다른 이들은 **우리**가 정치를 더 잘해야 하며, 이를 위해서는 합리적으로 사고하고 예의 바르게 행동하며 공식 규칙을 따라야 한다고 말할 것이다. 이런 접근 방식들에는 저마다 일말의 진실이 있다. 리더십, 전문성, 공식 규칙의 결함은 우리의 정치적 삶에 심각한 결과를 초래할 수 있으므로, 이런 요소들이 도움이 된다는 것은 분명 진실이다. 그러나 리더십, 전문성, 공식 규칙은 정치적 해결책으로 충분하지 않다. 게다가 저마다 권위주의가 잠재해 있어 정치적 위기를 악화시킬 수 있으며, 실제로 종종 그래왔다.

정치는 양이나 범주의 문제라기보다 질에 관한 문제라는 점에서 미덕의 정치에 새로이 헌신할 필요가 있다.[4] **미덕**virtue이라는 말은 낡고 따분하고 도덕주의적이며 성별화된 용어로 들린다. 그러나 고대 그리스까지 거슬러 올라가는 정치사상의 역사에서 이 단어는 고루한 도덕성을 뛰어넘는 의미가 있다. 그리스인들은 미덕(아레테aretê)을 도덕적이면서 수행적인 자질로 보았다. 미덕이 있다는 것은 인내, 친절, 관대함, 용기, 자제력 같은 인격적 특성을 가진다는 의미였다. 정치의 풍향이 변화무쌍한 가운데 미덕은 안정, 신뢰성, 믿음직함의 기반이 되었다. 시민들 사이에 의견이 다를 수 있지만, 적어도 서로의 선한 의도를 믿을 수는 있다. 그러나 미덕은 도덕적 자질에서 더 나아가 수행 능력을 의미했으며, 이는 오늘날 우리가 "기량virtuosity"이라고 부르는 것이다. 그리스와 로마의 정치적 이상에 따르면 미덕을 가진 것만으로는 충분하지 않았다. 사람들은 말하기, 판단하기, 협력하기 같은 중요한 정치적 기술을 보유한 이른바 일상생활의 거장이 되어야 했다.[5]

미덕이나 기량은 본질적으로 민주적인 것이 아니다. 동시에 본질적으로 반민주적인 것도 아니다. 기본적인 도덕적 미덕과 일상적 기량을 갖춘 시민들 없이는 민주주의가 제대로 작동하는 것을 상상하기 어렵다. 카리스마, 전문성, 공직과 달리, 미덕과 기량은 배타적인 계층 구조에 갇히지 않으므로 모든 시민이 나누어 가지지 못할 이유가 없다. 재즈 앙상블처럼, 한 사람의 기량이 다른 사람의 기량을 꺾지 않으며 누구나 가질 수 있을 만큼 충분하다.

그러나 21세기 정치 위기 속에서는 미덕과 기량만으로는 충분하지 않을 수 있다. 르네상스 시대의 악명 높은 정치사상가 마키아벨리Niccoló Machiavelli(1469-1527)가 말한 **비르투**virtù가 필요할지도 모른다. 마키아벨리에게 비르투는 기량과 마찬가지로 수행적이고 활동적인 자질이다. 그러나 말하기, 판단하기, 협력하기 같은 독립적인 기량을 보여주는 정치의 거장과 달리, 비르투를 가진 사람은 불확실성에 대응하는 데 능숙하다.

우리 시대의 분명한 특징이 하나 있다면, 확실한 것은 거의 없다는 것이다. 동네는 변하고 기술은 발전하고 시장은 변동하고 생각은 움직이고 가치는 전환하고 있다. 한 세기는 고사하고 10년 뒤에 우리가 어디에 있을지 누가 알겠는가? 우리가 알고 있는 인류 문명이 계속 존재할지 또 누가 알겠는가? 만약 존속한다면 인류 문명은 비르투, 즉 불확실한 변화의 바람을 항해하는 기량에 달려 있을 것이다. 비르투는 태어난 곳이나 돈의 많고 적음에 따라 결정되는 것이 아니라 우리가 이 책에서 살펴본 판단력, 수사학, 상상력, 행위라는 기량에 달려 있다.[6]

마키아벨리에게 비르투는 변화의 바람을 헤치고 새롭고 비교적 안정된 정치 질서를 만들어내는 정치적 기량이다.[7] 이는 앞으로 21세기의 주요한 정치적 도전 과제가 될 것이다. 지금 우리가 직면한 위기들—기후 변화, 막대한 부와 소득의 불평등, 부채 위기, 강력한 이익단체의 통신망 장악, 산업 자동화와 그로 인한 일자리 감소, 난민 위기, 핵무기와 화학무기, 증가하는 감시 권력—은 마법처럼 사라지지는 않을 것이다. 기술이나 시장 차원의 단순 명쾌한 해결책은 없으며, 의지할 만한 필연적인 역사의 운명도 없다. 오직 너와 나, 수많은 다른 사람들, 그리고 우리의 판단력, 수사학, 상상력, 행위 역량만이 있을 뿐이다. 우리는 우리 자신의 정치적 능력을 발휘하는 데 다시금 헌신하고 새로운 일을 해야 한다.

정치는 갱신하고 새로운 일을 하는 기술이다. 이것이 아렌트의 저작에서 세 번째이자 마지막으로 중요한 메시지다.

아렌트는 20세기의 참혹함을 보면서, 우리가 스스로 갱신하고 새로운 일을 하기가 얼마나 어려운지 깨달았다. 너무나 자주 폭력적이고 불공평하고 착취적이었던 우리의 집단적 과거는 마치 덫처럼 우리를 옭아매서는 원망과 절망의 감정에 사로잡히게 한다. 따라서 아렌트는 내가 이 책에서는 논하지 않은 정치적 역량이 중요하다는 사실을 거듭 강조했다. 바로 용서할 수 있는 역량이다.[8] 아렌트는 용서가 사람들 사이에 새로운 시작의 가능성을 열어준다는 사실만으로도 본질적인 정치 행위라고 보았다. 그는 나사렛 예수를 최고의 정치 스승으로 제시했다. "예수가 가르친 용서에 담긴 자유는 복수로부터의 자유다. 즉 행하는 자와 당하는 자 모두를 언제까지나 끝없이 되풀이되는 [보복] 행위의 집요한 자동운동에 가두어버리는 복수에서 벗어나게 한다."[9] 실제로, 해를 끼친 이에게 복수하는 악순환에는 끝이 없다. 한쪽이 복수하면 상대가 다시 복수하려 하는 과정이 계속되기 때문이다.

우리는 모두 어떤 식으로든 해를 끼치는 데 가담한 적이 있다. 그렇지 않은가? 누가 맨 처음 돌을 던질 수 있을까?

아렌트에 따르면, 해악의 역사에 직면했을 때 다른 사람들과 함께 새롭게 시작할 수 있는 두 가지 방식이 있다. 처벌과 용서. 처벌은 잘못을 저지른 이들을 공적 영역에서 제거함으로써 공적인 잘못의 연쇄를 막을 수 있다. 그러나 모든 잘못에 처벌로 대응한다면 모든 사람이 공적 영역에서 제거되어야 할지도 모른다.

반면 용서는 공적 영역에서 행위함으로써 잘못의 영속화를 막는다. 아렌트에게 용서란 "이미 행해진 것을 되돌리는, 불가능해 보이는 일"을 하려는 시도이다. 우리가 한 일을 문자 그대로 뒤집는 것이 아니라, 공적 삶의 법정에서 기각함으로써 "시작이 불가능해 보이는 지점에서 새로운 시작을 만들어내는 것"이다.[10] 용서라는 행위는 진정한 탈주의 기술이며 정치적 재탄생의 수단이다. 21세기에 우리에게 궁극적으로 필요한 것은 정치 혁명이 아니라 정치의 재탄생이다. 이것 없이는 어떤 혁명도 해방을 가져다주지 못할 것이다.

감사의 말

여러 이유에서 이 책을 쓰는 일은 무척 힘들었다. 아렌트의 표현을 빌리자면 이 책을 "공통 관심사"로 삼아준 이들의 공동체가 없었다면 글을 완성하지 못했을 것이다. 누이동생 아일린, 그리고 친구이자 목사인 팀 보센브록은 초고를 읽고 수많은 조언과 격려, 비평을 해주었다. 시간과 에너지와 지성을 나누어준 두 사람에게 감사드린다. 《헤지호그 리뷰Hedgehog Review》 구성원들은 이 책의 최종 구성에 중요한 역할을 했다. 그들은 내게 아이디어를 실험해볼 수 있는 플랫폼을 제공해주었다. 제이 톨슨, 리앤 데이비스 앨스포, B. D. 매클레이, 제인 리틀, 그리고 이 저널의 후원 기관인 버지니아 대학교 문화고등연구소에 감사드린다. 채드 웰먼, 케빈 해밀턴, 데이브 텔, 크리스타 노엘 로빈스, 제니퍼 게디스, 루크 허시, 체리 볼링도 꼭 필요한 지원과 격려를 해주었다. 테리 와이스먼은 이 세계에는 대중적인 아렌트가 필요하다는 메시지를 멀리서 보내주었다. 그의 격려가 내내 힘이 되었다.

아렌트에 대해 강연해달라고 초청해준 뉴욕 대학교의 라이프 웨더비에게도 감사하고 싶다. 훌륭한 동료들과 학생들로 가득한 일리노이 대학교 커뮤니케이션 학과는 내게 훌륭한 학문의 고향이다. 존 코클린 학과장은 나와 내 연구를 계속 지지해주었으며, 수사학을 함께 연구하는 동료인 데이비드 시스네로스, 카라 피네건, 존 머피, 그리고 학과 내 다른 연구 분야 교수진들 덕분에 일리노이에서의 생활이 즐거웠다. 유능한 연구 조교이자 훌륭한 학자인 케이티 브루너는 이 책을 출판하는 데 특히 많은 도움을 주었다. 고마워요 케이티.

이 책의 대부분은 내가 새로운 친구를 사귀곤 하는 동네 카페에서 쓰였다. 루 터너는 특히 훌륭한 새로 사귄 친구다. 놀라운 지성의 소유자이며 에스프레소 내성이 정말 높은 사람이다. 아내 린다는 내가 원고를 쓰는 동안 일부를 읽어주었고, 글을 계속 써나갈 수 있도록 격려해주었다. 고마워요 린다. 나와 함께 있어줘서, 이 모든 일을 그대와 함께할 수 있게 해줘서.

내 아이들도 여정을 함께했다. 이 책은 대학 입학을 준비 중인 첫째 그레이엄에게 헌정했다. 글을 쓰면서 그와 그의 대학 친구들이 이 책을 읽으면 어떨지 자주 상상했다. 고마워 그레이엄, 집중하게 해줘서. 지적이면서 마음 따뜻한 둘째 윌과 끈기와 연민, 지성으로 나를 놀라게 하는 셋째 마리클레어에게도 고마움을 전하고 싶다.

이 책을 쓰는 동안 일리노이 대학교의 내 학생들이 하나의 "실험실" 역할을 해주었다. 그들을 가르치는 것이 정말 즐겁다. 그들은 다양하고 똑똑하고 유쾌하며, 필요하면 내가 옆길로 새더라도 너그럽게 받아준다. 그들이 공립대학의 공적 사명을 진지하게 받아들이고 능동적이고 정직한 공공 시민으로 성장하길 바란다. 또 다른 실험실은 오래된 친구들 무리다. 우리는 온라인으로, 그리고 가끔은 직접 얼굴을 마주하며 꾸준히 관계를 이어오고 있다. 친구들은 나를 자극하고 좌절시키고 격려하고 겸손하도록 해주었다. 특히 겸손하도록 해준 것에 감사한다. 다들 고마워요.

시카고 대학교 출판부의 익명의 외부 평가자 두 명이 초고를 읽고 격려와 비판을 해주었다. 그들이 자신이 검토한 원고보다 이 책이 더 나아졌다고 생각하면 좋겠다. 교정을 담당한 요해나 로젠봄은 단순한 교정에 그치지 않고 중요한 질문들을 던짐으로써 책의 내용을 실질적으로 개선했다. 그에게 깊이 감사드린다. 새로운 편집자 카일 와그너에게도 감사를 전한다. 함께 작업하면서 즐거웠다. 마지막으로, 이 책의 출간을 성사시킨 이는 더그 미첼이다. 그는 은퇴하고 나서 편집이 진행되던 시기에 비극적으로 세상을 떠났다. 내 일의 여정에서 더그는 가장 중요한 사람 중 한 명이었다. 좋은 사람이었고 뛰어난 편집자였다. 그의 존재가, 편집에 대한 열정이 무척 그리울 것이다. 고마워요 더그.

주

머리말

1 자유주의와 자유지상주의에 대한 여전히 가치 있는 철학적 논의를 위해서는 노먼 배리Norman Barry의 《고전적 자유주의와 자유지상주의에 대하여*On Classical Liberalism and Libertarianism*》를 참고하라. 배리가 강조하는 것 중 하나는 자유주의가 "공리주의적" 근거(즉 "효과가 있다")와 윤리적 기초(가령 개인의 존엄성)로 정당화되어왔지만, 자유주의(그리고 자유지상주의)를 옹호하는 이 두 가지 전략이 항상 깔끔하게 조화될 수는 없다는 점이다. 나는 이 책에서 아렌트의 사상을 바탕으로 두 가지 관점 모두에 도전할 것이다. 나는 자유주의가 공리주의적 의미에서 그다지 효과적이지 않았으며 윤리적 토대도 불완전하다고 생각한다.

2 자유주의와 공화주의의 관계에 대해서는 다음을 참고하라. Deudney, "Publius before Kant", 317; Pettit, *On the People's Terms*, 10-11.

3 Adams, *Works*, Vol. 10, 378 참고. 정치철학자 벤저민 바버Benjamin Barber는 1984년에 중요한 저작인 《강한 민주주의*Strong Democracy*》에서 내가 이 책에서 제시한 것과 비슷한 정치적 관점을 주장하지만, "공화주의적"이라는 용어가 헛된 향수를 불러일으키고 엘리트주의적이라며 기피한다. 그에 따르면, "공화주의적"이라는 수식어 없이 "민주주의"라는 말로 충분하다. 나는 여기서 공화주의에 대한 바버의 우려에 적절한 답을 할 수는 없다. 대신 간단히 두 가지만 말하겠다. 하나, 그는 공화주의를 부인하지만, 여전히 공화주의에 크게 빚지고 있다. 둘, 그는 정치권력에 대한 충분히 복합적인 개념을 제시하지 않으며, 따라서 공화주의가 제공하는 제도적 정치권력에 대한 시스템 중심 접근 방식의

중요성을 과소평가한다.

4 Browne, "Arendt, Eichmann, and the Politics of Remembrance", 47.

5 아렌트의 글 모음집에 수록된 에세이를 인용할 때, 주석을 더 짧고 일반적으로 제시하기 위해 에세이 제목 대신 해당 작품이 실린 책 제목으로 표기한다.

6 아렌트에 대한 간명하고 시의적절한 소개를 원하는 사람들에게 Bernstein, *Why Read Hannah Arendt Now?*를 추천한다.

7 수많은 학자가 아렌트에 대한 나의 접근 방식에 영향을 주었다. 그중 일부는, 할 수 있는 한 이 책을 에세이 형식으로 쓰려는 단순한 이유로 참고문헌에 넣지 못했다. 린다 제릴리Linda Zerilli와 리처드 킹Richard H. King의 저작이 이 책에서 다루는 내용에 특히 중요한 역할을 했다는 사실을 밝혀둔다. 내가 그들의 연구를 단순히 되풀이했다거나, 이 책의 내용에 그들이 어떤 식으로든 책임이 있다는 말이 아니다. 이 책의 주장은 내 것이고, 내가 전적으로 책임을 진다. 다만 내가 아렌트의 저작뿐만 아니라 두 학자가 이론적으로(제릴리), 그리고 역사적으로(킹) 아렌트를 통찰력 있게 해석한 연구도 깊이 파고들었다는 의미다.

서론 _ 돌아온 탕자의 정치

1 돌아온 탕자의 우화는 누가복음 15장 11-32절에 나온다.

2 아렌트가 **진정한**authentic이라는 단어를 사용한 것을 두고 비판적인 독자들이 의문을 제기할 수도 있다. 나는 여기서 이 단어의 풍부한 의미에 주목하려고 한다. 이것은 어원학적으로 **권위**authority나 **승인하다**authorize 같은 단어와 관련이 있다. 타당성, 신뢰성, 신빙성을 함축하거나 의미할 수도 있다. 이 단어는 아렌트가 정치에 관해 논할 때, 예를 들어 링컨Abraham Lincoln이 쓴 편지를 설명할 때와 비슷한 방식으로 기능하는 것 같다. 편지 중 일부는 진본authentic이고 다른 것들은 진본이 아니거나 위조된 것이어서 역사적이고 규범적인 권위가 없다. 아렌트는 "진정한 정치"라는 표현으로 어떤 정치 형태가 다른 것보다 더 역사적이고 규범적인 권위를 지닌다는 것을 암시했다.

3 필터 버블은 엘리 프레이저Eli Pariser가 같은 제목의 책에서 만든 용어다. "감정적 양극화"에 대해서는 Iyengar et al., "Affect, Not Ideology"를, "정서적 당파성"에 대해서는 Huddy et al., "Expressive Partisanship"을 참고하라.

4 퓨 리서치센터의 연구 제목은 "고학력 성인과 저학력 성인 간의 이념적 격차 확대"이다. 또 다른 연구도 이런 결론을 확인해주었다. Henry and Napier, "Education Is Related to Greater Ideological Prejudice"를 참고하라.

5 예를 들어 퓨 리서치센터의 2017년 연구에 따르면, 이념적으로 가장 양극화된 하위 집단 역시 정치에 가장 많이 관여하고 있는 것으로 나타났다. 또 정치학자들은 정치적으로 활발하게 활동하는 소셜 미디어 사용자들이 자신과 정치적 관점이 다른 콘텐츠에 노출되는 것을 줄이기 위해 자신의 소셜 미디어 피드를 관리한다고 말했다. 다음을 참고하라. Pew Research Center, *Political Typology Reveals Deep Fissures on the Right and Left*; Spohr, "Fake News and Ideological Polarization".

6 Jeremy W. Peters, "As Critics Assail Trump, His Supporters Dig In Deeper", *New York Times*, June 23, 2018, https://www.nytimes.com/2018/06/23/us/politics/republican- voters-trump.html.

7 아렌트 전기의 결정본은 변함없이 엘리자베스 영-브루엘Elisabeth Young-Bruehl의 《한나 아렌트: 세계 사랑을 위하여*Hannah Arendt: For the Love the World*》이다. 리처드 킹이 쓴 뛰어난 저작 《아렌트와 미국*Arendt and America*》도 참고하라.

8 Arendt, *Eichmann in Jerusalem*, 252.

9 "사유하지 않음"에 대해 아렌트가 고민한 바를 간결하고 설득력 있게 논한 저작으로는 다음을 참고하라. Young-Bruehl, *Why Arendt Matters*, 1-6.

10 Arendt, "Thinking and Moral Consideration", 445.

11 Arendt, "Thinking and Moral Consideration", 426.

12 Arendt, *Human Condition*, 8.

13 Arendt, *Human Condition*, 7, 20.

14 아렌트의 박사학위 논문은 《사랑 개념과 성 아우구스티누스*Love and Saint Augustine*》로 출판됐다. 나는 아렌트와 아우구스티누스의 관계에 대해 조애너 스콧Joanna Vecchiarelli Scott과 주디스 스타크Judith Chelius Stark가 이 책의 해설 에세이에서 제시한 견해와 생각이 비슷하다. 그들은 아렌트가 학위 논문에서 도입한 주제와 담론 방식이 그의 후속 작업에서 주요한 "사유의 흐름"(142)을 형성했다고 본다.

15 여기서 "기본적인 정치basic politics"는 아렌트의 접근법을 따르고 있지만, 조사

이아 오버Josiah Ober가 《자유주의 이전의 민주주의*Demopolis: Democracy before Liberalism in Theory and Practice*》에서 이야기한 "기본 민주정basic democracy"에도 빚지고 있다. 영-브루엘이 지적하듯이 아렌트의 정치사상은 "기본적 경험"을 중심으로 체계화되어 있다. *Why Arendt Matters*, 8.

16 아렌트의 책 《인간의 조건*The Human Condition*》에서 가장 두드러지게 나타난다.

17 Arendt, *Human Condition*, 22.

18 Arendt, *Human Condition*, 2. 물론 우리는 인간의 협력, 공동체, 연대를 통해서도 이 사실에서 벗어나지 못한다.

19 아렌트는 인간 존재에서 의사소통의 중요성을 스승이자 멘토이며 친구였던 카를 야스퍼스Karl Jaspers에게 배웠다. 야스퍼스와 의사소통에 대한 자세한 내용은 Gordon, "Karl Jaspers"를 참고하라.

20 Arendt, *Men in Dark Times*, 32.

21 Arendt, *Human Condition*, 199.

22 우리 머리 밖 세계를 받아들이는 것의 중요성에 대한 훌륭하고 깊이 있는 고찰로는 Crawford, *The World beyond Your Head*를 참고하라.

23 Arendt, *Life of the Mind*, 1:21.

24 Arendt, *On Revolution*, 109-110.

25 Arendt, *On Revolution*, 141.

26 Arendt, *On Revolution*, 139-140.

27 나는 아렌트의 저작에 나타나는 심오하면서 복합적인 인간의 권리, 인간 존엄성, 정치적 자연주의, 정치적 현상학에 관한 일련의 논점을 다루고 있다. 이런 주제에 깊이 들어가려는 독자에게 Menke, "The 'Aporias of Human Rights'"를 권한다. 아렌트가 이런 도전적 주제에 어떻게 접근하는지 자세히 논한 글이다.

28 조애너 스콧과 주디스 스타크는 아렌트가 정치적 질문에 접근하는 방식에서 대학원 지도교수였던 카를 야스퍼스의 영향을 강하게 받았다고 주장한다. "그에게 철학의 과제는 지식과 실재의 완전한 체계를 세우는 것이 아니라 대립, 모순, 한계, 경계를 드러내고 폭로하는 과정에 참여하고, 이러한 철학적 성찰을 소통을 통해 공유하는 것이다." Arendt, *Love and Saint Augustine*, 199-200에 대한 그들의 논평을 참고하라. 아렌트의 가장 뛰어난 전기 작가 중 한 명인 줄리아 크리스테바Julia Kristeva는 아렌트의 사상에 대해 이렇게 말한다. "그것

은 치밀하지도 완전하지도 않으며, 그의 담론은 논쟁으로부터 자유롭지 않다." Kristeva, *Hannah Arendt*, 27. 아렌트 사유의 탐색적 성격은 적지 않은 비판을 불러일으켰다. 최근에는 20세기 중반에 "흑인 문제Negro question"라고 불렸던 주제에 대한 그의 주장 일부가 날카로운 비판을 받았다. Grines, *Hannah Arendt and the Negro Question* 참고. 아렌트가 미국 백인우월주의의 체계적 성격과 끈질긴 지배력을 제대로 이해하고 인식하는 데 어려움을 겪었다고 말하는 것은 정당한 평가이다. 그러나 아렌트가 인종주의자였다는 일부의 주장은 그의 이해 부족이나 어쩌면 공감 능력의 한계를 개인적 심리나 도덕성의 문제로 환원하는 것이며, 그가 미국 시민권 운동에 감사와 존경을 표했던 사실을 간과하는 것이다. *On Violence*, 14; *Thinking without a Bannister*, 355-359를 참고하라.

29 Arendt, "Society and Culture", 280. 아렌트가 전통에 접근한 방식을 20세기 가장 중요한 정치철학자 중 한 명인 레오 스트라우스Leo Strauss의 방식과 비교해볼 수 있다. 스트라우스도 아렌트와 마찬가지로 나치 독일을 탈출해 미국에 망명한 학자이다. 두 사람 다 고대 사상을 잘 "읽는" 법을 배우는 것이 중요하다고 생각했다(마르틴 하이데거Martin Heidegger도 마찬가지였는데, 그는 각각 다른 방식으로 스트라우스와 아렌트의 지적 프로젝트에 중요한 영향을 미친 인물이다). 그러나 스트라우스는 고전적 전통을 현대의 "역사주의자"와 상대주의 철학의 안티테제로서 접근했다. 즉 스트라우스에게 고대 전통은 대체로 현대 철학의 대척점에 서 있다. 반면 아렌트는 고대와 현대 사이에 이처럼 극명한 대립 관계를 설정하지 않았다. 고대와 현대 모두 인간 세계와 **관련**되어 있고, 더 낫거나 더 나쁜 설명을 제공하는 것으로 간주될 뿐이다. 스트라우스의 대표 저작은 《자연권과 역사*Natural Right and History*》이며, 아렌트 연구자 관점에서 스트라우스를 편견 없이 통찰력 있게 논한 것으로는 Zerilli, *A Democratic Theory of Judgment*, 83-116을 참고하라.

1장 꼬인 것을 푸는 정치

1 2016년 10월 9일 미주리주 세인트루이스에서 열린 제2차 대선 토론회 녹취록은 https://www.nytimes.com/2016/10/10/us/politics/transcript-second-debate.html에서 확인할 수 있다.

2 Dwight D. Eisenhower, "Farewell Radio and Television Address to the American People, January 17th, 1961", Eisenhower Archives, https://www.eisenhower.archives.gov/all about ike/speeches/farewell address.pdf.

3 Postman, *Amusing Ourselves to Death*를 참고하라.

4 아렌트는 현실 도피주의자가 아니었을 테지만 위험한 정치 상황에서, 특히 나치 독일에서 탈출을 감행했다. 아렌트 전기에서 탈출에 대한 생생한 설명을 보려면 Krimstein, *The Three Escapes of Hannah Arendt*를 참고하라.

5 텔레비전 시대 정치 문제에 대한 포스트먼과 아렌트의 접근법을 비교하는 유용한 과제를 수행하려면 다음을 참고하라. Postman, *Amusing ourselves to Death*, 125-141; Arendt, *Thinking without a Bannister*, 192-200.

6 Arendt, *Origins of Totalitarianism*, 51.

7 현대 생활에서 인간이 잉여 존재가 되는 방식에 대한 아렌트의 우려를 더 자세히 알려면 Kristeva, *Hannah Arendt*, 4-8을 참고하라.

8 Peter Heinricher, "NFL Protest Letter Justifies Racism", letter to the editor, *News-Gazette*(Champaign, IL), Friday, November 10, 2017. 이 문장은 사실 해럴드 라스웰Harold Lasswell이 1936년에 출간한 고전 《정치: 누가 무엇을 언제 어떻게 얻는가*Politics: Who Gets What, When, How?*》의 제목을 반영한 것이며, 이런 관점이 모든 종류의 자유주의적 사고방식에 만연해 있다. 바버가 《강한 민주주의》에서 주장한 것처럼, 이는 정치를 일종의 "동물 사육"으로 만들어버린다. 시민은 동물이 되고 정부는 사육사가 되는 것이다(20-21).

9 Arendt, *On Revolution*, 268.

10 Robinson, *What Are We Doing Here?*, 85.

11 Kristeva, *Hannah Arendt*, 8.

12 Arendt, *Origins of Totalitarianism*, preface and part 2.

13 Clausewitz, *On War*, 3:121; Bannon quoted in Kimberly A. Strassel, "Steve Bannon on Politics as War", *Wall Street Journal*, November 18, 2016, https://www.wsj.com/articles/steve-bannon-on-politics-as-war-1479513161.

14 Schmitt, *Concept of the Political*, 26-29.

15 McAfee, "Acting Politically", 277.

16 Arendt, *On Revolution*, 268. 또한 Arendt, *Promise of Politics*, 17을 참고하라. 지

배로서의 정치보다 진정한 자유 행위로서의 정치에 대한 아렌트의 접근을 풍부하고 도전적으로 논한 작업을 보려면 특히 Zerilli, *A Democratic Theory of Judgment*, chap. 7을 참고하라.

17 Arendt, *Thinking without a Bannister*, 56-68을 참고하라.

18 예컨대 *Aristotle on the Athenian Constitution*, 43.4를 참고하라.

19 Ober, *Demopolis*, 25-26.

20 Arendt, *Human Condition*, 237.

21 Arendt, *On Revolutionv*, 268.

22 Arendt, *Life of the Mind*, 1:19.

23 Arendt, *Origins of Totalitarianism*, 142, n38. 정치에 대한 아렌트의 가장 간명하고 명확한 정의 중 하나가 각주에 제시된 것은 이상한 일이다. 아렌트의 저술 상당수는 우리를 진정한 정치적 존재가 되지 못하게 하는 강제력과 구조, 이데올로기 분석에 초점이 맞춰져 있다. 따라서 정치에 대한 이런 명확한 개념이 각주에서 언급되는 것은 이상하지만, 대체로 정치 자체가 아니라 우리를 정치에서 멀어지게 하는 것에 초점을 맞추는 아렌트의 작업 패턴에 들어맞는다.

24 Allen, *Talking to Strangers*.

25 아렌트는 자신의 저작에서 "공통 세계common world"라는 관용구에 자주 의존했다. 이는 때때로 공화주의 정치사상과 연관되는 "공동선the common good" 개념과는 다른 것이다. 후자는 자유주의자와 마르크스주의 성향 사상가들에 의해 널리 비판받고 있다. (고전적 의미의) 자유주의자들은 "공통"적인 것에 회의적인 경향이 있으며, 마르크스주의자들은 공동선을 소수의 이익이 다수의 이익을 지배하게 되는 이데올로기적 도구로 본다. 소수가 자신의 이익이 공동선을 위한 것이라고 주장하기 때문이다. 나는 공동선을 객관적이고 독립된 실체로 옹호할 준비가 되어 있지 않다. 그렇지만 "공동선들common goods"(복수형과 관사의 부재에 유의하라)을 거부한다면 우리는 더 심각한 형태의 이데올로기와 지배에 노출될 것이다. 우리는 공통적인 것이 아무것도 없을까? 만약 우리가 공통된 무언가를 가지고 있다면, 그중에 공통으로 추구하는 대상, 목표, 이상 들이 있다면 이것이 바로 공동선들이 아닌가?

26 Zerilli, *Feminism and the Abyss of Freedom*, 30.

27 Aristotle, *Politics and Nicomachean Ethics*를 참고하라.

28 Arendt, *On Revolution*, 138.

29 Arendt, *On Revolution*, 175. 아렌트는 이 책에서 헌법 제정에 대해 상세히 논한다. 특히 134-138을 참고하라.

30 정치의 자발성에 대한 아렌트의 이해는 폴란드 태생의 독일 정치사상가이자 활동가인 로자 룩셈부르크Rosa Luxemburg(1871-1919)의 저작을 읽으면서 얻은 것으로 보인다. 룩셈부르크는 독일이 제1차 세계대전에 뛰어드는 것을 반대했으며, 레닌을 노골적으로 비판한 것으로 잘 알려져 있다. 아렌트의 룩셈부르크 저작 읽기에 대해서는 Young-Bruehl, *Hannah Arendt*, 293-294, 398-402를 참고하라.

31 Arendt, *Human Condition*, 199.

32 Arendt, *Promise of Politics*, 96.

33 아렌트와 현대성의 관계를 두고 로널드 아넷Ronald C. Arnett과 세일라 벤하비브Seyla Benhabib는 서로 다른 관점에서 논하고 있다. 아넷은 아렌트를 현대성에 대한 날카롭고 단호한 비평가로 보는 반면, 벤하비브는 예리하긴 하지만 궁극적으로 현대성에 대한 양가적인 비평가로 본다. 다음을 참고하라. Arnett, *Communication Ethics in Dark Times*; Benhabib, *The Reluctant Modernism of Hannah Arendt*.

2장 현상적 정치

1 Adam Villacin, "Shohei Ohtani and Reframing the Way We Think about Sports", *Ringer*, December 24, 2018, https://www.theringer.com/mlb/2018/12/24/18154386/shohei-ohtani-los-angeles-angels-pitching-hitting.

2 O'Neil, *Weapons of Math Destruction*을 참고하라.

3 Arendt, *Between Past and Future*, 169.

4 예를 들어, 2016년 클리블랜드 공화당 전당대회에서 발표한 도널드 트럼프의 대통령 후보 지명 수락 연설을 참고하라. 동영상과 녹취록은 https://abcnews.go.com/Politics/full-text-donald-trumps-2016-republican-national-convention/story?id=40786529에서 확인할 수 있다. 2015년 12월 30일 사우스캐롤라이나주 힐턴헤드에서 있었던 그의 선거 유세 연설도 참고하라. 동영상

은 https://archive.org/details/CSPAN_20151230_160000_Donald_Trump_Campaign_Rally_in_Hilton_Head South_Carolina; "I'm a doer" section at 12:27에서 볼 수 있다.

5 Arendt, *Origins of Totalitarianism*, 142, n38.

6 아렌트는 현대성의 조건을 특징짓기 위해 거침없이 마법과 기적의 수사학을 사용한다. 다음을 참고하라. Arendt, *Between Past and Future*, 168-170; *Human Condition*, 246-247; *On Revolution*, 47; *On Violence*, 86. 그리고 아렌트의 기적에 대한 논의는 그의 "탄생성natality" 개념과 정치를 "시작beginnings"의 양식으로 보는 주장과 밀접한 관련이 있다. 다음을 참고하라. Arendt, *Between Past and Future*, 168-170; *Human Condition*, 9; *Thinking without a Banister*, 321. 이런 생각은 그의 초기 저작인 아우구스티누스에 대한 연구에서부터 발견되며 저작 전반에 걸쳐 나타난다. 이와 관련해 유용한 개요를 보려면 아렌트의 《사랑 개념과 성 아우구스티누스》에 대한 조애너 스콧과 주디스 스타크의 해설 에세이, 146-148을 참고하라.

7 이것들은 모두 참된 정치적 이야기다. KKK 단원과 대화한 흑인 이야기는 Dwane Brown, "How One Man Convinced 200 Ku Klux Klan Members to Give Up Their Robes", National Public Radio, August 20, 2017, https://www.npr.org/2017/08/20/544861933/how-one-man-convinced-200-ku-klux-klan-members-to-give-up-their-robes를 참고하라. 미등록 이민자를 교육한 작은 시골 마을 이야기는 "Our Town", This American Life, https://www.thisamericanlife.org/632/our-town-part-one을 참고하라. 가난한 농장 노동자들이 법적 보호를 받기 위해 싸우는 이야기는 LeRoy Chatfield, "Cesar Chavez: The Farmworker Movement: 1962-1993", Farmworker Documentation Project, UC San Diego Library, accessed May 2019, https://libraries.ucsd.edu/farmworkermovement/를 참고하라.

8 Arendt, *Responsibility and Judgment*, 19. 아렌트 자신도 역사History를 신과 같은 힘이라고 말할 때 종종 대문자로 썼다. 나도 이 부분에서 유사한 시스템들에 대해 똑같이 할 것이다.

9 기술의 신격화에 대한 잘 알려진 논의를 보려면 Noble, *The Religion of Technology*를 참고하라.

10 현대의 기술 신조에 대한 20세기 중반의 흥미롭고 날카로운 논의로는 Ellul, *Technological Society*를 참고하라.

11 Arendt, *Human Condition*, 4. 기술 문제에 대한 유사한 철학적 진단(이는 확실히 아렌트에게 영향을 주었다)을 보려면 Heidegger, "Question Concerning Technology"를 참고하라.

12 Arendt, *Between Past and Future*, 41-90을 참고하라.

13 Arendt, *On Revolution*, 48.

14 Arendt, *On Revolution*, 48. 프랑스 혁명 사상에서의 역사의 "불가역적 운동irreversible movement"에 대한 아렌트의 논의를 보려면 *On Revolution*, 37-48을 참고하라. 역사적 이행historical movement의 철학에 대한 좀 더 일반적인 논의로는 다음을 참고하라. Arendt, *Between Past and Future*, 41-90; *Origins of Totalitarianism*, 463-470.

15 Arendt, *Between Past and Future*, 100-101을 참고하라.

16 Arendt, *On Revolution*, 58. 아렌트가 로런스T. E. Lawrence에 대해 논한 것을 보려면 *Origins of Totalitarianism*, 218-221을 참고하라.

17 정부가 경제와 사회를 통제하는 기계라면 "정치"는 기껏해야 특정 집단의 이익을 다른 집단의 이익보다 우선시하도록 정부 메커니즘을 조작하는 수단에 불과하다고 아렌트는 주장했다. 아렌트의 연구를 개괄한 린다 제릴리의 말을 빌리면, 정치는 "사회적 관계의 미시적, 거시적 관리를 수반하는 도구적이고 목적 지향적인 활동"에 지나지 않는다. *Feminism and the Abyss of Freedom*, 3.

18 내가 일컫은 사회를 아렌트는 보통 "사회적인 것" 또는 "대중 사회mass society"라고 불렀다. 전자는 그가 "정치적인 것"이라는 용어를 사용하는 방식과 비슷하게 현상을 지칭하는 방식이다. 후자는 경험적 현상을 나타내는 방식이다. 즉 대중 매체와 대규모 물류, 운송 시스템을 통해 공통의 정체성으로 결합된 거대한 집단을 의미한다. 그러나 아렌트는 사회라는 개념을 개인에게 책임을 면제해주는 메커니즘이라면서 분명하게 비판한다. Arendt, *Origins of Totalitarianism*, 79-88을 참고하라.

19 Arendt, *Human Condition*, 29.

20 Arendt, *Promise of Politics*, 68.

21 Nussbaum, *Monarchy of Fear*를 참고하라.

22 이는 전후 자유시장 옹호론, 특히 프리드리히 하이에크Friedrich Hayek의 사상을 뒷받침한 이데올로기적 근거였다. Hayek, *Road to Serfdom*을 참고하라.

23 정치에서의 이런 "희생양 만들기"에 대한 통찰력 있는 소책자로는 Roberts-Miller, *Demagoguery and Democracy*를 참고하라. 나치 강제 수용소로 이어진 유럽의 유대인 희생양 만들기에 대한 아렌트의 상세한 논의를 보려면 Arendt, *Origins of Totalitarianism*, 54-88을 참고하라.

24 정치 이론가들은 이를 자유에 대한 공화주의적 접근법이라고 부른다. 이 접근법은 "자유의지"와 "정치적 자유" 사이에 중요한 차이가 없다고 전제한다. 필립 페팃Philip Pettit에 따르면, 두 가지 다 누군가가 "자유를 행사할 때 자신이 행한 일에 책임을 질 수 있다"고 가정하기 때문이다. "누군가가 인간 활동의 어떤 영역에서 의지의 자유가 결여되어 있다고 가정해보자. 이는 곧 그가 자신이 행한 일에 책임을 져서는 안 된다는 것을 의미한다. 또는 누군가가 특정한 정치적 자유, 가령 정부에 반대하는 목소리를 낼 자유가 결여되어 있다고 가정해보자. 이는 마찬가지로 그가 자신이 목소리를 내지 못한 것에 대해 책임을 질 수 없다는, 적어도 전적으로 책임을 질 수는 없다는 것을 의미한다. 각각의 경우에 자유의 부여와 책임의 귀속 사이에는 밀접한 연관성이 있다." Pettit, *A Theory of Freedom*, 1-2. 자유와 책임의 상관관계는 아렌트가 자주 언급한 주제이다. 자유에 대한 더 자세한 논의는 이 책의 5장을 참고하라.

25 이렇게 설명할 수 있는 것은 데이브 텔Dave Tell 덕분이다.

26 Arendt, *Human Condition*, 199.

27 Arendt, *Human Condition*, 3.

28 Zerilli, *Feminism and the Abyss of Freedom*, 23.

29 Crick, *In Defense of Politics*, 151.

30 Arendt, *Origins of Totalitarianism*, 301.

31 Arendt, *On Revolution*, 20, 30; *Thinking without a Banister*, 58. 아렌트가 언급했듯이, 그리스어 archê의 한 가지 의미는 "설립하다"이며, 또 다른 의미는 "지배하다"이다.

32 Arendt, *Promise of Politics*, 95.

33 Arendt, *Promise of Politics*, 95, 108, 116-121.

34 Arendt, *On Revolution*, 19를 참고하라.

35 이 책의 6장을 참고하라.

36 Weber, "Politics as a Vocation", 78.

37 Arendt, *On Violence*, 50-51.

38 Arendt, *Promise of Politics*, 111-112.

39 Arendt, *Promise of Politics*, 113.

40 Allen, *Talking to Strangers*, 56-57을 참고하라.

41 Allen, *Talking to Strangers*, 57.

42 Asen, *Democracy, Deliberation, and Education*, 150-151.

43 생산적 기술, 이론적 기술, 활동적 기술의 차이에 대한 고대의 논의는 Quintilian, *Institutes of Oratory*, 2.18을 참고하라.

44 Arendt, *On Revolution*, 23.

45 이 부분은 루 터너Lou Turner가 2018년 10월 17일 일리노이 대학교에서 강의한 내용을 바탕으로 구성한 것이다.

46 Hunter and Bowman, "Vanishing Center of American Democracy", 19.

47 다음을 참고하라. Habermas, *Legitimation Crisis*; O'Gorman, *Iconoclastic Imagination*, chapter 1.

3장 판단하는 정치

1 Associated Press, "Paddle- Boarders Surrounded by 15 Great White Sharks Told to 'Exit the Water Calmly' by Police Helicopter", *(London) Telegraph*, May 11, 2017; Daniel Comer, "15 Sharks Surround Paddle Boat in Orange County CA", YouTube video, posted May 12, 2017, https://www.youtube.com/watch?v=Mrwm2H0CfjM&feature=youtu.be.

2 나는 아렌트뿐만 아니라 대니엘 앨런Danielle Allen의 《이방인과 대화하기*Talking to Strangers*》에도 빚지고 있다.

3 Arendt, *Life of the Mind*, 1:192.

4 나는 어떤 면에서 벤저민 바버의 《강한 민주주의》와 공명하고 있다. 바버는 정치의 핵심을 "선택의 근거가 선험적으로 주어지지 않거나 절대 명령 또는 순수한 지식에 의해 주어지지 않는 최악의 조건 아래서" 결정이나 판단을 내리는 것

이라고 말한다(120-121). 그러나 내 접근 방식과 바버의 방식에는 중요한 차이가 있다. 그의 언어는 정치를 독립적이고 객관적이며 타당한 방식으로 결정 내리지 못하는 "예외적" 순간을 위해 보류한다. 나는 정치에 대한 이런 "예외적" 접근이 상당히 문제가 있다고 생각한다. 그런 조건이 언제 적용되는지를 누가 결정할 것인가 하는 질문을 제기하기 때문이 아니다. 내가 보기에는 이 후자의 질문이 탁월한 정치적 질문이다. 정치적인 것에 관한 질문은 본질적으로 (선험적 근거나 "토대" 없이) 판단을 내려야 하는 예외적 순간에 관한 것이 아니라, 우리가 판단을 내리는 방식에 관한 것이다. 예를 들어 "1인 1표" 같은 동일한 사안에 대해 (수학적 평등이라는 선험적 원칙에 따라) "근본적인" 방식으로 접근할 수도 있고, (비례대표제를 둘러싼 논쟁처럼) "비근본적인" 정치적 방식으로 접근할 수도 있다. 따라서 무언가가 정치적인 것이 되는 **순간**은 바버가 주장하는 인식론적 지위와는 아무런 관련이 없으며, 다만 그것이 다루어지는 방식과 관련이 있을 뿐이다.

5 아렌트가 고대 그리스어, 특히 아리스토텔레스의 크리네인krinein에 의존한 것에 대한 자세한 논의는 다음을 참고하라. Marshall, "The Origin and Character of Hannah Arendt's Theory of Judgment".

6 Arendt, *Crises of the Republic*, 203.

7 Arendt, *On Revolution*, 86, 88.

8 Arendt, *Life of the Mind*, 2:64-74. 아렌트가 《전체주의의 기원*Origins of Totalitarianism*》 13장에서 주장했듯이, 우리의 행위뿐만 아니라 동기까지 결정하거나 통제하려는 것이 억압적이고 전체주의적인 권력의 본질이다. 우리가 무엇을 하는지만으로는 충분하지 않다. "올바른" 이유가 있어야 한다. King, *Arendt and America*, 52-53도 참고하라.

9 Arendt, *Origins of Totalitarianism*, 470.

10 Arendt, *Human Condition*, 5.

11 Arendt, *Between Past and Future*, 174.

12 Arendt, *Promise of Politics*, 99-101.

13 Arendt, *Between Past and Future*, 174.

14 Arnett, "Arendt and Saint Augustine". 이것은 모두 정치적 목적을 위해 칸트의 미적 판단 방식을 재창조하려는 아렌트의 목표의 일환이다. 다음을 참고하

라. Arendt, *Lectures on Kant's Political Philosophy*; Kateb, "Judgment of Arendt".

15 Kateb, "Judgment of Arendt", 125.

16 아렌트는 이렇게 썼다. "'이것은 옳다, 이것은 그르다'라고 말하는 방식과 '이것은 아름답다, 이것은 추하다'라고 말하는 방식이 크게 다르지 않다고 생각한다. 우리는 이제 미리 정해진 어떤 체계 없이, 말하자면 정면으로 현상을 마주할 준비가 되어 있다." Arendt, *Thinking without a Bannister*, 482.

17 Young-Bruehl, *Hannah Arendt*, xxxi.

18 Arendt, *Promise of Politics*, 167-168.

19 Zerilli, "We Feel Our Freedom", 162-163을 참고하라.

20 Arendt, *Promise of Politics*, 167-168. 강조는 원문 그대로.

21 Arendt, *On Revolution*, 221.

22 Arendt, *Lectures on Kant's Political Philosophy*, 43. 다른 곳에서 아렌트는 공감이 역설적으로 타인의 곤경에 둔감하도록 만들 수 있기 때문에 정치적 판단을 잘못 이끌 수 있다고 말했다. 어떻게 사유하는지가 아니라 어떻게 느끼는지가 판단의 기준이라면, 우리는 제한적이고 때로는 불확실한 감정의 범위에 의존하게 되고, 눈앞에 있는 절박한 정치적 문제를 간과할 수 있다. 미국의 노예제도와 관련해 이와 유사한 일이 일어났다는 아렌트의 주장에 대해서는 *On Revolution*, 60-62를 참고하라. 공감과 가까운 개념인 연민과 정치적 문제에 대한 논의는 Newcomb, "Totalized Compassion"을 참고하라.

23 이 논의는 쿼라Quora 게시물에 등장했다. "What Are the Pros and Cons of Stop and Frisk?", accessed December 21, 2018, https://www.quora.com/What-are-the-pros-and-cons-of-stop-and-frisk. 또한 "Stop and Frisk", West's Encyclopedia of American Law, accessed December 21, 2018, https://legal-dictionary.thefreedictionary.com/Stop+and+Frisk를 참고하라.

24 Zagajewski, *Two Cities*, 263. 리처드 킹은 아렌트의 사상에서 부사와 형용사의 중요성에 주목한다. King, *Arendt and America*, 42.

25 Kant, *Critique of Judgment*, introduction, 17.

26 아렌트의 사유뿐만 아니라 그의 방법론에서도 이야기가 결정적 역할을 하는 것에 대한 논의는 Disch, "More Truth Than Fact"를 참고하라.

27 Arendt, *Thinking without a Bannister*, 180-181.

28 엄격한 절차가 없는 판단은 아렌트가 칸트의 《판단력 비판》에 나오는 "반성적 판단"이라는 개념을 탐구해 얻은 것이다. Arendt, *Lectures on Kant's Political Philosophy*를 참고하라.

29 Descartes, *Rules for the Direction of the Mind*, rule 2.

30 Oakeshott, *Rationalism in Politics and Other Essays*, 20을 참고하라.

31 아렌트의 절차 비판에 대해서는 Zerilli, "We Feel Our Freedom"을 참고하라.

32 절차주의에 대한 내 비평은 찰스 테일러Charles Taylor가 《자아의 원천들*Sources of the Self*》(특히 495-496 참고)에서 주장한 바와 유사하며 그로부터 도출한 것이다. 1960년대 이후 절차주의의 가장 중요한 지적 옹호자는 정치철학자 존 롤스John Rawls이다. 그의 가장 유명한 저서는 《정의론*Theory of Justice*》(1971)이지만, 절차주의에 대한 가장 설득력 있는 철학적 옹호는 후기 저서인 《정치적 자유주의*Political Liberalism*》(1993)에서 제시되었다. 이 책에서 롤스는 시민으로서의 정체성과 개인적, 사적, 일상적 정체성을 구별해야 한다고 주장한다. 그가 보기에 시민이 된다는 것은 공무에 준하는 공적 역할을 맡는 것이다. 이런 시각에서 개인은 종교적 신념 같은 "사적" 신념을 합의된 공적 규칙에 잠정적으로 종속시킨다. 이는 민주적, 사회적 가치의 실현을 촉진하기 위한 정치적 협력이라는 명목으로 이루어진다. 여기서 롤스의 주장은 위르겐 하버마스Jürgen Habermas의 "공론장public sphere" 개념과 유사하다(이 개념은 하버마스의 《공론장의 구조 변동*Strukturwandel der Öffentlichkeit*》과 《의사소통행위이론*Theories des kommunikativen Handelns*》(1981) 2권에 상세히 서술되어 있다). 롤스와 하버마스는 무엇이 "공적"이고 무엇이 "사적"인지에 대해 너무 많은 것을 당연하게 여긴다는 비판을 받아왔다(롤스에 대한 비판은 Sandel, "Political Liberalism"을, 하버마스에 대한 비판은 Fraser, "Rethinking the Public Sphere"를 참고하라). 나는 여기에 아렌트적 비판을 덧붙이고 싶다. 절차주의는 시민됨을 준공식적인 역할로 파악하는 접근 방식으로 인해 정치를 인간의 조건에 필수적인 것이 아니라 특정 민주주의 사회의 목표를 성취하기 위한 수단으로 격하하고, 따라서 내가 머리말에서 말한 "방과 후 클럽"으로 격하할 위험이 있다.

33 Arendt, *Human Condition*, 45.

34 Arendt, *Origins of Totalitarianism*, 230-231.

35 Arendt, *Life of the Mind*, 1:215.

36 현대 세계에서 낯선 사람들과 관계 맺는 어려움을 서로 다른 방식으로 깊이 있게 다룬 두 가지 논의를 보려면 다음을 참고하라. Allen, *Talking to Strangers*; Appiah, *Cosmopolitanism*.

37 Arendt, *Between Past and Future*, 221.

38 Disch, "More Truth Than Fact", 666.

4장 거짓말, 새빨간 거짓말, 정치

1 Scott Shane and Alan Blinder, "Secret Experiment in Alabama Senate Race Imitated Russian Tactics", *New York Times*, November 19, 2018, https://www.nytimes.com/2018 /12/19/us/alabama-senate-roy-jones-russia.html.

2 예를 들어 Glenn Kessler, Salvador Rizzo, and Meg Kelly, "President Trump Has Made 6,420 False or Misleading Claims over 649 Days", *Washington Post*, November 2, 2018, https://www.washingtonpost.com/politics/2018/11/02/president-trump-has-made-false-or-misleading-claims-over-days/?utm_term=.dfaa8a0b8502를 참고하라.

3 Kant, "On a Supposed Right to Lie", 63-67.

4 Bernstein, *Why Read Hannah Arendt Now?*, 78.

5 Weber, "Politics as a Vocation", 120.

6 Weber, "Politics as a Vocation", 95.

7 막스 베버Max Weber는 칸트가 1세기 이상 앞서 제시한 정치인에 대한 평가를 여러모로 되풀이했을 뿐이다. 칸트는 《영구 평화론*Zum ewigen Frieden*》에서 이렇게 선언했다. "나는 **도덕적 정치인**, 즉 정치적 신중함의 원칙을 도덕과 양립시키는 이는 상상할 수 있지만, 자신만의 도덕을 만들어내어 그것이 정치인의 이익에 부합하도록 하는 **정치적 도덕주의자**는 상상할 수 없다." Kant, "Toward Perpetual Peace", 96. 강조는 원문 그대로.

8 Goffman, "On Face Work", 213-231. 아렌트가 말한 "자기 현시self-presentation"에 대한 유사한 논의는 《정신의 삶*The Life of the Mind*》, 1:23-37에서 찾을 수 있다.

9 Nyberg, *The Varnished Truth*, 1.

10 베버는 "정치의 결정적 수단은 폭력"이라고 보았으며("Politics as a Vocation",

121), “어떤 정치 행위도 피할 수 없는 폭력의 실천pragma”에 대해서도 언급했다(“Religious Rejections of the World”, 336).

11 1930년대에 베를린에 있는 동안 아렌트도 반나치 활동으로 체포되어 투옥되었고, 그 역시 심문자들에게 거짓말을 했다. 오랜 기간 감옥에 갇혀 있다가 결국 처형된 본회퍼와 달리 아렌트는 며칠 만에 풀려나 곧장 프랑스로 탈출했다. 그의 투옥과 심문에 대해서는 Arendt, *Essays in Understanding*, 5-6을 참고하라.

12 Bonhoeffer, *Ethics*, 365.

13 Bonhoeffer, *Ethics*, 365. 상황 윤리가 윤리적 상대주의의 한 가지 형태로 이해되는 한, 본회퍼가 여기서 표명하는 것이 “상황 윤리”가 아니라는 점에 유의하자. 오히려 본회퍼는 (그런 표현을 당연히 멀리하고 있지만) “절대적 진리”의 더 확고한 의미를 주장하고 있다. 이는 거짓말을 할 때조차 작동하는 것이다. O'Gorman, “‘Telling the Truth’”를 참고하라.

14 Arendt, *On Revolution*, 94.

15 Arendt, *Crises of the Republic*, 31.

16 Arendt, *Crises of the Republic*, 7-8.

17 에드워드 버네이스Edward Bernays에 관한 흥미로운 다큐멘터리를 참고하라. Adam Curtis, *The Century of the Self*, London: BBC, 2002.

18 아렌트는《전체주의의 기원》초판(1953) 서문에 이렇게 썼다. “(단순히 유대인 증오가 아닌) 반유대주의, (단순히 정복이 아닌) 제국주의, (단순히 독재가 아닌) 전체주의가 번갈아 나타나며 잔혹성이 심화함으로써 인간의 존엄성에 대한 새로운 보증이 필요하다는 사실을 보여주었다. 이 보증은 새로운 정치 원리, 지상의 새로운 법에서만 찾을 수 있다. 이 법의 타당성은 이번에는 전 인류를 포괄해야 하지만, **그 권력은 엄격히 제한되어야 하며, 새롭게 규정된 영토상의 실체에 근거를 두고 통제를 받아야 한다.**” 이 주장은 여러 측면에서 아렌트의 공화주의 정치 프로젝트를 압축해서 보여주고 있다.

19 Arendt, *Crises of the Republic*, 7.

20 Arendt, *Crises of the Republic*, 7. 강조는 추가함.

21 Arendt, *Origins of Totalitarianism*, 364-388.

22 Arendt, *Origins of Totalitarianism*, 4.

23 Kant, “On a Supposed Right to Lie”, 65.

5장 왜 수사학이 필요한가

1 Plato, *Republic*, VII, 514a-517a.

2 《워싱턴 포스트》의 슬로건을 보려면 https://www.washingtonpost.com을 참고하라.

3 넛지nudge는 시카고 대학교 경제학과 리처드 탈러Richard H. Thaler 교수와 하버드 대학교 로스쿨 캐스 선스타인Cass R. Sunstein 교수가 쓴 책《넛지: 똑똑한 선택을 이끄는 힘*Nudge: Improving Decisions about Health, Wealth, and Happiness*》의 제목이기도 하다.

4 《워싱턴 포스트》의 "팩트 체커" 슬로건을 보려면 https://www.washington-post.com/news/fact-checker를 참고하라.

5 아렌트가 이런 아리스토텔레스적 의미에서 수사학을 사용한 것에 대해서는 *Human Condition*, 26을 참고하라. 수사학자 로런스 로즌필드Lawrence Rosenfield는 "현대 사상가가 고전 수사학을 재건하는 데 아렌트의 저작이 가장 깊이 있는 기회를 제공한다"고 보았다. Rosenfield, "Hannah Arendt's Legacy", 92. 미국의 수사학 연구가 마르틴 하이데거, 미셸 푸코Michel Foucault, 에마뉘엘 레비나스Emmanuel Levinas 같은 인물들에게는 열광하면서도 아렌트를 상대적으로 등한시하고 있다는 사실은 흥미롭다. 그의 사상이 관련 학문 분야에서 주요하게 다루어졌음에도 불구하고 말이다. 아렌트가 수사학이라는 용어를 많이 사용하지 않았다는 단순한 사실이 이런 상황을 초래한 한 가지 이유가 아닐까. 정치에 대한 아렌트의 접근에서 수사학의 중요한 역할에 대해서는 다음을 참고하라. Marshall, "Origin and Character of Arendt's Theory of Judgment"; Norris, "On Public Action"; Roberts-Miller, "Fighting without Hatred"; Yeatman, "Arendt and Rhetoric"; Zerilli, "We Feel Our Freedom".

6 Locke, *Essay Concerning Human Understanding*, 452.

7 Schiappa, "Did Plato Coin *Rhêtorikê*?"를 참고하라.

8 Aristotle, *Rhetoric*, 1359b10-15.

9 Arendt, *On Revolution*, 77.

10 Plato, *Republic*, III, 414b-c.

11 Arendt, *Lectures on Kant's Political Philosophy*, 43.

12 Arendt, *On Revolution*, 81을 참고하라.

13 아렌트가 강의에서 전문성을 논한 부분은 다음을 참고하라. Arendt, "The Crisis in Education", *Between Past and Future*, 173-196.

14 "아는 것이 힘이다"라는 문구는 흔히 프랜시스 베이컨Francis Bacon이 한 말로 알려져 있으나, 실제로는 토머스 홉스Thomas Hobbes가 1668년 라틴어 판《리바이어던*Leviathan*》에서 사용한 표현이다. Hobbes, *Opera Philosophica*, part 1, chap. 10을 참고하라. 홉스가 이 말의 출처라는 것은 맞는 이야기다. 다음 장에서 살펴보겠지만, 그는 정치사상가 행세를 한 수많은 공학자 대열에서 첫 번째 인물이었다.

15 Arendt, *Thinking without a Banister*, 309. 여기서 아렌트의 사유는 마이클 오크숏Michael Oakeshott의 합리주의 비판과 유사한 측면이 있다. 오크숏이 말하는 합리주의는 흔히 자유주의 사회에서 유일하게 타당한 형태의 통치 지식으로 여겨지는 자족적이고 비인격적인 형태의 "기술적" 지식 또는 "과학적" 지식이다. Oakeshott, *Rationalism in Politics*, 5-42를 참고하라.

16 Arendt, *Crises of the Republic*, 11-13; *Essays in Understanding*, 309-311.

17 여기서 아렌트의 주장은 수십 년 된 "인지 부조화" 및 "인지 조화"에 대한 연구와 일치한다. 이 개념에 따르면, 우리는 무엇이 어떠해야 한다는 선입관에 들어맞지 않는 사실이나 현상을 마주했을 때 기존 관념을 조정하기보다는 사실을 우리의 관념에 끼워 맞추려는 경향이 있다. Festinger, *A Theory of Cognitive Dissonance*를 참고하라.

18 Arendt, *Crises of the Republic*, 17.

19 Hobbes, *Leviathan*, chap. 15.

20 Locke, *Two Treatises of Government*, book 2, chap. 2.

21 Rousseau, *Discourse on the Origin of Inequality*를 참고하라.

22 Arendt, *Promise of Politics*, 67.

23 Locke, *Two Treatises of Government*, book 2, chap. 6, §67.

24 Allen, *Our Declaration*을 참고하라.

25 Arendt, *On Revolution*, 21.

26 Arendt, *On Revolution*, 21.

27 그렇다고 명시적인 정치 헌법과 법률을 제외하면 인간의 평등이 의지할 만한 비자연적 사실이 없다는 말은 아니다. 제러미 월드론Jeremy Waldron은 아렌

트에 대해 논하면서 아렌트의 "탄생성" 개념이 그의 사유에서 인간 평등을 위한 초정치적 근거라고 말했는데, 내가 보기에도 타당한 것 같다(Waldron, *One Another's Equals*, 59-60을 참고하라). 그러나 아렌트에게는, 현대 세계에서 인간이 평등하다는 사실을 주장할 수 있는 비정치적이거나 초정치적인 근거(신, 언어 능력, 이성 등)가 있다 해도, 명시적인 정치 구조와 약속 없이는 사실상 의미가 없다는 것이 분명하다.

28 Aristotle, *Rhetoric*, 1.1.5 (1354a). 또한 Johnstone, "An Aristotelian Trilogy", 1-24를 참고하라.

29 《이방인과 대화하기》의 대니엘 앨런보다 이런 종류의 수사학을 더 잘 설명하는 사람은 없다.

30 Arendt, *Thinking without a Banister*, 64.

31 Aristotle, *Rhetoric*, book 2를 참고하라.

32 Garsten, *Saving Persuasion*, 6.

33 민주주의에서의 강제력의 역할에 대해 할 수 있는 이야기가 훨씬 더 많다. 관련한 철학적 논의를 보려면 Pettit, *A Theory of Freedom*을 참고하라.

34 Hawkins et al., "Hidden Tribes", 14.

35 Hawkins et al., "Hidden Tribes", 37.

36 Hawkins et al., "Hidden Tribes", 51.

37 이런 "진정성의 윤리"에 대한 철학적 논의는 Taylor, *Ethics of Authenticity*를 참고하라.

38 Allen, *Talking to Strangers*, chap. 10을 참고하라.

39 Arendt, *Promise of Politics*, 12-14. 아렌트는 정치에서 둘 다 증명되어야 한다는 단순한 이유에서 의견과 사실에 대한 주장을 구별하지 않는 경향이 있었다. 그러나 "모든 미국인은 의료 서비스를 받을 자격이 있다"라는 진술과 "2014년 1월부터 3월까지 보험에 가입하지 않은 미국인 수가 380만 명 줄었다"라는 진술은 서로 다르다. 전자를 의견, 후자를 사실에 입각한 주장이라고 부르는 게 적절할 것이다. 아렌트는 의견을 논할 때 진술의 내용보다 지위에 더 관심이 있었기 때문에 이런 구별을 자세히 다루지 않았다. 아렌트가 정치에서 의견의 지위와 진리와의 관계에 어떻게 접근했는지 철저히 검토하려면 Enaudeau, "Hannah Arendt: Politics, Opinion, Truth"를 참고하라.

40 벤저민 바버는 정치란 진리에 관한 행위가 절대 아니라고 주장한다. 그에 따르면, 정치를 특별하게 만드는 것은 어떤 진리도 실현 불가능할 때 우리가 행하는 일이다. 그러므로 정치는 철학자들이 미리 정해진 규칙이나 진리 없이 어려운 질문을 다루려고 할 때 행하는 일과 같다. 우리가 전쟁에 나갈지, 의료 개혁을 할지, 공립학교 교사 임금을 인상할지를 두고 논의할 때 이런 문제를 해결할 "진리"란 존재하지 않는다. 바버가 말했듯이, 합의가 우리의 유일한 목표가 될 수 있다. 그렇지만 이런 상황에서도 합의에 도달하는 데 관련이 있는 사실이나 논리적 결론의 형태로 진리가 존재하는 게 아닐까? 그리고 정직과 성실, 진실 말하기를 위한 분야도 분명 있다. 아렌트의 관점에서 볼 때 바버의 오류는 플라톤 못지않게 정치를 철학의 한 갈래로 만들고자 한 것이다. 아렌트가 지치지 않고 말했듯이, 정치는 (정해진 진리에 근거하는) "근본적" 정치든 (정해진 진리가 없는) "비근본적" 정치든 상관없이 철학이 아니다. 정치는 사회 현상이다. 그리고 다른 모든 종류의 사회 현상에서 그렇듯이, 진리는 정치와 관련이 있으며 때때로 매우 중요하지만, 그것만이 유일하게 중요한 가치는 아니다. Barber, *Strong Democracy*를 참고하라.

41 Arendt, *Crises of the Republic*, 6.

42 Arendt, *Crises of the Republic*, 6.

43 Arendt, *Promise of Politics*, 12.

44 Arendt, *Promise of Politics*, 13.

45 Weber, "*Politics as a Vocation*", 78.

46 Arendt, *Between Past and Future*, 231. 물론 2+2=4라는 진리는 십진법을 전제로 한다.

47 마이크 휴스Mike Hughes의 모험에 대해서는 Jeremy Berke, "A California Man Who Believes the Earth Is Flat Launched Himself Almost 2,000 Feet in the Air in a Homemade Rocket", *Business Insider*, March 26, 2018, https://www.businessinsider.com/mad-mike-hughes-flat-earther-launched-in-home-made-rocket-2018-3/을 참고하라. 기존의 지식이나 사실, 진리를 공언하거나 증명하도록 타인에게 강제하는 것은 교수가 강의실에서 자유롭게 할 수 있는 일이다. 그러나 학생들은 강의실 안에서는 완전한 시민이 아니다. 이것이 바로 핵심이다. 정치에 참여한다는 것은 완전한 시민이 된다는 의미다. 국가가 시

민에게 특정한 관점을 강요하는 것은 폴리스를 강의실이나 감옥으로 변형시키는 것이다. 조금이라도 자유로워지기를 열망하는 사회에서는 그런 일을 할 수 없다. 아렌트가 특히 공교육과 관련해서 이런 복잡한 문제를 다루려고 시도한 것에 대해서는 Arendt, "The Crisis in Education", *Between Past and Future*, 173-196을 참고하라.

48 이 시점에서 개인의 의견과 공유된 의견, 더 일반적인 표현으로는 "사적" 의견과 "공적" 의견을 엄밀하게 구별하는 것이 도움이 된다. 토머스 홉스의 저작에 제시된 근대적 관념에 따르면, 정치 공동체는 공동체를 구성하는 개인들의 총합이나 집합에 불과하다. 그러므로 홉스의 관점에서는, 정치에서 우리가 가진 것이 모두 의견이라는 말은 그것이 모두 개인의 의견이라는 뜻이다. 그러나 사실 대부분의 의견, 특히 정치적 논쟁, 판단, 결정에 활용되는 의견은 개인적인 것이 아니라 공통된, 공유된, 집단적인 의견이다. 이와 관련해 정교한 철학 문헌과 논의가 많이 있지만(Taylor, *Philosophical Papers* 참고), 나는 상식에 호소하고 싶다. 여러분이 가진 의견 중 무엇이 전적으로 본인만의 의견인가? 그것은 아마도 넓게 보아 "취향"의 범주에 속할 것이다. (생양파는 괜찮지만) 튀긴 양파를 싫어할 수도 있고, 연예인의 헤어스타일이 마음에 들지 않을 수도 있다. 운동화 한 켤레에 150달러 넘게 지불하는 것은 터무니없다고 생각할 수도 있다. 이번에는 감시, 대학 등록금, 가스 시추 기술 등 논쟁적인 정치나 사회 문제에 대한 의견을 생각해보자. 이런 문제에 의견이 있다면, 그것은 양파 튀김에 대한 의견 같은 단순한 "자기만의" 의견과는 성격이 다를 것이다. 그것은 특정 집단이나 모호한 집단의 다른 사람들에게 공유된다. 정치에서 우리가 어떤 문제 또는 정치인에 대해 "내 의견"이라고 여기는 것은 대개 눈에 보이거나 보이지 않는 다른 사람들과 함께 형성한 의견이다. 즉 개인적이기보다 집단적이며, 그 역은 사실이 아니다.

49 Orwell, *1984*를 참고하라.

50 Arendt, *Between Past and Future*, 223-229.

51 Arendt, *Between Past and Future*, 231.

52 Arendt, *Crises of the Republic*, 12.

53 Arendt, *Between Past and Future*, 239-249.

54 공화주의에 대한 아렌트의 가장 철저한 논의는 그의 저서 《혁명론*On Revolution*》

에 나온다. 아렌트와 공화주의, 특히 미국의 공화주의에 대한 유익한 논의로는 다음을 참고하라. Canovan, *Hannah Arendt*, chap. 6; King, *Arendt and America*, chap. 10. 공화주의를 논하는 대표적인 현대 정치철학자는 필립 페팃이다. Pettit, *On the People's Terms and Republicanism*을 참고하라.

55 Arendt, *Between Past and Future*, 239-249.

56 Arendt, *Between Past and Future*, 243.

57 Arendt, *Promise of Politics*, 93.

58 Arendt, *Human Condition*, 7.

59 Arendt, *Human Condition*, 184.

60 다음을 참고하라. Arendt, *Human Condition*, 26-27; Arendt, *On Revolution*, 2.

61 Hesiod, *Works and Days*, 69-82를 참고하라.

62 Gorgias, "Encomium of Helen", 31.

63 Aristotle, *Politics*, 1.2.

6장 정치적 상상력(또는 자유!)

1 Arendt, *Promise of Politics*, 116.

2 Arendt, *Promise of Politics*, 129.

3 Arendt, *Promise of Politics*, 129.

4 Arendt, *Promise of Politics*, 95. 강조는 추가함.

5 Arendt, *On Revolution*, 11.

6 Arendt, *On Revolution*, 33; *Between Past and Future*, 151-156.

7 다음을 참고하라. Arendt, *Between Past and Future*, 168-170; *Thinking without a Banister*, 321; *Human Condition*, 9, 246-247; *On Revolution*, 47; *On Violence*, 86.

8 Arendt, *Crises of the Republic*, 5. 강조는 원문 그대로.

9 Arendt, *Crises of the Republic*, 5. 강조는 원문 그대로.

10 Arendt, *Essays in Understanding*, 323. 아렌트는 칸트의 저작으로 눈을 돌림으로써 정치에서 상상력의 역할에 대한 이론을 고안해내려고 시도했다. 다음을 참고하라. Arendt, *Thinking without a Bannister*, 387-394; *Lectures on Kant's Political Philosophy*.

11 Arendt, *Eichmann in Jerusalem*, 287-289.

12 나는 "정치 너머의 세계"라는 표현을 Manent, *A World beyond Politics?*에서 가져왔다.

13 Arendt, *Between Past and Future*, 153. 강조는 원문 그대로.

14 패천 마켈Patchen Markell이 《인정의 굴레*Bound by Recognition*》에서 주장했듯이, "주권자"로서 누리는 자유라는 개념의 현대적 표현은 역설적으로 "인정의 정치"에서 발견된다. 이는 흔히 말하는 "정체성 정치"와 관련이 있다. 마켈에 따르면, 인정의 정치는 개인의 정체성을 "존중하는 인정"에 초점을 맞출 수 있다. 이를 통해 "삶을 취약함의 원천이나 소외 또는 자기 상실의 장소로 경험하지 않고 독립적인 행동 능력을 열망하는" 강한 주체성이 형성된다. 마켈은 이런 접근 방식을 아렌트가 《인간의 조건》에서 제시한 관점과 대비시킨다. "한나 아렌트는 《인간의 조건》에서 행위와 정체성의 관계를 다르게 설명한다. 아렌트는 정체성을 사람들의 행위를 지배하는 선행적 사실로 보지 않고, 공적인 행위와 발언의 결과로 이해한다. 사람들은 이런 행위와 발언을 통해 타인에게 나타나며 자신이 누구인지 드러낸다. (…) 아렌트는 행위자가 세상에 '모습을 드러내는' 공적인 언행을 통해 정체성이 생겨난다는 점을 분명히 했다." Patchen. *Bound by Recognition*, 12-13.

15 Walzer, *Revolution of the Saints*. 아렌트는 영국 내전을 최초의 근대 혁명이라기보다는 이후 미국과 프랑스에서 일어날 일들의 전조로 보았다. Arendt, *On Revolution*, 43을 참고하라.

16 Hobbes, *Leviathan*, 146.

17 Berlin, *Four Essays on Liberty*, 122.

18 Hobbes, *Leviathan*, 145.

19 Hobbes, *Leviathan*, 146.

20 존 로크John Locke에 따르면, 모든 재산권은 자신을 "소유"할 수 있는, 근본적이고 부인할 수 없는 "인간"의 자연권에서 비롯된다. "모든 사람은 자신의 인격에 대한 소유권을 가지고 있다." Locke, *Two Treatises of Government*, chap. 5, §27을 참고하라.

21 Hobbes, *Leviathan*, 88.

22 Arendt, *Between Past and Future*, 164. 아렌트의 사유에서 경계의 문제는 복잡

하고 어려우며, 나는 이 문제가 결국 해결되지 않았다고 생각한다. 아렌트의 정치적 자유 개념은 엄밀히 말하면 정치적 지형의 문제가 아니라 행위의 특성에 관한 문제라는 것이 분명하다. 그런데도 그는 권리의 법적 보호를 위해 지정학적 경계가 중요하다고 주장했다. 아렌트에 따르면, 현대 세계의 가장 큰 위기 중 하나는 그가 "국가 없는" 사람들이라고 부른 난민의 등장이며, 앞으로도 그럴 것이다(*Origins of Totalitarianism*, 277). 확실히, 이 문제에 대해서는 그가 옳았다. 그는 법이 효과적으로 사람들을 보호하려면 통치 권력이 그 법을 감독하고 집행해야 한다고 보았다. 따라서 정치권력의 구조와 강력하게 연계되지 않는다면 "인간의 권리rights of man", 심지어 "인권human rights" 개념에 대해서도 철저히 비판적이었다(*Origins of Totalitarianism*, 291-302; *On Revolution*, 98-99). 아렌트는 난민들에게는 "권리"가 있다고 주장했는데, 이는 인종차별이나 다수결주의 같은 다양한 형태의 정치적 배제를 비판하면서 나온 것이다. 이런 배제는 "인권"이 정치적 국경과 경계를 넘어 예방하거나 완화해야 하는 것들이다. 이 문제를 어떻게 해석할지는 이 책의 범위를 훨씬 넘어선다. 다만, 내가 보기에 아렌트의 관점은 정치사학자 리처드 턱Richard Tuck이 최근에 밝힌 생각과 비슷하다. 턱은 참정권과 관련해 "거주자"나 "시민"이라는 공식 지위와 상관없이 "[통치 영토 또는 국가의] 경계 안에 있는 모든 사람이 투표에 참여해야 한다"고 말한다. Tuck, *The Sleeping Sovereign*, 262-263. 턱의 주장에 따르면, 세계화된 세계에서 "경계"는 배제의 수단이면서 동시에 평등과 포용의 수단이기도 하다.

23 Arendt, *Origins of Totalitarianism*, 140.

24 Schmitt, *Leviathan in the Theory of Hobbes*, 53-63.

25 주권은 로크의 《통치론*Two Treatises of Government*》에서 주요한 주제이다.

26 Weber, "Politics as a Vocation", 78. 강조는 원문 그대로.

27 Weber, "Politics as a Vocation", 77.

28 Arendt, *Origins of Totalitarianism*, 140.

29 여기서 나는 아렌트 외에도 제릴리와 캐노번의 통찰에 신세를 지고 있다. Zerilli, *Feminism and the Abyss of Freedom*, 9-16; Canovan, *Political Thought of Arendt*, 70.

30 홉스는 오늘날 우리가 "국제 관계"라고 부르는 개념을 대체로 경시했기 때문에

주권이 어떻게 폭력을 감소시키기보다 만들어낼 수 있는지를 실제로 논하지 않았다. 홉스에게 주권의 문제는 단순했다. 하나의 국가에는 하나의 주권자가 존재하며, 따라서 주권적 의지들 사이에 폭력적 충돌이 일어나지 않는다는 것이다. 내가 아는 한, 홉스는 단일한 세계 주권자를 상상한 적이 없다. 만약 그가 이상적인 세계에서도 여러 주권국가가 존재하는 상황을 고려했다면 자신의 주권 개념이 어떻게 폭력을 생산할 수 있는지 알 수 있었을 것이다.

31 Schmitt, *Concept of the Political*, 26.

32 Schmitt, *Concept of the Political*, 33.

33 Arendt, *On Revolution*, 35.

34 Arendt, *Between Past and Future*, 143.

35 Arendt, *On Revolution*, 11.

36 Arendt, *Between Past and Future*, 143.

37 Arendt, *Between Past and Future*, 148.

38 다음을 참고하라. Lewis, *Studies in Words*, 111; Williams, *Keywords*, 179-180.

39 Lewis, *Studies in Words*, 111.

40 Aristotle, *Politics*, 1331a-b.

41 Lewis, *Studies in Words*, 112.

42 Lewis, *Studies in Words*, 113.

43 Lewis, *Studies in Words*, 113.

44 De Sauvigny, "Liberalism, Nationalism, and Socialism", 150-151.

45 De Sauvigny, "Liberalism, Nationalism, and Socialism", 117-118.

46 De Sauvigny, "Liberalism, Nationalism, and Socialism", 115.

47 아렌트는 밀턴을 논하지 않았지만, 밀턴과 공화주의에 관한 제라 핑크Zera Fink의 획기적 저작 《고전적 공화주의자들*The Classical Republicans*》은 아렌트의 《혁명론》 참고문헌에 인용되어 있다.

48 이 장의 내용은 내가 2015년에 발표한 논문에 바탕을 두고 있다. O'Gorman, "Milton, Hobbes, and Rhetorical Freedom"을 참고하라. 내 생각은 퀜틴 스키너Quentin Skinner가 《자유주의 이전의 자유*Liberty before Liberalism*》에서 제시한 주장과 밀접한 관련이 있다.

49 Arendt, *On Revolution*, 115.

50 Arendt, *Life of the Mind*, vol. 2를 참고하라.

51 Milton, *Paradise Lost*, bk. 5, lines 224-237.

52 Hariman, *Prudence*를 참고하라.

53 Hariman, *Prudence*, 8.248.

54 Rosenblatt, *Renaissance England's Chief Rabbi*, 135-157; Oldman, "Milton, Grotius, and the Law of War", 345-350.

55 Grotius, *Rights of War and Peace*, 1.1.8. 나는 그로티우스의 귀속적 정의와 관련해 올리버 오도너번Oliver O'Donovan의 논의에서 큰 도움을 받았다. O'Donovan, *The Ways of Judgment*, 37-40을 참고하라.

56 Grotius, *Rights of War and Peace*, 2.14.2.

57 빅토리아 칸Victoria Kahn은 이렇게 지적한다. "아리스토텔레스는《수사학》에서 연설가의 직분을 제한하지만,《니코마코스 윤리학》에서는 수사학과 실천적 지혜 사이에서 여러 유사점을 이끌어낸다. 이는 능숙함의 영역에 관한 것이라기보다 두 가지를 다 포함하는 판단의 **형태나 활동**의 측면에서 그렇다." 칸에 따르면, 이런 "수사학과 실천적 지혜 사이의 함축적이고 때로는 명시적인 연관성"이 15세기 인본주의자들에게 상당한 영향을 미침으로써 이들이 수사학을 판단으로 귀결되는 독특한 형태의 인간 활동으로 옹호하게 되었다. Kahn, *Rhetoric, Prudence, and Skepticism*, 30. 반면 브라이언 가스텐Bryan Garsten은 "수사학에 대한 현대의 불신은 (…) 판단의 위험을 최소화하려는 충동에서 비롯된다"고 주장한다. 판단, 더 나아가 "정의"가 규칙이나 (내가 덧붙이자면, "평등"이라는 추상적 공식으로) 환원되기 때문이다. Garsten, *Saving Persuasion*, 9-10.

58 Grotius, *Rights of War and Peace*, 2.24.7, 2.14.2.

59 Milton, *Paradise Lost*, bk. 5, lines 483-490. 또한 필립 페팃의 "담론적 자유" 논의를 참고하라. Pettit, *A Theory of Freedom*, 65-87.

60 Azoulay, *Civil Imagination*, 99.

61 아렌트는《인간의 조건》에서 "행위action", "작업work", "노동labor" 개념을 구분한다. 나를 포함한 독자 대부분에게 이런 구분은 흥미로운 동시에 문제적이다. 이 주제에 대한 간결하고 훌륭한 논의는 Honig, *Public Things*, 42를 참고하라.

62 Milton, *Paradise Lost*, bk. 1, line 263.

63 Milton, *Paradise Lost*, bk. 5, lines 787-791.

64 Milton, *Paradise Lost*, bk. 2, lines 256-257. 불복종에 기반한 자유는 구조적으로 비간섭에 기반한 자유와 유사하며, 페팃은 이것이 역사적으로나 철학적으로 자유에 대한 자유주의적 접근의 핵심이라고 주장한다. 그는 이런 자유주의적 접근을 공화주의 사상의 더 급진적인 자유 개념, 즉 사람들 사이에 정치권력의 뚜렷한 비대칭이 없는 상태인 "비지배"와 대조한다. Pettit, *On the People's Terms*, 10-11을 참고하라.

65 Milton, *Paradise Lost*, bk. 2, lines 256-257.

66 Milton, *Paradise Lost*, bk. 9, line 762.

67 Aristotle, *Politics*, 1.3-7을 참고하라.

68 Milton, *Paradise Lost*, bk. 9, lines 1121-1131.

69 Milton, *Paradise Lost*, bk. 6, line 178.

70 Milton, *Areopagitica*, 268. 강조는 추가함.

71 역사적으로, 전쟁과 관련하여 왕과 왕의 군대 대對 의회와 의회의 군대라는 두 당파가 있었다. 그러나 전쟁과 뚜렷이 구분되면서도 밀접하게 연관된 정치적 갈등 측면에서 의회의 군대인 신형군New Model Army은 때로는 의회와 협력하고 때로는 대립하며 비교적 독립적인 정치 세력으로 활동하면서 빠르게 독자적인 조직이나 정당으로 자리 잡았다(이렇게 해서 올리버 크롬웰Oliver Cromwell과 헨리 아이어턴Henry Ireton은 군대를 통해 정치 지도자로 부상했다).

72 Woodhouse, *Puritanism and Liberty*, 26. 괄호는 원문 그대로, 강조는 추가함.

73 Arendt, *Crises of the Republic*, 75.

74 Arendt, *Crises of the Republic*, 76.

75 Hobbes, *Leviathan*, 145-146.

76 Arendt, *Between Past and Future*, 143.

77 Arendt, *Between Past and Future*, 146.

78 Canovan, *Political Thought of Arendt*, 73-74.

79 자유의 질적 본질은 아렌트가 **폴리스**polis(도시)와 **오이코스**oikos(가정)를 논하는 데 핵심이 되는 개념이다. 그래서 《인간의 조건》에서도 이를 중심에 놓았다. 일부에서 단정하는 것과 달리, 아렌트는 가정을 본질적으로 비정치적인 강제력의 공간으로 보지 않았다. 그보다는 고대 그리스의 폴리스와 오이코스 구분에서 질적 차이를 발견했으며, 이를 바탕으로 인간 자유의 질적 본질을 탐구했다.

80 Arendt, *Promise of Politics*, 129.

결론 _ 다시 태어나는 정치

1 Arendt, *Between Past and Future*, 146.

2 Arendt, *Between Past and Future*, 146.

3 공화주의적 사회정의 이론을 정립하려는 시도를 보려면 Pettit, *On the People's Terms*, 75-129를 참고하라. 특히 다음 내용이 중요하다. "빈곤하다는 것은 지역사회에서 기본 수준으로 삶을 영위하고 동료 시민들 사이에서 부끄러움 없이 살아가는 데 필요한 자원이 부족하다는 것을 의미한다."(105) 이것이 기초 의료 서비스, 교육, 생활 임금에 대한 공화주의적 시각의 핵심이다.

4 Milbank and Pabst, *The Politics of Virtue*를 참고하라.

5 자유, 미덕, 기교에 대한 아렌트의 논의는 Arendt, *Between Past and Future*, 153-154, 169를 참고하라.

6 Arendt, *On Revolution*, 31.

7 Arendt, *On Revolution*, 26-27.

8 아렌트의 정치적 용서 개념에 대한 깊이 있는 논의는 Young-Bruehl, *Why Arendt Matters*, chap. 2를 참고하라.

9 Arendt, *Human Condition*, 241.

10 Arendt, *Promise of Politics*, 58 또는 Arendt, *Human Condition*, 238-243을 참고하라.

참고문헌

한나 아렌트의 저작

Between Past and Future. New York: Viking, 1968.

Crises of the Republic. Boston, MA: Mariner Books, 1972.

Eichmann in Jerusalem: A Report on the Banality of Evil. London: Faber & Faber, 1963.

Essays in Understanding: 1930–1954. New York: Schocken, 1994.

The Human Condition. Chicago: University of Chicago Press, 1958.

Lectures on Kant's Political Philosophy. Chicago: University of Chicago Press, 1982.

The Life of the Mind (combined 2 volumes in 1). New York: Harcourt, 1978.

Love and Saint Augustine. Edited with an interpretive essay by Joanna Vecchiarelli Scott and Judith Chelius Stark. Chicago: University of Chicago Press, 1996.

Men in Dark Times. New York: Harcourt, 1968.

On Revolution. New York: Penguin, 1991.

On Violence. New York: Harcourt, 1969.

"Society and Culture." *Daedalus* 89, no. 2 (1960): 278-87.

The Origins of Totalitarianism. New York: Harcourt, 1976.

The Promise of Politics. New York: Schocken, 2007.

Responsibility and Judgment. New York: Schocken, 2003.

"Thinking and Moral Consideration: A Lecture." *Social Research* 38, no. 3 (1971): 417-46.

Thinking without a Banister: Essays in Understanding, 1953–1975. New York: Schocken, 2018.

그 외 문헌

Adams, John. *The Works of John Adams.* Vol. 10. Boston: Little, Brown, 1856.

Allen, Danielle. *Our Declaration: A Reading of the Declaration of Independence in Defense of Equality.* New York: Norton, 2014.

______. *Talking to Strangers: Anxieties of Citizenship since Brown vs. Board of Education.* Chicago: University of Chicago Press, 2006.

Appiah, Kwame Anthony. *Cosmopolitanism: Ethics in a World of Strangers.* New York: Norton, 2006.

Aristotle. *Aristotle on the Athenian Constitution.* Translated by Frederic Kenyon. London: George Bell, 1907.

______. *Nicomachean Ethics.* Translated by Joel Sachs. Newburyport, MA: Focus, 2002.

______. *Politics and the Constitution of Athens.* Edited by Stephen Everson. Translated by Benjamin Jowett. New York: Cambridge University Press, 1996.

______. *Rhetoric.* Translated by W. Rhys Roberts. New York: Modern Library, 1954.

Arnett, Ronald C. "Arendt and Saint Augustine: Identity Otherwise Than Convention." In *Augustine for the Philosophers: The Rhetor of Hippo, the Confessions, and the Continentals*, edited by Calvin L. Troup, 39-57. Waco, TX: Baylor University Press, 2014.

______. *Communication Ethics in Dark Times: Hannah Arendt's Rhetoric of Warning and Hope.* Carbondale: Southern Illinois University Press, 2013.

Asen, Robert. *Democracy, Deliberation*, and Education. University Park, PA: Penn State University Press, 2015.

Azoulay, Ariella. *Civil Imagination: A Political Ontology of Photography.* New York: Verso Books, 2012.

Barber, Benjamin. *Strong Democracy: Participatory Politics for a New Age.* Berkeley: University of California Press, 1984.

Barry, Norman P. *On Classical Liberalism and Libertarianism.* London: Macmillan, 1986.

Benhabib, Seyla. *The Reluctant Modernism of Hannah Arendt.* New York: Rowman and Littlefield, 2003.

Berlin, Isaiah. *Four Essays on Liberty.* New York: Oxford University Press, 1970.

Bernstein, Richard J. *Why Read Hannah Arendt Now?.* Medford, MA: Polity, 2018.

Bertier de Sauvigny, G. de. "Liberalism, Nationalism, and Socialism: The Birth of Three Words." *Review of Politics 32*, no. 2 (April 1970): 147-66.

Bonhoeffer, Dietrich. *Ethics.* Edited by Eberhard Bethge. Translated by Neville Horton Smith. New York: Macmillan, 1955.

Browne, Stephen Howard. "Arendt, Eichmann, and the Politics of Remembrance." In *Framing Public Memory*, edited by Kendall R. Phillips, 45-64. Tuscaloosa, AL: University of Alabama Press, 2004.

Canovan, Margaret. *Hannah Arendt: A Reinterpretation of Her Political Thought.* New York: Cambridge University Press, 1992.

______. *The Political Thought of Hannah Arendt.* New York: Harcourt Brace Jovanovich, 1974.

Clausewitz, Carl von. *On War.* Vol. 3. Translated by J. J. Graham. London: Kegan Paul, Tranch, Trubner, 1908.

Crawford, Matthew. *The World beyond Your Head: On Becoming an Individual in an Age of Distraction.* New York: Farrar, Straus, and Giroux, 2016.

Crick, Bernard. *In Defense of Politics.* 4th ed. Chicago: University of Chicago Press, 1992.

Descartes, Rene. *Rules for the Direction of the Mind.* Translated by Harold H. Joachim. London: Allen and Unwin, 1957.

Deudney, Daniel. "Publius before Kant: Federal- Republican Security and Democratic Peace." *European Journal of International Relations* 10, no. 3 (2004): 315-56.

Disch, Lisa J. "More Truth Than Fact: Storytelling as Critical Understanding in the Writings of Hannah Arendt." *Political Theory* 21, no. 4 (1993): 665-94.

Ellul, Jacques. *The Technological Society.* New York: Vintage, 1964.

Enaudeau, Corinne. "Hannah Arendt: Politics, Opinion, Truth." *Social Research* 74, no. 4 (2007): 1029-44.

Festinger, Leon. *A Theory of Cognitive Dissonance.* Stanford, CA: Stanford University Press, 1957.

Fraser, Nancy. "Rethinking the Public Sphere: A Contribution to the Critique of Actually Existing Democracy." *Social Text* 25/26 (1990): 56-80.

Garsten, Bryan. *Saving Persuasion: A Defense of Rhetoric and Judgment.* Cambridge, MA: Harvard University Press, 2009.

Goffman, Erving. "On Face Work." *Psychiatry* 18, no. 3 (1955): 213-31.

Gordon, Ronald D. "Karl Jaspers: Existential Philosopher of Dialogical Communication." *Southern Communication Journal* 65, nos. 2 & 3 (2000): 105-18.

Gorgias. "Encomium of Helen." In *The Norton Anthology of Theory and Criticism*, edited by Vincent B. Leitch et al., 30-33. New York: W. W. Norton, 2001.

Grotius, Hugo. *Rights of War and Peace*. Indianapolis: Liberty Fund, 2005.

Habermas, Jürgen. *Legitimation Crisis*. Translated by Thomas McCarthy. Boston: Beacon Press, 1975.

______. *The Theory of Communicative Action, Volume 2: Lifeworld and System: A Critique of Functionalist Reason*. Translated by Thomas McCarthy. Boston: Beacon Press, 1987.

______. *The Structural Transformation of the Public Sphere*. Translated by Thomas Burger. Cambridge, MA: MIT Press, 1989.

Hariman, Robert, ed. *Prudence: Classical Virtue, Postmodern Practice*. State College, PA: Penn State University Press, 2003.

Hawkins, Stephen, Daniel Yudkin, Miriam Juan- Torres, and Tim Dixon. *Hidden Tribes: A Study of America's Polarized Landscape*. New York: More in Common, 2018. https://www.moreincommon.com/hidden-tribes.

Hayek, Friedrich. *The Road to Serfdom*. Vol. 2, The Collected Works of F. A. Hayek, edited by Bruce Caldwell. Chicago: University of Chicago Press, 2007.

Heidegger, Martin. "The Question Concerning Technology." In *The Question Concerning Technology and Other Essays*, edited by Martin Heidegger, 3-35. Translated by William Lovitt. New York: Harper, 1977.

Henry, P. J., and Jaime L. Napier. "Education Is Related to Greater Ideological Prejudice." *Public Opinion Quarterly* 81, no. 4 (2017): 930-42. https://doi.org/10.1093/poq/nfx038.

Hesiod. *Works and Days, Theogony and the Shield of Heracles*. Translated by Hugh G. Evelyn-White. New York: Dover, 2006.

Hobbes, Thomas. *Leviathan*. New York: Penguin, 1982.

______. *Opera Philosophica Quae Latine Scripsit Omnia: In Unum Corpus Nunc Primum Collecta Studio Et Labore Gulielmi Molesworth*. https://archive.org/details/operaphilosophi03molegoog/page/n8.

Honig, Bonnie. *Public Things: Democracy in Despair*. New York: Fordham University Press, 2017.

Huddy, Leonie, Lilliana Mason, and Lene Aarøe. "Expressive Partisanship:

Campaign Involvement, Political Emotion, and Partisan Identity." *American Political Science Review* 109, no. 1 (2015): 1-17. https://doi.org/10.1017/S0003055414000604.

Hunter, James Davidson, and Carl Desportes Bowman. "The Vanishing Center of American Democracy." Charlottesville: University of Virginia Advanced Studies in Culture Foundation, 2016.

Iyengar, Shanto, Gaurav Sood, and Yphtach Lelkes. "Affect, Not Ideology: A Social Identity Perspective on Polarization." *Public Opinion Quarterly* 76, no. 3 (2012): 405-31. https://doi.org/10.1093/poq /nfs038.

Johnstone, Christopher. "An Aristotelian Trilogy: Ethics, Rhetoric, Politics, and the Search for Moral Truth." *Philosophy & Rhetoric* 13, no. 1 (1980): 1-24.

Kahn, Victoria. *Rhetoric, Prudence, and Skepticism in the Renaissance.* Ithaca, NY: Cornell University Press, 1985.

Kant, Immanuel. *Critique of Judgment.* Translated by J. H. Bernard. London: Macmillan, 1914.

______. "On a Supposed Right to Lie Because of Philanthropic Concerns." In *Grounding for the Metaphysics of Morals*, translated by James W. Ellington, 63-67. Indianapolis: Hackett, 1993.

______. "Toward Perpetual Peace: A Philosophical Sketch." In *Toward Perpetual Peace and Other Writings on Politics, Peace, and History*, edited by Pauline Kleingeld, translated by David L. Colclasure, 67-109. New Haven, CT: Yale University Press, 2006.

Kateb, George. "The Judgment of Arendt." In *Judgment, Imagination, and Politics: Themes from Kant and Arendt*, edited by Ronald Beiner and Jennifer Nedelsky, 121-38. New York: Rowman and Littlefield, 2001.

King, Richard H. *Arendt and America.* Chicago: University of Chicago Press, 2015.

Krimstein, Ken. *The Three Escapes of Hannah Arendt: A Tyranny of Truth.* New York: Bloomsbury, 2018.

Kristeva, Julia. *Hannah Arendt.* Translated by Ross Guberman. New York: Columbia University Press, 2001.

Lasswell, Harold. *Politics: Who Gets What, When, and How.* New York: Whittlesey, 1936.

Lewis, C. S. *Studies in Words.* 2nd ed. New York: Cambridge University Press, 1967.

Locke, John. *An Essay Concerning Human Understanding.* Edited by Roger Woolhouse. New York: Penguin, 1997.

______. *Two Treatises of Government.* New York: Cambridge University Press, 1988.

Manent, Pierre. *A World beyond Politics? A Defense of the Nation-State.* Translated by Marc LePain. Princeton, NJ: Princeton University Press, 2006.

Markell, Patchen. *Bound by Recognition.* Princeton, NJ: Princeton University Press, 2003.

Marshall, David L. "The Origin and Character of Hannah Arendt's Theory of Judgment." *Political Theory* 38, no. 3 (2010): 367-93.

McAfee, Noelle. "Acting Politically." In *From Voice to Influence: Understanding Citizenship in a Digital Age,* edited by Danielle Allen and Jennifer S. Lights, 273-92. Chicago: University of Chicago Press, 2015.

Menke, Christoph. "The 'Aporias of Human Rights' and the 'One Human Right': Regarding the Coherence of Hannah Arendt's Argument." *Social Research* 74, no. 3 (2007): 739-62.

Milbank, John, and Adrian Pabst. *The Politics of Virtue: Post-Liberalism and the Human Future.* New York: Rowman and Littlefield, 2016.

Milton, John. "Areopagitica: A Speech of Mr. John Milton for the Liberty of Unlicenc'd Printing, to the Parliament of England." In *The Prose of John Milton,* edited by J. Max Patrick, 265-345. New York: New York University Press, 1968.

______. *Paradise Lost.* New York: Penguin, 2000.

Newcomb, Matthew J. "Totalized Compassion: The (Im)Possibilities for Acting out of Compassion in the Rhetoric of Hannah Arendt." *JAC* 27, no. 1/2 (2007): 105-33.

Noble, David F. *The Religion of Technology: The Divinity of Man and the Spirit of Invention.* New York: Penguin, 1999.

Norris, Andrew. "On Public Action: Rhetoric, Opinion, and Glory in Hannah Arendt's *The Human Condition.*" *Critical Horizons* 14, no. 2 (2013): 200-224.

Nussbaum, Martha. *The Monarchy of Fear: A Philosopher Looks at Our Political Crisis.* New York: Simon and Schuster, 2018.

Nyberg, David. *The Varnished Truth: Truth Telling and Deceiving in Ordinary Life.* Chicago: University of Chicago Press, 1993.

Oakeshott, Michael. *Rationalism in Politics and Other Essays.* Indianapolis: Liberty Fund, 1991.

Ober, Josiah. *Demopolis: Democracy before Liberalism in Theory and Practice.* New

York: Cambridge University Press, 2017.

O'Donovan, Oliver. *The Ways of Judgment.* Grand Rapids, MI: Eerdmans, 2005.

O'Gorman, Ned. "Milton, Hobbes, and Rhetorical Freedom." *Advances in the History of Rhetoric* 18, no. 2 (2015): 162-80.

______. *The Iconoclastic Imagination: Image, Catastrophe, and Economy in America from the Kennedy Assassination to September 11.* Chicago: University of Chicago Press, 2016.

______. "'Telling the Truth:' Dietrich Bonhoeffer's Rhetorical Discourse Ethic." *Journal of Communication and Religion* 28, no. 2 (2005): 224-48.

Oldman, Elizabeth. "Milton, Grotius, and the Law of War: A Reading of Paradise Regained and Samson Agonistes." *Studies in Philology* 104, no. 3 (2007): 340-75.

O'Neil, Cathy. *Weapons of Math Destruction: How Big Data Increases Inequality and Threatens Democracy.* New York: Crown, 2016.

Orwell, George. 1984. New York: Penguin, 1977.

Pariser, Eli. *The Filter Bubble: How the New Personalized Web Is Changing What We Read and How We Think.* New York: Penguin Press, 2011.

Pettit, Philip. *On the People's Terms: A Republican Theory and Model of Democracy.* New York: Cambridge University Press, 2012.

______. *Republicanism: A Theory of Freedom and Government.* New York: Oxford University Press, 1997.

______. *A Theory of Freedom: From the Psychology to the Politics of Agency.* New York: Oxford University Press, 2001.

Pew Research Center. *Political Typology Reveals Deep Fissures on the Right and Left.* Washington, DC: Pew Research Center, 2017. https://www.people-press.org/2017/10/24/political-typology-reveals-deep-fissures-on-the-right-and-left/.

______. *A Wider Ideological Gap between More and Less Educated Adults.* Washington, DC: Pew Research Center, 2016. http://www.people-press.org/2016/04/26/a-wider-ideological-gap-between-more-and-less-educated-adults/.

Plato. *Republic.* Translated by Joel Sachs. Newburyport, MA: Focus, 2007.

Postman, Neil. *Amusing Ourselves to Death: Public Discourse in the Age of Show Business.* New York: Penguin, 1985.

Quintilian. *The Institutes of Oratory.* Translated by Donald A. Russell. Cambridge, MA: Harvard University Press, 2002.

Rawls, John. *Political Liberalism.* New York: Columbia University Press, 1993.

______. *A Theory of Justice.* Cambridge, MA: Harvard University Press, 1971.

Roberts-Miller, Patricia. *Demagoguery and Democracy.* New York: Experiment, 2017.

______. "Fighting without Hatred: Hannah Arendt's Agonistic Rhetoric." *JAC* 22, no. 3(2002): 585-601.

Robinson, Marilynne. *What Are We Doing Here?.* New York: Farrar, Straus, and Giroux, 2018.

Rosenblatt, Jason P. *Renaissance England's Chief Rabbi: John Selden.* New York: Oxford University Press, 2006.

Rosenfield, Lawrence. "Hannah Arendt's Legacy." *Quarterly Journal of Speech* 70, no. 1(1984): 90-96.

Rousseau, Jean-Jacques. *Discourse on the Origin of Inequality.* Indianapolis: Hackett, 1992.

Sandel, Michael. "Political Liberalism." *Harvard Law Review* 107 (1994): 1765-94.

Schiappa, Edward. "Did Plato Coin Rhetorike?" *American Journal of Philology* 111, no. 4(1990): 457-70.

Schmitt, Carl. *The Concept of the Political.* Expanded ed. Translated by George Schwab. Chicago: University of Chicago Press, 2007.

______. *The Leviathan in the State Theory of Thomas Hobbes: Meaning and Failure of a Political Symbol.* Translated by George Schwab and Erna Hilfstein. Chicago: University of Chicago Press, 2008.

Skinner, Quentin. *Liberty before Liberalism.* New York: Cambridge University Press, 1998.

Spohr, Dominic. "Fake News and Ideological Polarization: Filter Bubbles and Selective Exposure on Social Media." *Business Information Review* 34, no. 3 (2017): 150-60.

Strauss, Leo. *Natural Right and History.* Chicago: University of Chicago Press, 1953.

Taylor, Charles. *The Ethics of Authenticity.* Cambridge, MA: Harvard University Press, 1992.

______. *Philosophical Papers: Volume 1, Human Agency and Language.* New York: Cambridge University Press, 1985.

______. *Sources of the Self: The Making of Modern Identity.* Cambridge, MA: Harvard

University Press, 1989.

Thaler, Richard, and Cass Sunstein. *Nudge: Improving Decisions about Health, Wealth, and Happiness.* New Haven, CT: Yale University Press, 2008.

Tuck, Richard. *The Sleeping Sovereign: The Invention of Modern Democracy.* New York: Cambridge University Press, 2015.

Waldron, Jeremy. *One Another's Equals: The Basis of Human Equality.* Cambridge, MA: Harvard University Press, 2017.

Walzer, Michael. *The Revolution of the Saints.* Cambridge, MA: Harvard University Press, 1965.

Weber, Max. "Politics as a Vocation." In *From Max Weber: Essays in Sociology*, edited and translated by H. H. Gerth and C. Wright Mills, 77-128. New York: Oxford University Press, 1946.

______. "Religious Rejections of the World and Their Directions." In *From Max Weber: Essays in Sociology*, edited and translated by H. H. Gerth and C. Wright Mills, 302-61. New York: Oxford University Press, 1946.

Williams, Raymond. *Keywords: A Vocabulary of Society and Culture.* Rev. ed. New York: Oxford University Press, 1985.

Woodhouse, Arthur Sutherland Pigott, ed. *Puritanism and Liberty: Being the Army Debates (1647–9) from the Clarke Manuscripts with Supplementary Documents* (the "Putney Debates"). Chicago: University of Chicago Press, 1951.

Yeatman, Anna. "Arendt and Rhetoric." *Philosophy Today* 62, no. 2 (2018): 471-92.

Young- Bruehl, Elisabeth. *Hannah Arendt: For the Love the World.* New Haven, CT: Yale University Press, 2004.

______. *Why Arendt Matters.* New Haven, CT: Yale University Press, 2006.

Zagajewski, Adam. *Two Cities: On Exile, History, and the Imagination.* Translated by Lillian Vallee. Athens: University of Georgia Press, 2002.

Zerilli, Linda M. G. *A Democratic Theory of Judgment.* Chicago: University of Chicago Press, 2016.

______. *Feminism and the Abyss of Freedom.* Chicago: University of Chicago Press, 2005.

______. "'We Feel Our Freedom': Imagination and Judgment in the Thought of Hannah Arendt." *Political Theory* 33, no. 2 (2005): 158-88.

옮긴이 김창한

책을 좋아하고 책을 많이 삽니다. 매일 아침 노트북을 켜고 새로 나온 책들을 훑어보며 하루를 시작합니다. 한나 아렌트의 책은 신간이 나오는 대로 사놓습니다. 지금의 정치를 다시 사유하고 변신시키는 데 아렌트는 가장 강력한 지적 무기라고 믿습니다. 책을 읽고 함께 이야기 나누는 시간을 좋아합니다. '독서 모임 이울'과 '편집자를 위한 철학 독서회'에서 함께 책을 읽고 있습니다. 읽기를 지키고 가꾸는 공간, 읽기를 통해 어울리고 배우는 공간 '읽기의 집' 회원으로 활동하고 있습니다. 인문교양서 편집자로 일하며, 책에 밑줄을 그을 때는 꼭 연필을 사용합니다.

모두를 위한 정치

분열과 증오의 시대,
한나 아렌트와 함께하는 민주주의 수업

1판 1쇄 발행 2025년 4월 20일

지은이 네드 오거먼
옮긴이 김창한
펴낸이 김미정
편집 김미정, 박기효
디자인 표지 엄혜리, 본문 김명선

펴낸곳 마농지
등록 2019년 3월 5일 제2022-000014호
주소 (10904) 경기도 파주시 미래로 310번길 46, 103동 402호
전화 010-3169-4309
팩스 0504-036-4309
이메일 shbird2@empas.com

ISBN 979-11-986980-1-8 03300

* 책값은 뒤표지에 있습니다.
* 잘못된 책은 바꾸어드립니다.